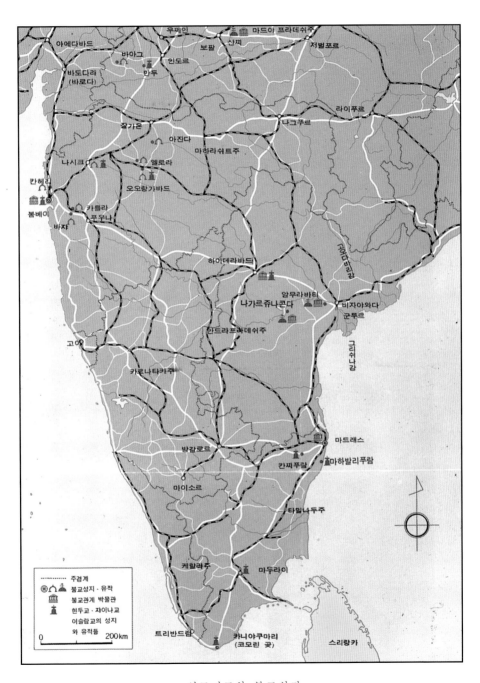

인 도 지 도 와 불 교 성 지

녹야원에 있는 전법륜상

성도시의 정각탑

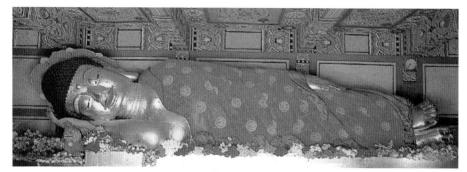

열 반 상

구시나가라의 열반당과 사아라나무

사르나트의 유적공원 다메크탑

조용한 유적공원이 되어있는 기원정사터

영몽 탁태 바알훗트
기원전 2세기

산찌의 큰탑문

영취산 산정의 괴암과 달

영취산에서 바라본 왕사성 남문

룸 비 니 공 원 부 처 님 탄 생 지

카 필 라 국 의 본 터 로 알 려 진 피 프 와 라 의 수 투 우 파

머 리 말

불교를 이해하는 데는 무엇보다도 먼저 교주 〈샤카무니〉의 생애와 그의 교훈을 똑바로 이해하고 실천하지 아니하면 아니 됩니다. 교주를 모르고서는 그가 깨달은 진리 즉 법도 알 수 없고 그것을 따라 행하는 상카(僧伽)도 이해할 수 없기 때문입니다.

그래서 본 교육원에서는 「부처님의 생애와 교훈」을 먼저 가르치고 다음에 「불교의 진리」 「불교교단사」를 차례로 배운 뒤 끝으로 「불전강독(佛典講讀)」을 장기적으로 실행하여 불교에 대한 지식을 넓혀가도록 계획하고 있습니다.

실로 부처님은 이 세상에서 80년밖에 살지 않았지만 그가 끼친 영향은 크고 커서 세월이 갈수록 빛을 더해가고 있고 또한 그는 불교의 창시자이기에 앞서 인간의 무한한 가능성을 몸소 체험하고 깨달은 진리를 사실대로 선언한 최초의 인간입니다. 생명의 실상을 깨닫고 지혜와 자비의 길을 열어보인 위대한 구도자이며 그의 인격은 천의무봉(天衣無縫)의 큰 허공과 같고 용융무애(容融無碍)한 큰 바다와 같아서 천변만화가 일어나도 부동상응(不動相應)하여 한 점의 흔적도 없고, 천정만유(千汀萬流)가 들어와도 더하고 줄고 남고 부족함이 없이 오직 한 바다 한 맛뿐입니다. 그는 우주의 전체며 만상은 그의 분상이고 그는 진리의 전신이며 만사는 그의 한 가닥이며, 메마른 황무지를 양전옥토로 개발하고 무명장야(無明長夜)에 헤메이는 중생심지(衆生心地)를 청정한 여래전(如來田)으로 만들어 만백성으로 하여금 똑같이 피안의 불국토에 이르도록 자항(慈航)과 법등(法燈)을 마련하였습니다. 그의 자운법우(慈雲法雨)는 우리의 성태(聖胎)와 선근을 길러주고 그의 광장설(廣長舌)에서 나오는 사자후는 파사현정의 칼날이 되어 3독과 5욕을 길이 끊게 하였으므로 과연 그는 하늘 가운데 하늘이고 성인 가운데 성인이어서 이 밖에 성인이 또 있다하나 그것은 달 아래 별이 요 해 아래 빛입니다. 모든 밤빛은 달을 최상으로 하고 모든 낮빛은 해를 최상으로 하듯 우리 부처님은 마치 그 해와 달과 같습니다.

그러나 그는 신비의 장막에 가로놓인 신이 아니라 우리와 똑같이 이 지상에 태어나 인류의 역사 안에 살았던 한 인간입니다. 그런데 그를 추종하던 많은 사람들이 너무나 그를 존경하다 보니 그는 신화적인 인물로 변하여 때로는 신처럼 요술을 부리는 만능인간이 되기도 하고 때로는 화석처럼 굳어져 버린 우상이 되기도 하였습니다. 따라서 그를 찬양하고 그를 기리는 경전도 초창기의 육성처럼 순수한 교훈이 아니고 사변적 철학강의나 문학적 희곡체로 변해지고 말았다.

그러므로 이 책에서는 되도록 가필윤식(加筆潤飾)된 교훈이나 화석화된 신으로서의 부처님을 배제하고 역사적 인물로서 부처님의 생애와 교훈을 가능한 사실에 가깝게 제시하려고 노력하였습니다. 따라서 참고한 경전도 후세 발달한 대승경전보다는 되도록 원시경전에 가까운 최고의 문헌들을 집중적으로 다루었으며 거기에 고고학적 자료와 재미있는 설화들을 이끌어 활동하는 인간 샤카무니 부처님의 진면목을 대할 수 있도록 하였습니다. 차─악 가라앉힌 마음으로, 어지러움 없이 위대한 부처님의 생애와 교훈을 열심히 공부하시면 모든 번뇌가 없어지고 청정무구한 진리의 부처님이 우리 마음 가운데서 둥근 달처럼 솟아오를 것이니 힘써 노력하시기 바랍니다.

1977년 10월 5일
저자 한 정 섭 씀

목 차

1 부처님의 탄생

① 부처님의 탄생연도

■ 부처님연대에 대한 사적 증거

부처님의 전기를 정확히 알아 낸다는 것은 매우 어려운 일입니다. 인도는 명상의 나라라 많은 기록을 남기지 않고 있기 때문입니다. 지금까지 알려진 자료로서 부처님의 연대에 대한 공통된 사실은 부처님이 이 세상에서 80년 동안 살았다는 사실입니다.

그런데 부처님의 연대를 어느 정도 추정할 수 있는 신빙성 있는 자료가 두 가지 있습니다. 하나는 부처님의 입멸후 약 백 년경에 세웠다는 아쇼카왕의[1] 돌비석이고 다른 하나는 중국 제(齊)나라 때(479~502) 인도스님 샹카비드라가 가지고 왔다는 중성점기(衆聖點記)[2]입니다.

■ 아쇼카왕의 돌비석

아쇼카왕의 돌비석은 지금으로부터 60여년전 프랑스 고고학자 휴우레르씨가 부처님께서 탄생한 룸비니 공원에 있던 룸민디라 사원을 발굴하다 발견하였는데 그것은 부처님께서 돌아가신 뒤 약 백 년경에 그 곳을 순례한 아쇼카왕이 세운 것으로 밝혀졌습니다.

"신들로부터 사랑받는 덕있는 왕(아쇼카)은 즉위 관정 후 20년에 스스로 여기에 와서 제사를 드렸다. 여기서 부처님 샤카무니가 탄생하였기 때문이다. 그리고 돌담을 만들고 돌기둥을 세우게 했다. 세존께서 여기서 탄생하신 것을 (기념하기 위하여) 룸비니 마을은 세금을 면제받고 또 생산의 8분의 1만 지불하게 한다."(돌기둥의 명문)

그런데 그 기둥은 서기 630년경 당나라 현장법사[3]가 그 곳을 방문했을 때는 벼락에 맞아 쓰러져 있었다고 합니다.

"천왕이 받드는 태자의 탑 옆 멀지 않은 곳에 큰 돌기둥이 있었는데 그 위에 말의 상을 만들어 놓았다. 무우왕(無憂王 : 아쇼카왕)이 세운 것이다. 뒤에 악룡의 벽력 때문에 그 기둥의 중간이 부러져 땅에 넘어져 있었다."《大唐西域記》

어쨌든 이 비명에 의하여 아쇼카왕의 즉위연대는 서력 기원전 268년 내지 267년으로 추산되었습니다. 현존하는 가장 오래된 문헌 중에는 부처님의 입멸이 아쇼카왕 즉위 전 218년이라는 설과 100년이라는 설 두 가지로 나누어지고 있습니다. 전자의 문헌은 《도사(島史)》, 《대사(大事)》, 《선견율(善見律)》 등이 있고 후자의 문헌에는 《잡아함경(雜阿含經)》, 《아육왕전(阿育王傳)》, 《승가나찰소집경(僧伽羅刹所集經)》, 《중경찬잡비유경(衆經撰雜譬喩經)》, 《대지도론(大智度論)》 등 여러가지가 있습니다.

따라서 전자에 의하면 불멸연대가 기원전 486(= 268+218)년이 되고 후자에 의하면 368(=268+100)년이 됩니다. 따라서 전자는 부처님의 탄생연대가 566(= 486+80)년이 되고 후자는 448(=368+80)년이 됩니다. 그런데 1956년부터 57년 사이 실론, 타이랜드, 버마, 캄보디아, 라오스 등 남방 아시아 여러 나라에서는 부처님 입멸 2500주년 기념식을 거창하게 가진 **일이 있습니다.** 이것은 남방불교 전설에 따라 부처님의 입멸을 기원전 543년으로 잡고 그 입멸 2500년을 기념하기 위해서였던 것입니다. 그러나 이렇게 계산하면 부처님의 탄생은 서기전 624년으로 서양이나 인도 역사가들이 인정하는 불기연대와 상당히 많은 차이가 나며 또 아쇼카왕의 즉위연대와도 많은 거리가 생깁니다.

그러나 아쇼카왕의 비문이 금석문의 자료가 된다면 동남아 사람들의 행사는 사회과학적 자료이므로 더욱 중요하게 이해되어 현재 세계각국에서 쓰고 있는 불기연대는 바로 이 자료를 쓰고 있습니다.

■ 샹카비드라의 중성점기(衆聖點記)

다음 샹카비드라가 가지고 왔다는 중성점기는 부처님께서 입멸한 뒤부터 매년 안거가 끝날 때마다 점을 하나씩 찍은 것인데 제나라 영명 7년(서기 489) 그가 광동에 와서 《선견율(善見律)》을 번역할 때 그 수가 975점이 되었다고 합니다. 이 계수에 의하면 그해가 바로 불멸후 서기전 486(= 975-489)년에 해당됩니다.

일본 불교학자 다까구스 쥰지로오(宮楠順次郎)도 이에 근거하여 부처님의 연대를 서력 기원전 566(=486+80)년으로 정했는데 이것은 《사자주고전(獅子洲古傳)》의 483년과 《면순전(緬順傳)》의 485년과 근사합니다. 만일 이것을 기준하여 계산한다면 금년 1998년은 부처님탄생 제 2564(=566+1998)년이 됩니다.

그러나 우리 나라에서는 금년 1998년 불탄 제 2542주년 기념식을 가졌으니 이것은 무엇을 근거로 한 것인지는 확실히 알 수 없으나 다만 세계 학자들이 공약한 연대이므로 당분간 그것으로 쓰기로 하였다 합니다. 만일 이것이 남방소전의 불멸 543년을 기준삼아 계산했다면 이것은 불탄이 아니라 불멸로 계산해야 할 것이고 불탄연대는 여기에 불수(佛壽) 80년을 더 가산해야 할 것이니 그렇게 한다면 불탄연대는 금년이 2622년이 되어야 옳습니다.

■ 기타학설

이외에도 근래 여러 학자들이 각기 자기의 견해를 따라 고증한 자료에 의하면 기원전 544년부터, 484년·483년·428년·478년·477년·388년·386년·383년·380년·370년·368년 등 설이 있고 또 우리 나라에서 최근까지 사용해 온 3천 년설이 있습니다.

그러나 불기 3천 년설은 주서이기(周書異記)의 불탄연대(周昭王 즉위 24년 甲寅 4월 초 8일)와 불멸연대(周穆王 52년 壬申 2월 15일)를 기준하여 계산한 것인데 전혀 신빙할 만한 역사적 근거가 없습니다. 이것은 도불상쟁시(道佛相諍時) 도교의 시조 노자(老子)가 부처님의 후신 제자임을 밝히기 위하여 조작된 것이니 믿을 수 없습니다. 그러니 이제 여기서는 현재 세계 각국에서 거의 공통적으로 사용하고 있는 566년설을 인용하여 부처님의 년보를 다음과 같이 만들어 봅니다.

■ 부처님의 년보

B·C 565년(1세)~중인도 카필라성 성주 슛도다나(淨飯王)의 아들로 태어남.

B·C 559년(7세)~춘경제(春耕祭)에 나가 약육강식의 실상을 관찰함 이로부터 12년 동안 세속의 문무를 읽힘.

B·C 547년(19세)~야쇼다라비와 결혼함.

B·C 537년(29세)~아들 라훌라를 낳고 출가함.

B·C 531년(35세)~6년 고행 끝에 보리수 밑에서 위없는 정각을 이룸.

B·C 530년(36세)~베나레스에서 최초로 설법하여 5비구와 야사의 가족들을 제도하고, 네란쟈야 강변에서 카샤파 3형제를 제도함. 또 가야산정에서 《연화경(燃火經)》을 설하고, 왕사성으로 유행, 빔비사라왕의 귀의를 받고 죽림정사를 희사 받음.

B·C 529년(37세)~왕사성에서 여름 안거(安居)를 지냄.

B·C 528년(38세)~영축산에서 여름 안거를 지내고, 사위성으로 유행함.

B·C 527년(39세)~영축산에서 여름 안거를 지내면서 사리풋다와 목갈라나를 제도하고 베살리성으로 가서 카필라와 콜리야 두 나라 사이의 물전쟁을 막음.

B·C 526년(40세)~베살리성 대림정사에서 여름 안거를 지냄. 수자타장자가 제타태자와 의논하여 기원정사를 지음. 부왕의 부름을 받고 카필라성으로 가 샤카족들을 제도함. 라훌라, 아난다, 아니룻다, 데바닷다 등이 출가함. 아버지 슛도다나왕의 죽음을 보고 베살리성 대림정사로 돌아감.

B·C 524년(42세)~친챠바라문의 딸이 부처님을 비방함.

B·C 522년(44세)~코삼비국에서 여름 안거를 지냄. 승중이 분쟁하여 이를 피해 파리야사라 동산으로 감.

B·C 521년(45세)~여러 제자들이 뉘우침. 사위성으로 돌아갔다가 다시 마가다국으로 감.

B·C 519년(47세)~마가다국에서 여름 안거를 지내고 사위성으로 가 라훌라를 위해 설법함.

B·C 517년(49세)~사위국 기원정사에서 여름 안거를 함. 라훌라 구족계를 받음.

B·C 516년(50세)~니그로다 동산에서 마하나마를 위해 설법함.

B·C 514년(52세)~왕사성에서 여름 안거를 지냄.

B·C 513년(53세)~왕사성에서 여름 안거를 지냄.

B·C 512년(54세)~석이산중에서 여름 안거를 지냄.

B·C 511년(55세)~아난다가 부처님의 시자가 됨.

B·C 510년(56세)~석이산중에서 여름 안거를 지내고 그 곳에서 살인귀 앙굴리마라를 제도함.

B·C 509년(57세)~빔비사라왕의 태자 아잣타샷투가 태어남.

B·C 504년(62세)~이 때 부터 78세(488년)까지 매년 왕사성에서 지냄.

B·C 493년(73세)~아잣타샷투 태자가 부왕을 죽이고 왕위를 찬탈함.

B·C 490년(76세)~사위국 비두바다가 태자가 아버지 파세나디왕을 쫓고 왕위를 계승함.

B·C 487년(79세)~왕사성 영축산으로 유행함. 아잣타샷투왕이 밧지를 치고자 사신을 보낸 것을 바르게 교도함. 사리풋다가 죽고 목갈라나가 순교함. 이모 마하파자바티도 죽음.

B·C 486년(80세)~사라쌍수 아래에서 열반에 듦.

② 부처님의 명호

■ 샤카무니와 샤카족에 대한 전설

부처님의 원 이름은 싯달타(Siddhartha·悉達多)입니다. 싯달타는 '목적을 달성한다'는 뜻으로 일체의 뜻과 미덕 성격이 모두 성취되도록 하기위하여 지은 이름이라고 합니다.

싯달타가 출가할 때 빔비사라왕(Bimbisara·頻婆娑羅王)이[4] "어디 사는 누구십니까?"물으니, "히말라야 산 기슭에 있는 나라 사람인데 씨(氏)로 말하면 아딧차(Adicca=태양을 의미함)이고 성으로 말하면 샤카족입니다."하였다 합니다. 이에 의하여 부처님을 "샤카"라 부르게 된 것입니다. 샤카는 샤카무니(Shakyamuni)의 준 말로서, 중국에서는 스쟈모우니(釋迦牟尼)라 쓰며 능인(能仁) 적묵(寂默)이라 의역하였습니다. 샤카족은 고래로 어질고 착하며, 용맹과 지혜를 갖추고 있으면서도 그들의 생각이 과묵 침착하여 말이 적은 까닭에 그렇게 불렀다 합니다. 그런데 우리 나라에서는 중국에서 쓰는 한자를 그대로 음역하여 '석가모니'라 불렀습니다. 그러나 그것은 샤카무니란 범음이 우리말 식으로 잘못 굳어진 것입니다. 샤카는 '잘 했다'는 뜻이고 무니는 '거룩한 이' '성자'의 뜻이니 샤카무니하면 '샤카족 출신의 성자'란 뜻이 됩니다.

전설에 의하면 옛날 포다나성(Potana·褒多那城)을 다스리던 이크슈바쿠왕(Iksvaku·甘蔗王)은 아리안계 태양씨족(日種)의 왕으로 4남 5녀를 두었는데 뒤에 다시 얻은 젊은 왕비가 왕자를 낳아 왕위를 계승시키고자 하는 까닭에 그들은 국외로 추방되었다는 것입니다[5]. 추방된 네 왕자와 다섯 왕녀는 함께 북쪽 히말라야산 기슭 카필라(Kapila·迦毘羅) 선인이 공부하던 근처에 가서 정착하게 되었습니다. 거기서 그들은 혈통을 존중하는 의미에서 장녀를 어머니로 삼고 나머지 네 왕자와 왕녀가 결혼하여 나라를 세웠습니다. 그런데 뒤에 아버지 이크슈바쿠왕이 이 소식을 듣고 찾아와 "나라 일을 잘 시작했다"라고 칭찬하였습니다. 이 '잘 했다'고 한말이 인도말로는 '샤카'가 되었으며, 그것이 곧 족명이 되고 태양을 상징하는 '아딧차'가 씨명이 되었고 선인의 이름이었던 카필라가 성(城) 이름이 된 것입니다.

이로 미루어 보면 샤카족은 아리안 계통의 태양족이었음을 알 수 있

습니다. 이 같은 사실은 《장아함경(長阿含經)》, 《아마주경(阿摩晝經)》
등 여러 경전에 기록되어 있고 실제로 아리안족의 태양족은 간지스강
북쪽 언덕에 있었으며 달씨족은 강 남쪽 언덕에 있었다는 사실이 일반
역사에도 들어나 있습니다.

■ 세존과 부처님

또 석가에 '바가밧'(Bhagavot·世尊)이란 명사를 부처 석가세존이라
부르기도 하는데 '바가밧'은 '님'이란 뜻이 있습니다. 부처님은 온갖 공
덕을 원만히 갖추어 세간을 이익케 하고 세간의 존중을 받으므로 '세
존'이라 하였으므로 '석가세존'은 석가족 출신의 높은 어른이란 뜻이
됩니다.

부처님은 범어 Buddha의 음역입니다. 중국에서는 불타(佛陀)라 음
역하고 각(覺)이라 번역하는데 우리 나라에서는 '깨달은 이' '선각자',
티베트에서는 '정화 발전된 사람(Sansrgyas)'이란 뜻으로 이해하고 있습
니다. 대개 부처님은 이상적 존재를 가르키는 보통명사로 석가세존 일
인만이 아니고 모든 부처들께 공통적으로 붙이는 명사이지만 동서양
각국에서 이 말을 더 많이 쓰고 있고 또 그것은 석가 일인의 특정명사
처럼 이해하고 있기도 하므로 여기서도 주로 부처님이라 불렀습니다.

이 외에도 부처님의 명호는 진리로부터 오셔 진리에로 가신 이라 하
여 여래(如來), 모든것들로부터 존경과 공양을 받을 만한 자격을 이룬
이라 하여 응공(應供), 최고의 깨달음을 얻었다 하여 등정각(等正覺),
지혜와 복덕을 원만하게 구족하였다 하여 명행족(明行足), 훌륭하게
세상을 구제하여 피안에 이르게 한다 하여 선서(善逝), 세간의 모든
일을 잘 알고 있다 하여 세간해(世間解), 최고의 높은 스승이라 하여
무상사(無上士), 아무리 교화하기 어려운 중생이라도 잘 조정하여 지

도하시는 어른이라 하여 조어장부(調御丈夫), 인간과 천상의 스승이
되신다 하여 천인사(天人師)라 부릅니다. 여기서 불(佛)·세존(世尊)
을 합하여 여래의 열 가지 호(十號)라 합니다.

③ 부처님의 가계(家系)

■ 샤카족과 콜리야족의 연혁

샤카족 나라의 전인구는 백만 정도밖에 안 되는 작은 나라였습니다.
이 종족의 일부는 로히니강을 중심으로 딴 집단을 이루어 살고 있었는
데 그 이름을 콜리야족(Koliya·拘利)이라 불렀습니다. 샤카족은 수도
를 카필라성에 두고 콜리야는 서울을 천비성(天臂城)에 두었습니다.
이 두 종족사이에는 서로 혼인관계를 맺고 대체로 친밀한 관계에 있었
습니다. 부처님의 아버지 정반왕은 샤카족 출신이고 어머니 마야부인
은 콜리야 출신입니다.

샤카족의 정치 체제는 일종의 공화정체였습니다. 순수 지배계급의
합의에 의하여 통치되고 있었다.. 이것은 불전에 공회당 건설에 대한
이야기와 낙성식 이야기가 자주 나오고 있는것으로 보아 알 수 있습니
다.

그러나 당시 인도의 일반적 정세는 점차 강력한 전제군주정치로 변
해가고 있었습니다. 부처님 당시 벌써 4개의 대 전제국가가 성립되어
마가다국의 빔비사라왕은 앙가(鴦伽), 밧지(跋耆) 말라아(末羅)의 군
소국가를 정복해 가고 있었고 코살라국은 카시국(迦尸)을 점령하고 샤
카국을 보호령으로 하였으며, 또 우전왕(于闐王) 치하의 방사국(跋蹉),
찬다 팟죠오타왕의 아반다국(阿盤提)도 매우 융성하고 있었습니
다. 그러나 다행히 샤카국의 샤카족은 강대국인 마가다국과 결혼관계

를 맺고 있는 덕분에 간신히 평화를 유지하고 있었습니다.

■ 콜리야족에 대한 전설

콜리야족의 기원에 관해서는 다음과 같은 전설이 있습니다. 샤카족의 조상이 된 네 왕자 다섯 왕녀중 제일 큰 왕녀 피야아(숫다라고도 함) 공주가 나병을 앓고 있던 베나레스의 왕 라마가 유랑해와 서로 도우면서 같이 살게 되었습니다. 그런데 그 때 이곳은 호랑이가 많아 그 해를 막기 위하여 콜리(대추)나무로 울타리를 하였으므로 뒤에 사람들이 그것을 '대추나무' 마을이라 한 데서 콜리야란 종족의 이름이 나오게 되었다는 것입니다.

그러니 콜리야는 대추나무 마을이고 대추나무에 의해 잘 보호되고 있는 종족들을 콜리야족이라 부른 모양입니다.

■ 샤카족의 별칭 고오타마

샤카족과 콜리야족이 살고 있던 지대는 히말라야의 남쪽 기슭으로 가운데 노히니강을 비롯해 하천이 많고 토지가 비옥하여 기름진 농목생활로 사람들은 매우 평화롭게 살고 있었습니다. 이 같은 사실은 샤카일가의 가문을 통칭 고타마(Cotama·喬摩答)라 한 것과 부처님의 아버지 형제간 이름만 가지고서도 증명할 수 있습니다. 고오타마란 최고로 좋은 땅(地最勝) 진흙땅(泥土), 땅을 의지하여 살아가는 종족(地種), 검정소(暗牛), 소똥종(牛糞種), 악이 없는 자(滅惡)의 뜻이 있습니다. 원래는 샤카족에 고타마라 부르는 선인이 있어 그들의 후예가 농목생활로 착한 마음을 가지고 악의없이 살아왔기 때문에 샤카족의 별명으로 부르게 되었다고 합니다.

다음 부처님의 아버지 이름은 정반(Suddhdana · 淨飯)이고 작은 아버지는 백반(Suklodana · 白飯), 곡반(Dhotodana · 斛飯), 감로반(Awrtodana · 甘露飯)이라 하였다. 이것은 깨끗한 쌀밥(淨飯), 흰쌀밥(白飯), 무더기 쌀밥(斛飯), 맛좋은 쌀밥(甘露飯)의 뜻이니 곧 이들은 쌀을 주식으로 하는 농업국이었음을 알 수 있습니다.

카피라성은 주위가 약 2리반 정도밖에 되지 않는 작은 도시였습니다. 그러나 성 밖에 니그로다 공원과 대림큰숲(大林) 동산이 있어 부처님께서도 나중에 이 곳에서 즐겨 머물었는데 학자들은 그 곳이 지금 네팔 탈라리아의 티라우아콧(Tilaua-Kot)지방이라고 지정하고 있습니다.

■ 부처님의 가계

부처님 아버지 정반왕의 형제는 백반, 곡반, 감로반왕으로 모두 사자협(Simhahanu · 師子頰)을 아버지로 하였고, 정반왕은 뒤에 싯달타 태자와 난다(Nanda · 難陀)를 낳고 백반왕은 아난다(Ananda · 阿難陀), 데바닷다(Devadatta · 提婆達多)를 낳았으며, 곡반왕은 바디카(Bhadrika · 跋提迦), 바스파(Vaspa · 婆波)를 낳고 감로반왕은 마하나마(Mahanama · 摩訶那摩)와 아니루타(Aunruddh · 阿尼樓陀)를 낳았습니다.

또 어머니 마야부인(Maya · 摩耶)은 아뉴샤카(Anusakya · 阿拏釋迦)의 딸로 슈파붓다(Suprabuddha · 善覺)와 파자바티(Pajapati · 波婆波提)를 형제로 하였는데 선각의 딸 야소다라(Yasodhara · 耶難陀羅)는 라홀라(Rahula · 羅睺羅)를 낳았고 부처님의 이모 파자바티는 어머니 마야가 돌아가시자 정반왕의 후부인으로 들어와 부처님을 기르며 난다를 낳았습니다.

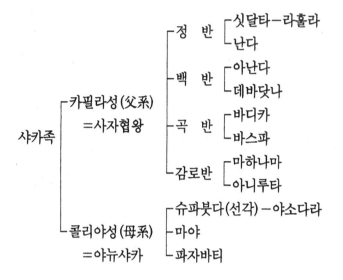

④ 부처님의 탄생

■ 태몽과 택태

히말라야의 대설산 기슭에 자리잡은 카필라국의 정반왕은 지혜와 용기를 겸전하고 그의 부인 마야부인은 마음씨가 연꽃처럼 고와 만인이 송가하는 가운데 지극히 행복한 세월을 보내고 있었습니다.

그러나 한가지 나이 50이 넘도록 후계자를 얻지 못해 다소 쓸쓸한 감이 없지 않았습니다. 그러던 중 어느 날 밤 여섯개의 이빨을 가진 흰 코끼리가 거룩한 보살님을 태우고 도솔천(兜率天)으로부터 내려와 그의 후원에 들어오는 꿈을 꾸고 곧 태기가 있었습니다. 전설에 의하면 부처님은 과거 5백생의 수행을 성취하고 도솔천 내원궁에 계시다가 자기의 대사명을 수행할 시기가 온 것을 느끼고 범천(梵天=색계

초선천의 주인) 제석천(帝繹天＝욕계 6 천중 제 2 도리천의 임금)등과 협의한 뒤 석가족 주인 정반왕궁의 태자로 태어날 것을 결심하였다는 것입니다.

"나는 이제 모든 인행(因行)을 다 마쳤으니 장차 염부제(閻浮提 : 염부단금이 나는 세계)에 내려가 성불하리라"

이렇게 하여 정반왕궁에 들어온 부처님은 태내 오위의 생육이 순조롭게 이루어지자 여러가지 서상이 끊임없이 일어났습니다. 혹은 하늘 음악이 들려오고, 혹은 당개번채(幢蓋幡綵)가 궁중에 나부껴 카필라국의 모든 재액은 사라져 갔습니다.

■ 탄생지 룸비니

어머니 마야부인은 아기가 날달이 가까워짐에 따라 나라의 풍습에 따라 왕의 허락을 받고 친정인 천비성으로 가다가 룸비니(Lumbini·藍毘尼) 꽃동산에 이르러 갑자기 산기가 일어났습니다. 사방에 장막을 두르고 모든 준비가 갖추어지자 부인은 꽃송이가 만발한 무우수(無憂樹) 가지를 잡는 순간 아기가 태어났습니다. 때는 서기전 565 년 4 월 8 일 정오였습니다.

룸비니는 지금 바스티 지방의 동북방 8 km 떨어진 네팔국경 부근 파다리아 마을에 있습니다. 부처님께서 돌아가신 뒤 1 백 년경 아쇼카왕이 이곳을 방문했을 때는 룸민디라 사원이 있었는데, 현장법사가 갔을 때는 깨끗한 연못에 아름다운 꽃들이 만발했을 뿐 벌써 무우수 나무는 말라죽어 있었다 합니다.

"전천(箭泉 : 부처님께서 目擴式에 쏜 화살이 박히며 솟아나왔다고 하는샘) 동북쪽으로 9·10 리를 가면 룸비니 숲에 다다른다 거기에 샤카족의 연못이 있다. 맑고 깨끗하기가 가을과 같으며 여러가지 화초가 만발해 있었다. 그로부터 북쪽으로 25 발짝쯤

가니 무우수 나무가 있었는데 말라죽어 있었다. 이곳이 보살께서 탄생한 곳이다."《대당서역기》

보살은 범어 보디샷트바(Boddhisattva·菩提薩埵)의 약어입니다. '보디'(Boddhi)는 부처님, '샷트바'(Sattva)는 중생이니 '깨달을 중생', '깨달은 중생'의 뜻이 있으나 뒤에 이것을 '위로는 부처님되기를 원하고 아래로는 중생을 불쌍히 여겨 구제하는 사람'이라 해석하였습니다. 부처님은 오랜 세월을 이런 서원 속에 살아왔으므로 보살이라 합니다.

■ 최초의 인간 선언

전설에 의하면 태자는 태어날 때 오른쪽 옆구리로 태어 났으며 태어나자마자 하늘로부터 많은 신들이 내려와 그들의 보드라운 손으로 받들었다 합니다. 그리고 하늘에서는 두 줄기 따뜻한 물이 쏟아져 태자의 몸을 씻기니 태자가 선뜻 일어나 사방을 둘러보고 북쪽으로 7곱 걸음을 내디디고 서서 오른 손으로는 하늘을 가르키고 왼손으로는 땅을 가르키며 '천상천하 유아독존'(天上天下 唯我獨尊)이라 외쳤다 합니다. 천상천하 유아독존이란 하늘 위에서나 하늘 아래서 내가 제일 높다는 뜻인데 이것이 저 유명한 탄생게(誕生偈)로 '사람 위에 사람 없고 사람 아래 사람 없다'는 부처님 최초의 인간 선언입니다. 선뜻 믿기 어려운 일이나 이렇게 해서라도 상징하지 아니할 수 없었던 인류의 위대한 스승 샤카무니에 대한 후세인들의 흠모의 정을 충분히 이해할 수가 있습니다.

또 모든 불전은 비유 속에 존재한다는 것도 잊어서는 안 됩니다. 실상은 말을 떠나 있고 진리는 동하지 않습니다. 이 동함이 없는 진리, 말을 붙일 수 없는 실상은 오직 언어의 비유로써만 그 모습을 약간이라도 나타낼 수가 있습니다. 그래서 모든 경전은 많은 비유로 그 실상을 나타내려 노력하고 있습니다. 부처님께서 어머니의 오른쪽 옆구리를 타고 태어났다고 하는 말도 전혀 근거가 없는 말은 아닙니다. 인도 사람들은 바라문은 브라만 신의 머리로 태어나고, 찰제리는 옆구리로 태어났으며, 바이샤는 배꼽으로 태어나고, 수드라는 발뒤꿈치로 태어났다 하여 4성계급을 형성한 것입니다. 부처님은 왕족 찰제리니 그의 옆구리로 태어났다 한 것입니다. 말하자면 어머니 마야부인을 신격화하여 바라문교적 입장에서 관찰한 것입니다.

또 낳자마자 자리에서 일어나 4방을 바라보고 4방으로 일곱 발짝을 걷고나서 '천상천하 유아독존'을 부르짖었다 한 것은 부처님께서 보리수 나무 밑에서 처음 정각을 이루고 그 자리로부터 일어나 사방을 바라보고 북쪽으로 일곱 발짝 걷고나서 '이 세상에서 정각을 이룬 자는 오직 나 하나뿐이다'하고 온 세계를 바라보니 곧 그 세계가 온통 화장장엄(華藏莊嚴)의 불세계로 변해 있었다 한 것과 조금도 다를 것이 없습니다. 부처님의 탄생은 태내 5위의 생육을 통해 태어난 것도 중요하지만 보리수 아래서의 정각이 없었다면 부처님은 이 세상에 존재하지 아니했을 것이니 이것과 서로 연관을 지어보는 것이 좋습니다.

그래서 선가(禪家)에서는 어머니 뱃속에 들어가기 이전에 벌써 정각을 이루고 도솔천에서 내려오시기 이전에 이미 무량중생을 제도했다고 하는 것입니다.

■ 점상에 대한 전설

또 전설에 의하면 태자의 장래를 점친 사람이 둘이 있는데 한 사람은 숫타니파타 선인이고 또한 사람은 아시타(Asita·阿私陀) 선인입니다. 아시타 선인은 그 때 자기가 태자의 관상을 보게 된 동기를 이렇게 말하고 있습니다.

기쁜 마음으로 즐거이 깨끗한 옷을 입은 30명의 신(이 신은 33천의 신들이니 33명이어야 옳음)들이 공손히 제석천을 극구 칭찬하는 모습을 보았습니다. 선인은 식후 휴식중이라 그들을 찾아가 물었습니다.

"몹시 만족하고 계시는 이유가 무엇입니까? 아수라와 싸워 이기기라도 하였습니까?"

"아닙니다. 비할 수 없이 훌륭한 보살님께서 모든 사람들의 이익 안락을 위해서 인간세계에 태어나셨습니다. 샤카족의 마을 룸비니 지방에, 그래서 우리는 만족하고 기뻐합니다. 일체중생의 가장 윗자리에 계신 분 가장 높으신 분, 황소와 같으신 분, 살아있는 모든 것 중의 가장 훌륭하신 분은 머지않아 선인이라 부르는 숲속에서 법륜을 굴리실 것입니다. 사나운 사자가 백 가지 야수를 물리치고 으르렁 대는 것 같이."(이것은 베나레스의 초전법륜을 예언한 것임)

선인은 이 소리를 듣고 급히 인간세계로 내려왔습니다. 그리고 정반왕궁 가까운 곳에 나아가 물었습니다.

"왕자가 어디 계십니까? 저도 뵙겠습니다"

그래서 여러 샤카족 사람들은 재간 좋은 대장장이가 용광로에서 단련된 황금빛같이 찬란한 빛을 발하는 귀한 얼굴을 가진 아기태자를 선인에게 보여주었습니다. 불꽃처럼 빛나고, 별들의 왕인 달과 같이 맑고 구름한점 없는 가을 하늘에 태양처럼 빛나는 아기를 보고 선인은 기뻐 어찌할 줄을 몰랐습니다. 신들은 수많은 살과 그리고 수천의 둥근 윤이 있는 양산을 공중에 받치고 황금의 손잡이로 된 불자(拂子)를 흔들어 부채질하고 있었으나 그 누구도 아는 사람이 없었습니다. 선인은 한참동안 아기를 들여다 보다가 마음속으로부터 환성을 올리며 기뻐 말했습니다.

"비할 바 없이 높으신 분입니다. 사람 중에 제일 높으신 분입니다."

그리고 나서는 자기의 신세를 생각하며 눈물을 흘렸습니다. 선인이 우는 것을 보고 샤카족 사람들은 깜짝 놀라며 물었습니다.

"우리 왕자님께서 무슨 불길한 상호라도 있습니까?"

"아닙니다. 이 왕자님은 부처님이 되실분입니다. 비할 바 없이 훌륭한 청정을 행하고 많은 사람들의 이익을 도모하고 그들을 불쌍히 여기는 까닭에 진리의 수레바퀴를 굴릴 것입니다. 그런데 이 세상에서 저의 명은 얼마남지 않아 이 훌륭한 스승님의 가르침을 받지 못하고 죽게 되니 어찌 한탄하고 괴로워 하지 않겠습니까?"

선인은 이렇게 모든 샤카족들에게 더할 수 없이 기쁨을 안겨주고 궁중을 나왔습니다. 그는 곧 그의 처소에 돌아와 그의 조카를 불러놓고 말했습니다.

"만일 네가 나중에 그분이 정각을 이루고 진리의 길을 가르친다는 말을 듣거든 서슴지 말고 거기에 가서 그의 가르침을 받고 청정행을 행하라."

그분이 바로 뒤에 부처님의 제자가 된 나라타(那羅陀)입니다.

그러나 정반왕은 아들이 잘났다고 하는 것만은 좋으나 출가를 한다는 말을 듣고는 매우 견딜 수가 없었습니다. 그런데 마침 그 때 또 다른 선인이 나타나 말했습니다.

"대왕이시여, 걱정하지 마옵소서. 세상에서 자식이 잘난 것처럼 기쁜것은 없습니다. 이제 성운이 달과 같이 원만해 졌습니다. 무엇 때문에 근심하십니까? 자라서 국왕이 되면 전륜성왕이 될 것이고 만일 교를 위해 출가하면 위없는 깨달음을 이루어 3계의 모든 중생이 모두 이 분에 의하여 구제될 것입니다. 32상 80종호를 갖추어 인간과 천상 및 온 세계에서 누구도 짝할 이 없는 원만한 복덕상입니다. 보십시오. 이 눈은 온 누리를 자비의 광명으로 비추고 있지 않습니까? 5욕에 집착하여 영세의 즐거움을 모르는 사람, 뭇 괴로움에 시달려서 달도(達道)의 뜻을 모르는 사람, 망념에 끄달리어 지혜의 빛을 모르는 사

람, 이 모든 사람들이 왕자의 지도에 의하여 영원히 윤회를 벗어날 것
입니다. 여러 산 가운데는 수미산이 제일이듯 여러 별은 달을 최상으
로 하듯, 여러 빛은 해를 최상으로 하듯, 왕자의 상호는 이와 같습니
다."

그러니 먼저 선인은 자청해서 본 것이고 뒤에 선인은 정반왕의 근심
하는 것을 보고 그에 의하여 본 것입니다. 어떻든 부왕과 왕비는 이
두 선인의 말을 듣고 왕자를 더욱 경중하기를 보옥과 같이 하였습니
다. 생후 5일 만에 이름을 싯달타(悉達多)라 짓고 일체의 뜻과 덕과
성격이 모두 원만히 성취되도록 기원했습니다. 모든 죄수를 놓아주고,
도인들을 청하여 공양하고 가난한 사람들에게는 옷과 밥, 돈을 보시하
고 병든자에게는 약을 주고 친척 군신들에게는 빠짐없이 선물을 하였
으며 또 거리거리에 밝은 등불을 켜 이 세상의 모든 어두움이 사라져
가길 원했습니다.

1) BC 321년경 인도 공작왕조를 개창한 찬다라굽타 대왕의 손자 빈두사라왕
의 아들, BC 2세기 전후해서 불교를 옹호한 대표적인 호불왕(好佛王), 성
질이 사납고 용맹이 뛰어나 이모형 수사마를 죽이고 왕위에 올라 북은 설
산, 남은 마이소루, 동은 뱅갈만, 서는 아라비아해에 이르기까지 방대한
영토를 확보하였으나, 워낙 많은 사람을 죽여 마음을 불교에 귀의하였다.
영토 안에 8만 4천의 절과 탑을 세우고 즉위 17년에는 화씨성에서 제 3
회 결집을 단행했으며 희랍 5개국에 전도승을 파견, 정법을 융성케 하였
다. 또 틈만 있으면 불타의 유적을 순례하여 바위와 돌 기둥에 고문(誥文)
을 새겼는데 이것도 그 가운데 하나다. 아쇼카(Asoka)를 한문으로 아육(阿
育), 아서가(阿恕伽), 아수가(阿輸伽)라 쓰고 무우왕(無憂王)이라 번역한
다.
2) 샹카비드라(Samghabhadra)는 중현(衆賢)이라 번역한다. 북인도 가습미라국

사람. 중성점기는 부처님 돌아가신뒤 여러 현성들이 율장을 전해 받으면서 해마다 한 점씩을 찍어 그 지내온 년수를 표시한 것인데 역대삼보기(歷代三寶記)에 의하면 부처님 돌아가시던 해 7월 15일 우바리 존자가 자자(自恣)를 마치고 한 점을 찍고 해마다 이와 같이 하다가 타사구(陀寫俱)에게 전하고 타사구는 또 수구(須俱)에게 전하여 나중에는 샹카비드라에게 전해져, 488년 승의와 함께 광주 중림사에와 선견비바사논을 번역하고 함께 안거하다가 영명 7월 15일 자자를 마치고 또 한 점을 찍으니 그 때까지 모두 975점이 되었다는 것이다.

3) 현장(602~664)은 중국 당나라 법상종 스님. 12세 낙양 정토사에서 스님이 되어 혜경(慧景), 도기(道基), 보천(寶遷), 법상(法常), 승변(僧辨), 도심(道深), 도악(道岳), 엄(嚴), 진(震) 등의 여러 법사들께서 〈열반경(涅槃經)〉, 〈섭론(攝論)〉, 〈발지론(發智論)〉, 〈비담론(毘曇論)〉, 〈성실론(成實論)〉 등을 배웠는데 모두 뜻이 한결같지 않으므로 인도스님께 직접 듣겠다 하여 629년(당 정관 3년 8월) 28세에 혼자서 길을 떠나 고창 쿠자국 등을 지나 총령을 넘어 인도에 들어갔는데 여러 성적을 두루 참배하고 고승대덕을 만나 불교를 배웠다. 그 때 보고 들은 일들을 기록한 책이 저 유명한 《대당서역기(大唐西域記)》이다.

4) 중인도 마갈타국 임금, 처음 부처님께서 출가하였을 때 태자의 늠름한 모습을 보고 그렇게 묻고 만일 마음을 고쳐 정치할 뜻을 가진다면 국토의 전부를 내어주겠다 하였다. 그러나 부처님께서 듣지 않고 가자 성도후 누구보다도 먼저 구제해 줄 것을 청했다. 과연 부처님은 그 때의 약속을 잊지 않고 그를 구제했으며 그는 그 은혜를 잊지 않고 죽림정사를 지어 바치고 영축산 꼭대기에 계단을 놓아 부처님께서 다니시기 좋게 하였다. 그의 부인 교살라와 위데희도 훌륭한 불자였다.

5) 목연존자의 말에 의하면 이크슈바쿠왕의 영토는 포타나성(Potana, 褒多那城)이고, 첫째 부인의 아들은 장수(長壽)이고 둘째 부인의 아들은 거면(炬面), 금색(金色), 상중(像衆), 별성(別城)이었다고 함. 장수가 영리하지 못하여 혹 작은 아들들에게 자리를 빼앗길까 두려워 모사를 꾸며 국외로 추방하였다함.

6) 부처님의 위대한 상호, 32상은 ① 발바닥이 판판함. ② 손바닥에 수레바퀴와 같은 무늬가 있음. ③ 손가락 발가락 사이에 비단결 같은 막이 있음. ⑥ 발꿈치가 원만함. ⑦ 발등이 높고 원만함. ⑧ 장단지가 말과 같음. ⑨

팔을 펴면 손이 무릎까지 내려감. ⑩ 성기가 말과 같음. ⑪ 키가 한길(8 척) 넘음. ⑫ 검은털이 털구멍마다 남. ⑬ 몸의 털이 위로 쏠려남. ⑭ 몸 빛이 황금색임. ⑮ 몸에 한 길이상 광명이 남. ⑯ 살결이 보드랍고 매끄러움. ⑰ 발바닥 손바닥 어깨 정수리가 판판하고 원만함. ⑱ 겨드랑이가 편편함. ⑲ 몸매가 사자와 같음. ⑳ 몸이 곧고 단정함. ㉑ 양어깨가 둥글며 두둑함. ㉒ 이가 40개가 남. ㉓ 이가 희고 가지런하고 빽빽함. ㉔ 송곳이가 희고 큼. ㉕ 볼이 사자와 같음. ㉖ 목구멍에서 단침이 남. ㉗ 혀가 길고 넓음. ㉘ 목소리가 맑고 멀리 들림. ㉙ 눈동자가 검푸름. ㉚ 속눈섭이 소와 같음. ㉛ 두 눈섭 사이에 흰털이 남. ㉜ 정수리에 살상투가 있는 것이 그것이고 80종호는 이 32상을 더 상세히 구분해 놓은 것인데, 다음과 같다.

① 손톱이 좁고 길고 엷고 구리 빛으로 윤택한 것. ② 손가락 발가락이 둥글고 길어 다른 사람보다 곱다. ③ 손발이 제각기 같다. ④ 손발이 원만하고 부드럽다. ⑤ 힘줄과 핏대가 잘 서리어 부드럽다. ⑥ 두 복사뼈가 살속에 숨어서 밖으로 나타나지 않는다. ⑦ 걸음걸이가 곧고 반듯하여 거위와 같다. ⑧ 걸음 걷는 모양이 사자와 같다. ⑨ 걸음걸이가 평안하여 사자와 같다. ⑩ 걸음 걸 때는 위엄이 진동한다. ⑪몸을 돌보는 것이 코끼리와 같다. ⑫ 팔 다리 마디가 뛰어나고 원만하다. ⑬ 뼈마디가 서로 얽힌 것이 쇠사슬 같다. ⑭ 무릎이 원만하고 굳고 아름답다. ⑮ 성기가 말과 같아 살속에 숨어있다. ⑯ 몸과 팔다리가 윤택하고 미끄럽고 깨끗하고 부드럽다. ⑰ 몸매가 바르고 곧다. ⑱ 몸과 팔다리가 견고하다. ⑲ 몸매가 반듯하다. ⑳ 몸매가 단정하여 깨끗함. ㉑ 몸에 둥근 광명이 있다. ㉒ 배가 반듯하고 가로무늬가 있다. ㉓ 배꼽이 깊고 오른쪽으로 돌아 원만하다. ㉔ 배꼽이 두텁고 묘하여 모양이 두드러지거나 오목하지 않다. ㉕ 살결이 깨끗하고 용모가 바르다. ㉖ 손바닥이 충실하고 단정하다. ㉗ 손금이 깊고 분명하다. ㉘ 입술이 붉고 윤택하여 빈바의 열매와 같다. ㉙ 면문이 원만하여 크지도 작지도 않다. ㉚ 혀가 넓고 길고 붉고 엷어서 이마 앞까지 닿는다. ㉛ 말소리가 위엄있게 떨치는 것이 사자의 영각과 같다. ㉜ 목소리가 훌륭하고 온갖 소리가 구족하다. ㉝ 코가 높고 곧아서 콧구멍이 들어나지 않는다. ㉞ 치아가 반듯하고 희고 뿌리가 깊게 박혀 있다. ㉟ 송곳니가 깨끗하고 맑고 둥글고 끝이 날카롭다. ㊱ 눈이 넓고 깨끗하며 눈동자에 검은 광명이 있다. ㊲ 눈이 길고 넓고 속눈섭이 차례가 있다. ㊳ 속눈섭이 가지런

하여 소의 눈썹과 같다. ㊴ 두 눈썹이 길고 검고 빛나고 보드럽다. ㊵ 두 눈썹이 아름답고 가지런하되 검붉은 유리빛이 난다. ㊶ 두 눈썹이 높고 명랑하여 반달과 같다. ㊷ 귀가 두텁고 길고 귓볼이 늘어져 있다. ㊸ 두 귀 모양이 아름답고 가지런하다. ㊹ 얼굴이 단정하고 아름다워 보기 싫지 않다. ㊺ 이마가 넓고 원만하여 번듯하고 수승하다. ㊻ 몸매가 뛰어나 위아래가 가지런하다. ㊼ 머리카락이 길고 검고 빽빽하다. ㊽ 머리카락이 깨끗하고 보드럽고 윤택하다. ㊾ 머리카락이 단단하여 부서져 떨어지지 않는다. ㊿ 머리카락이 빛나고 매끄러워 때가 끼지 않는다. (51) 몸매가 튼튼하여 나라연천보다 뛰어나다. (52) 몸집이 장대하고 단정하고 곧다. (53) 몸의 일곱구멍이 맑고 깨끗하여 때가 끼지 않는다. (54) 근력이 충실하다. (55) 몸매가 엄격 정숙하여 보는 사람마다 좋아한다. (56) 얼굴이 둥글고 넓고 깨끗한 것이 보름달과 같다. (57) 얼굴 빛이 화평하여 항상 웃음을 띠운다. (58) 낯이 빛나고 때가 없다. (59) 몸과 팔다리가 항상 장엄스럽고 깨끗하다. (60) 털구멍에서 좋은 향기가 풍긴다. (61) 입에서 아름다운 향기가 난다. (62) 목이 아름답고 둥글고 평등하다. (63) 몸의 솜털이 보드럽고 검푸른 빛으로 광택이 난다. (64) 법문 말씀하는 소리가 원만하여 듣는 사람의 성질에 따라 널리 맞게 한다. (65) 정수리가 넓고 묘하여 볼 수 없다. (66) 손가락 발가락 사이에 그물 같은, 엷은 막이 분명하고 바로 잡혀 있다. (67) 걸어 다닐 때 땅이 발에 닿지 않아 자국이 나타나지 않는다(4치쯤 떠 있다 함) (68) 신통력으로 스스로 유지하고 남의 호위를 받지 않음. (69) 위덕이 멀리 떨쳐 선인은 좋아하고 악마 외도는 두려워 함. (70) 목소리가 화평하고 맑아 여러 사람의 마음을 즐겁게 함. (71) 중생들의 근기를 알고 그 정도에 맞추어 법문을 말함. (72) 한 음성으로 법을 말하되 여러 종류들이 제각기 알아들음. (73) 차례로 법을 말하여 각기 제 근기에 맞도록 함. (74) 중생들을 고르게 보아서 원친이 없다. (75) 하는 일에 대하여 먼저 관찰하고 뒤에 실행하여 제각기 마땅함을 얻음. (76) 온갖 상호를 구족하여 아무리 보아도 다함이 없음. (77) 머리의 뼈가 단단하여 여러 겁을 지내더라도 부서지지 않음. (78) 용모가 기묘하여 항상 젊은 이와 같음. (79) 손 발 가슴에 상서러운 복덕상과 훌륭한 모양을 구족함. (80) 머리카락이 고르고 가지런하다.

② 부처님의 재가생활

① 고독한 성자

■ 어머니를 잃은 태자

그러나 불행히도 마야부인은 태자 탄생후 7일 만에 돌아가셨다.

"나의 동생이여, 태자를 너에게 부탁한다. 부처님을 낳은 사람은 이 승에서 오래 머무르지 않는다."

이렇게 유언하여 그 뒤 태자를 이모 마하파자바티가 맡아 길렀다 한다. 마하파자바티는 뒤에 여승교단의 최초 입단자가 되어 공부하다가 부처님보다 약간 먼저 돌아가셨는데 경전에 의하면 부처님께서 돌아가시는 것을 어떻게 눈으로 볼 수 있느냐 하며 스스로 먼저 갔다고 합니다. 그런데 마야부인의 죽음에 대해서는 무슨 병을 어떻게 앓다 죽었는지 전혀 기록이 없습니다. 다만 태자 탄생후 평화로운 마음으로 세상을 떠났다는 것과 그는 뒤에 도리천(忉利天 : 욕계 6천중 제 2천)에나 행복한 생활을 하다가 부처님의 설법을 듣고 해탈을 얻게 되었다는 사실이 부처님에 의하여 알려질 뿐입니다. 어쩌면 그는 무거운 몸을 안고 먼거리를 여행하다가 길가에서 어린아이를 낳으니 산후 조리가 잘되지 아니하여 죽었는지도 모릅니다.

하여간 이렇게 해서 태자는 그 때부터 이모 마하파자바티에 의하여 양육됩니다. 달이 밤마다 둥글어지듯 태자의 자비 원만의 성상은 해를 따라 더해 갔습니다. 그러나 태자의 마음은 어딘지 모르게 편안치 못했습니다. 왕궁의 진귀한 호화 속에 마음껏 누릴 수 있는 영화로운 생활인데도 마음은 항상 높고 먼 경계에 유희하여 조금도 거기에 물들지 않았습니다. 일반 학자들은 이러한 성격은 어머니를 일찍 여읜데서 생긴 것이라 합니다. 그러나 가정환경에도 영향이 있지만 천성을 그렇게 타지 않고는 어려운 것입니다.

■ 약육강식에 대한 애화(哀話)

그 나라에서는 매년 춘경제(春耕祭)라는 농경제를 지내는데 이때에는 군신이 함께 농경지에 나아가 농민들과 쟁기를 잡고 논을 갈며 그 해의 풍년을 기원하는 제사를 드리는 행사입니다. 태자도 아버지를 따라 농경제를 참관하였는데 농민들이 파헤치는 땅속에서 나오는 벌레들을 날새들이 쪼아먹는 광경을 보고 깜짝 놀랐습니다.

"아, 약육강식(弱肉强食), 이것이 모든 중생의 생활이로구나"

너무나도 애절한 정에 가슴이 아팠던 태자는 나무그늘에 앉아 해가 서산에 넘어갈 때까지 일어나지 아니했다 합니다. 왕을 비롯해서 모든 신하들이 태자를 발견했을 때 부사의하게도 나뭇가지는 해와 같이 돌아 뜨거운 햇빛을 가리는 그늘을 만들어 주고 있었다는 것입니다.

이 작은 설화는 후세 부처님께서 자각적 구도로부터 대열반(大涅槃 : 번뇌가 멸해 常樂我淨이 나타난 경계)에 이르기까지 일대 서식이라 생각됩니다. 비록 보잘것 없는 작은 벌레와 새 사이에 얽힌 이야기이기는 하지만 따지고 보면 그것은 우리 인생살이를 축소한 것이 아니고 무엇이겠습니까, 세계의 현실상은 그때그때의 상황을 따라 모양은 다소 변하지만 마지막 참담한 투쟁을 생존경쟁이란 한 말로 축소할 수 있습니다. 인생 그것이 바로 투쟁이니까 생각이 많고 감정이 풍부한 태자로서는 그것이 보통일로 보이지 않았을 것입니다. 보통 사람들 같으면 세상은 으레 그런 것이니 그렇게 알고 살아가면 그만입니다. 체념하면 그만이니까요. 그러나 태자는 그렇게 생각하지 않았습니다.

그의 두 어깨에는 카필라국이라는 하나의 큰 명예가 걸려 있고 또 그 명예 속에 딸려 있는 수백만의 백성들이 있었으니까요. 또 카필라국 주위에는 카필라국보다도 훨씬 크고 힘센 대군주들이 있었으니까요. 비록 이름은 다르고 종족 또한 다르다고 하지만 태자의 입장에서 볼 때는 같은 역사 위에 같이 성장 해온 같은 민족임에 틀림없었습니다. 동족의 피에 자기의 손과 발을 물들여야 할 것인가? 아니면 이 암담한 현실을 어떻게 저지해 나가야 할 것인가? 물론 그것은 두 선인의 말씀과 같이 전륜성왕이 아니면 부처님이 되어 세계의 왕자로 권력을 가지고 이러한 투쟁을 저지해서 사랑과 평화의 왕국을 건설하든가 아니면 순수한 종교적 해탈자로 오직 권세 없는 평화자가 되든가 하는 두 방법밖에 없다고 생각하였을 것입니다.

해가 가는 줄도 모르고 모든 사람들이 유희환락에 빠져 태자의 거처마저도 까마득히 잊어버리고 있을 때 이 위대한 성자는 일찍이 누구도 느끼지 못한 외로움 속에 쌓여 바른 인생을 설계하고 있었던 것입니다. 결국 그것은 정치적인 해결방법을 초월해서 종교적인 해결방법으로 불교의 자비 구원으로 나타나고 말았습니다. 올바른 심령을 열어 헤치는 데는 반드시 올바른 인생에 대한 정당한 비판이 가해져야 합니다. 왜 진리를 구해야 하는가, 왜 허위인 현실의 거짓 모습을 벗어 버려야 하는가 이것은 적어도 인성(人性)의 자연스러운 개전이라고 보아야할 것입니다. 특히 선천적으로 정신적 천분을 가진 사람에게는 재빨리 이러한 이상의 빛이 싹트기 마련입니다.

특히 우리 부처님은 29세에 출가하여 35세에 도를 깨쳤지만 이 같

은 진리를 구하는 심혼(心魂)은 벌써 소년시절부터 싹터 있었다고 보
아야 합니다.

　태자가 전원에 나가 약육강식의 모습을 보고 깊은 명상에 들어 있는
모습은 고대 인도의 조각들 가운데 여러 가지 형태로 나타나고 있습니
다. 세일론에 전하는 여러 불전에는 부처님의 나이 14·5세 때의 일
로 기록하고 있으나 북방소전의 대승경전과 원시 불전에는 모두 7세
때 일로 기록되어 있습니다.

② 교육과 수련

■ 교육시기

　부처님이 당시의 왕족으로서 갖추어야 할 교양과 필요한 모든 학문
및 기예를 익혔으리라 하는 것은 거의 상식적인 문제입니다.

　그러면 그 시기는 언제부터이며 그 내용은 무엇이었을까요? 어떤
불전에 보면 태자의 취학시기를 7·8세로 기록한 것도 있고 14·5세
로 기록한 곳도 있으며, 또 어떤 곳에서는 '해가 하늘에서 뜨면 올라올
때부터 밝은 것 같고 바람이 바다에서 일어나면 불 때부터 천지를 뒤
흔드는 것같이 부처님은 나면서부터 아는 분이라 배워 익혀 아는 것이
없었다' 하고 또 '하나를 들으면 천을 알아 더 가르칠 것이 없었다'하
였습니다. 또 교육의 내용에 있어서는 '64 종의 서적1)과 29 종의 무예2)
를 모조리 익혔다' 하였습니다.

　그러나 인도에서는 일찍부터 4성계급이 있어 교육의 연한도 상당히
달랐습니다. 4성계급은 바라문(Brahmana · 婆羅門 : 승려학자), 크샤트
리야(Ksatriy · 刹帝利 : 왕족, 무사), 바이샤(Vaisya · 吠舍 : 상공인) 수
드라(Sudra · 首陀羅 : 농노)가 그것입니다. 원래 인도에는 드라비다라

는 원주민이 살고 있었습니다. 그런데 기원전 20세기경에 현재 인도인의 조상이 페르샤 방면에서 큰 무리를 지어 왔습니다.

그들은 스스로 바라문의 후예라 자칭하고 왕족인 크샤트리아와 평민인 바이샤, 농노인 수드라(피정복된 원주민)를 시켜 여러 가지 재물을 준비하게 하고 제사를 지냈습니다. 그들은 주로 신을 찬양하는 노래와 제사 드리는 의식과 도덕적 교훈 기타 계율적 규칙을 가지고 민중을 교도하였는데 그것을 집중적으로 편집해 놓은 것이 베다(Veda)입니다.

대개 바라문 계급의 자제들은 여덟 살부터 12년 동안, 찰제리의 자제들은 11살부터 12년 동안, 바이샤 계급의 자제들은 12살부터 12년 동안 각각 스승(阿闍梨)을 따라서 그들이 가장 존중하는 그 베다를 배우지만, 수드라는 노동하고 봉공하는 일 외에 글을 배우고 신을 찬송하는 일이 허락되지 않아 만일 경전을 펴보고 노래를 부르는 자가 있으면 눈 알을 빼고 입을 봉하는 책벌을 받았습니다. 그러나 바라문, 찰제리, 바이샤 계급의 자제들로서 특히 머리가 좋고 재간이 있는 사람들은 7살부터 배우게 되어 있었습니다. 물론 부처님은 어려서 부터 학문에 재간이 있는 사람이었으므로 두 말할 나위도 없이 7살부터 공부를 시작하여 19세에 일단 마치고 결혼했다고 보는 것이 타당할 것입니다.

■ 교육의 내용

12년 동안 배우는 베다는 3베다(혹은 4베다)[3] 중 한 베다를 학습하는 기간이지만 이 기간 중에 베다당가분(吠陀支分) 전부는 아닐지라도 그 일부를 학습하는 것이라고 생각할 수 있습니다. 베다당가분이란 많은 베다의 보조학이라는 뜻으로 불교경전에는 3개의 베다와 **자휘학**(字彙學), 어원학(語源學), 사전(史傳), 문법학(文法學), 순세파학(順

世派學), 대인상학(大人相學)으로 되어 있고 이것을 정통한 것이 바라문이라 하였습니다. 자이나교(耆那教)에서는 4 베다와 사전, 문법학 등을 들었습니다. 어쨌든 당시의 수재들은 베다의 본문을 암송하고 그것을 위한 문법, 사전, 어원 등을 연구하였는데 부처님은 이외에도 당시 인도 사상중 가장 깊이가 있는 우파니샤드(Upanisad·奧義書) 철학도 배웠으리라 예상됩니다. 왜냐하면 부처님께서 성도후 나에 대한 관점, 상주관(常住觀), 열반관(涅槃觀), 해탈관(解脫觀) 등에 대하여 설명한 내용 가운데는 우파니샤드적 사상이 적지 않게 표현되어 있기 때문입니다.

또 부처님은 크샤트리아족 출신이었기 때문에 글뿐만 아니라 무술에 관한 것도 많이 습득하였다고 볼 수 있습니다. 그것은 뒤에 부처님께서 결혼을 위한 자찬식(自撰式) 때 여러가지 학문과 기예를 경연하여 발군의 성적을 올린 까닭에 야소다라비를 맞이하게 되었다는 전설에 의해서도 알 수 있습니다.

그러나 후세의 불전들이 전하는 29 종의 무예와 백반의 요술을 습득하였다고 하는 것은 거의 신용할 수 없습니다. 왜냐하면 이 같은 사실은 훨씬 뒤 불전이 편집될 무렵 그러한 무술이 공인된 것이 많았고 부처님 당시에는, 칼쓰기, 활쏘기, 말타기, 창던지기 등 10 여 종에 불과했기 때문입니다.

③ 결혼생활

■ 결혼에 대한 여러 가지 설화

세월은 흘러 태자 나이 19 세가 되었습니다.

그러나 태자는 별로 이성에 눈을 뜨지 않았고 틈만 있으면 뒤뜰 고

요한 숲 사이에 앉아 깊은 명상에 잠겼습니다. 이것은 참으로 인생의
바른길을 알고 진리를 깨달으려 하는 사람으로서는 당연한 일이라 하
겠지만 그러나 태자의 이 같은 행동은 주위 사람들로 하여금 세속적인
관심을 얻지 못했습니다.

"싯달타는 체질이 강하지 못하고 항상 후궁에서 깊은 사색에만 잠겨
있으니 세상 일에 소홀하다. 지금 세상에는 문무궁마도(文武弓馬道)에
능하고서도 제 처를 보호하지 못하는 사람들이 있는데 그렇게 약한 사
람이 어떻게 일국의 군주로서 왕비를 보호할 수 있겠는가?"

그럴 법도 한 일입니다. 재색, 명예 등 세속적 욕심에만 빠져있는
사람들이 태자의 높고 깊은 생각을 알 리가 만무하기 때문입니다.

한편 아버지 정반왕은 자기의 출가를 생각할 때 마음이 급하지 않을
수 없었습니다. 당시 풍습으로 말하면 훌륭한 가문에서 태어나는 사람
은 출가 성도를 제일의 목표로 삼았는데 출가전에 범지(梵志), 가거
(家居) 2기를 거쳐야 하였습니다. 범지시대에는 옛부터 전해 내려오
는 베다경전과 기타 문무의 학예를 습득하고 가거시대에는 결혼하여
가사를 돌보는 일입니다.

원래 이것은 오직 바라문 일족에만 국한된 일이었으나 부처님 당시
에는 바라문 뿐아니라 어떠한 종족간에도 행해지고 있었습니다. 정반
왕이 하루빨리 태자를 결혼시켜 왕위를 맡기고 출가하려고 하는 것은
이러한 풍습에 연유된 것인데 벌써 그의 나이 환갑이 훨씬 지나 있었
을 뿐 아니라 전날 관상가들의 소견을 따르면 태자는 이 두 기 가운데
과거의 풍습을 깨뜨리고 바로 출가할런지도 모르기 때문에 그의 마음
이 급하게 여겨지지 않을 수 없었습니다. 그런데 태자는 아버지의 고
민하시는 것을 보고 아버지께 말하였습니다.

"부왕이시여, 우리 일족과 변방의 군주들이 나의 기능을 의심하고
있는 모양인데 원컨대 저들을 한데 모아 주소서, 내 저들과 겨루어 힘

이 얼마만 한 것인가를 보여주겠습니다. "

부왕은 기뻤습니다. 태자의 배후로는 돌아가신 어머니 마야부인의 친정인 콜리야성 성주 슈파붓다의 큰딸 야소다라 공주가 선정되어 있었으나 그를 탐하는 또 다른 왕자들이 있어 역시 고래의 풍습을 따라 자찬식을 거행하기로 하였습니다. 자찬식이란 왕녀가 다른 왕자와 더불어 약혼식을 하려 할 때 왕녀 앞에서 훌륭한 경기장을 설비하여 놓고 비슷한 여러 왕자들로 하여금 각자 익힌 문무를 겨루어 최후의 승리를 얻는 자가 왕녀의 손을 잡는 영광의 의식입니다.

그리하여 정반왕은 그의 일족과 변방의 왕후 장상들을 모으고 나라 안에 명사들을 한자리에 청한 뒤 같은 또래의 왕자들로 하여금 무예를 겨루게 하였습니다. 그러나 실내에서 행한 학문에 대한 시험은 하나를 들으면 천을 깨치는 태자를 해 볼 재주가 없었고 다시 경기장에 나타나 각기(角技), 창기(槍技), 기마, 궁술 등을 차례로 겨루어 보았으나 최후 칠철고(七鐵鼓)를 뚫고 공중에 흔들리는 금환(金環)을 맞춘 것은 오직 태자 한 사람이었으므로 관중의 환성은 33천에 울려퍼졌고 마침내 야소다라는 태자의 손을 잡게 되었습니다.

■ 약혼자 야소다라

야소다라는 어려서부터 현명하고 정숙하여 당대 일인의 칭호를 받았는데 그 날따라 봄꽃과 같은 자태, 가을 뜰과 같은 단장으로 태자의 손을 잡으니 3천궁녀도 무색하게 되었으므로 태자의 사랑 또한 지극하였습니다.

아버지는 이 세상에서 둘도 없는 연리동기(連理同技)의 이 사랑을 영원히, 또 마음껏 누려주기 위하여 바람 좋고 물 좋고 산 맑은 집터를 잡아 봄, 여름, 가을, 겨울 사시장철 때를 따라 즐겁게 지낼 수 있는 네 궁전을 지어주니 그 규모의 넓고 큰 것과 윤환의 장엄함은 마치 높은 탑이 창공에 솟은 것 같고 안개가 바람에 나부끼는 것 같았습니다. 하늘을 가로질러 나는 듯한 다리는 때 아닌 무지개를 이루고 정원의 숲은 계절을 기다리지 않고 꽃을 피웠으며 천동 천녀가 기악을 연주하고 수백 채녀가 춤을 추어 봄 바람 가을 비에도 인생의 수심을 잊고 문자 그대로 신선생활을 영위하고 있었습니다.

그런데 어떤 불전에는 야소다라의 이름이 '라훌라의 어머니'라고만 적혀 있고 그의 이름이 밝혀 있지 않으며 또 어떤데서는 밧타캇챠이나(跋陀迦度爾那), 고타미 또는 야소바티라고도 하여 사람에 따라 태자비가 둘이라고도 하고 또 셋이라고도 하였으나. 여기서는 북방소전의 불소행찬(佛所行讚)을 중심으로 야소다라만을 들었습니다. 그러나 부처님은 왕자로서 정비 이외에도 많은 후비와 처녀를 거느릴 수 있으며 또 당시의 인도풍습은 일부다처제로 왕과 태자가 아니라 할지라도 한 남자가 여러 여자를 거느리고 살 수 있었으니 문제시할 것이 없습니다.

또 야소다라에 대해서도 천비성의 슈파붓다(善覺)와 아미타(甘露女) 사이에 태어난 사람이란 말도 있고 데바닷다의 동생이란 설도 있으며 단타파티(執技)의 딸 혹은 마하나마(摩訶男)의 딸이라는 설도 있으나 지금까지 가장 많이 알려진 것은 슈파붓다의 딸로 쓰여 있으므로 그렇게 썼습니다.

■ 결혼식 때의 나이

또 태자의 결혼한 나이도 어떤데서는 16세, 18세, 19세로 되어 확실한 증거를 잡을 수 없으나 그 동안 교육연한으로 볼 때 19세설을 취택한 것입니다. 태자의 주위에는 항상 많은 시녀들이 따르고 있었으

니 혹 어린 나이에 연애를 할 수 있었다고 볼 수 있으나 이러한 기록
은 고전으로 갈수록 거의 없어 고증할 길이 없습니다.

④ 궁중의 네 문을 구경하고 무상을 느낌

■ 영화 속의 세속생활

이로부터 태자는 깊은 궁전의 사람이 되어 세간의 참 모습을 까마득
히 잊어 버린 듯 말이 없었습니다.

부왕도 또한 태자가 세상을 싫어하는 마음을 낼까봐 백방으로 힘을
다해 현세의 쾌락을 맛보게 하였지만 태자는 오히려 인생의 비애를 관
하는 데 게을리하지 않았습니다. 이것은 부처님께서 성도후 사위국 기
수급고독원(祇樹給孤獨園)에서 설한 법문 가운데 잘 들어나 있습니다.

"비구들이여, 나는 건강했고 아름다웠다. 내 집에는 연못이 있었는
데 푸른 연꽃과 붉은 연꽃, 흰 연꽃이 피는 못이 있었다. 이것은 모두
다 나를 위한 것이었다.

나는 가시(迦尸)의 전단향이 아니면 쓰지 않았고 가시포(迦尸布)의
다방을 머리에 감고 속옷도 겉옷도 모두 가시포를 썼다. 머리에는 늘
한냉, 티끌, 바람, 그 바람에 나부끼는 풀과 이슬을 막기 위하여 흰
천개(天蓋)가 꽂혀 있었다.

나의 집에는 세 개의 궁전이 있었는데 하시전(夏時殿)과 동시전(冬
時殿)은 여름과 겨울에 지내는 곳이었고 우시전(雨時殿)은 장마철에
머무는 곳이었다. 비가오는 넉 달 동안은 우시전에서 항시 무희들에게
에워싸여 노래와 춤을 즐겼다. 다른데서는 노비들을 겨밥(糠食)에 신
죽(酸粥)을 섞어서 주는 것이 보통인데 우리집에서는 쌀밥과 고기를
주었다. 그러나 이러한 번영과 아름다움과, 건강속에서 모든것을 다

잊어버리고 살 수 있었지만 다른 사람들의 늙고 병들고 죽는 것을 보고 그것을 조소하고 싫어하는 까닭에 그 영광스런 청춘과 아름다운 건강, 자랑스런 사랑을 모두 버릴 수 있었다."

또 팔리어 니카야 26, 《성구경(聖求經)》에도 다음과 같은 글이 쓰여져 있습니다.

"인간이 산다는 것은 결국 구하는 것 외의 아무것도 아니지만 그 구하는데서 착하게 구하는 것과 악하게 구하는 것이 다르다. 악하게 구하는 것은 자기 스스로 세상에 태어나게끔 된 존재이면서 남이 태어나는 것을 바라며, 자기 스스로 늙어가게끔 된 존재이면서 남이 늙는 것을 바라며, 자기 스스로 병들게 되어 있는 존재이면서 남이 병들기를 바란다. 이 세상의 모든 것은 죽어가고 있는 것이며 슬픔에 잠겨있는 것이며, 더러움에 물들어 있는 것이면서 자기와 같이 죽어가는 자, 슬픔에 잠겨 있는 자, 더러움에 물든 자를 찾아 헤매는 것이다. 처자나 심부름꾼이나, 가축이나 금은 등 모두가 생겨나고 늙어 병들고 죽으며, 슬픔에 잠기고 더러움에 물드는 것들이다. 사람들은 이와같이 스스로 멸망해가는 것을 찾아 헤매여 집착하고 미혹되어 있다.

이와 반대로 착하게 구하는 것은 자기가 스스로 태어나는 존재이며, 늙어가는 존재이며, 병들고 죽고 슬픔에 잠기고 더러움에 물드는 자이면서도 나고, 늙고, 병들고, 죽고, 슬프고, 더러운 것을 떠나지 못하고 멸망해 가는 자의 화(禍)를 보고 곧 위없는 법 즉 열반을 구하는 것이다. 생각해 보면 자기도 착하게 구하는 일을 하지 않는 사람 중의 하나다. 얼마나 어리석은 일인가? 이제부터서는 이러한 모든 것들로부터 떠나는 것을 구하지 않으면 안 되겠다."

■ 생에 대한 회의

이 얼마나 간결하고 명쾌한 설문입니까? 누구든지 사람이 살아가는 도중에 이와 같은 의혹과 불안을 일으키지 않는 사람은 없을 것입니다. 그러나 태자는 그 누구보다도 이것을 통감하고 깊이 반성한 사람으로 그것으로부터 헤어나려 몸부림치고 있던 사람 중의 한 사람입니다. 그러기에 그의 귀에는 모든 소리가 그가 구하는 진리의 성구로만 들려왔던 것입니다.

"거룩한 자여, 고통에 잠긴 사람들을 보고 원을 일으켜 행을 거듭하신 옛일을 회상하라. 집을 떠날 때는 지금이다. 큰 자비로써 3독(탐·진·치)의 사람을 구하라. 그러면 구름이 걷히고 달이 빛나듯 몸의 빛이 사방의 나라를 비출 것이다.

3계는 고뇌이다. 성난 불과 같이 뜬 구름과 같이 물 위의 달, 골짜기의 산울림, 환각의 물거품과 같다. 어리석은 자는 젊음을 좋아하나 머지않아 늙음과 병, 죽음 때문에 부서진다. 비유하면 꽃에 뒤덮인 가시의 꽃이 떨어지면 버림받는 것같이. 피리소리를 듣지 못하느냐? 구멍과 손이 합하여 소리를 내어도 그것은 본래 온 것도 아니고 간 것도 아니다. 연(緣) 속에 소리는 잡히지 않으며 연을 떠난 소리는 없다. 모든 것은 비고 고요하여 나도 남도 없다. 거룩한 자는 '일찍이 부처님을 만나 벌써 참된 진리를 알았노라' 외칠 것이다. 감로의 가르침을 빗발치게 뿌릴 때가 바로 지금이다."(大莊嚴經論)

이것은 아름다운 미녀가 부른 매혹적인 음악소리였지만 부처님은 곧 그것이 자기를 경책하는 채찍소리로 들었습니다. 모든 사람들이 동경하는 젊은 때의 환락, 연애, 음악, 파티도 깊은 마음의 소유자에게는 역시 수수께끼에 수수께끼만 더할 뿐이었습니다.

왕관은 필경 유혹입니다. 그것도 끝없고도 강한 자극을 구해 마지 않습니다. 마음은 한번 취해 크게 빠져 들어가면 결국 거기서 끝나지 않고 한층 더 좋은 것을 구함을 늦추지 않습니다. 또 거기에 깊은 집착을 느낀 자가 아니면 무상의 한 생각에 위협을 받는 일은 없을 것입니다. 소유한 자에게 비로소 빼앗기는 쓰라림이 있듯 이상하게도 환각이 무상감을 낳는 어머니였다는 것을 알았을 때 태자 자신도 놀랐을 것입니다.

부왕은 이런 것을 모르고 더욱더 아름다운 여인들을 모아 향락의 자료를 더 해 주었습니다. 그러나 그렇게 깊은 생각에 잠겨 있는 사람에게는 밝은 전기불을 저지하려고 먹구름을 모으는 어리석음에 지나지 않는 것임을 깨닫지 못했습니다. 구름이 모이면 모일수록 전등빛이 더욱더욱 빛나듯 필경 왕자의 마음은 진실한 법에 빛나고 있었습니다. 한번 이 빛이 가슴 속에 번득이자 인간의 모든 허위의 의상은 저절로 벗겨져 마치 사람은 찬하늘에 떠는 나체의 모양과 같이 전율하지 않으면 안 되었습니다.

부와, 권력, 명예와 연애 이 모든 것이 모두 일시의 유혹이요 허위였습니다. 만승천자도 강적 앞에서는 어찌할 수 없듯 아름다운 미녀와 영화로운 부귀도 늙고 병들고 죽는 노장(老將) 앞에서는 처참하게 위축되고 손을 들지 아니하면 아니 되었습니다.

■ 사문유관(四門遊觀)

태자는 견딜 수 없었습니다. 환락의 무덤을 떠나서 좀더 밝은 세상을 보고 싶었습니다. 태자가 세상 구경을 하고 싶다고 하자 대왕은 군신들에게 명령하여 주옥 7보의 거마(車馬)를 정비하고 성문의 길들을 개수하여 일체의 더러운 것이 눈에 띄지 않도록 하였습니다. 그러나 첫날 태자의 거마가 동문을 향했을 때 홍안의 청춘 남녀가 길을 메우고 오색찬란한 꽃가루가 길거리를 덮었습니다. 그런데 홀연히 도중에 노인 한 사람이 나타났습니다.

"저 사람은 누구냐? 머리는 희고 눈은 어둡고 등은 굽고 몸은 떠는구나. 겨우 한가치 지팡이에 기대어 주적주적 걸으니 어떤 사람인가?"

"그는 늙고 쇠약하여 죽음이 가까워진 사람입니다. 그도 옛날에는 홍안의 청춘이었습니다. 밤낮으로 5욕을 마음껏 즐겼으나 이제는 몸이 늙어 슬픔은 많고 즐거움이 적습니다."

"그러면 저 사람만 그러한가? 우리도 모두 그러한가?"

"이것은 인간 일체의 운명입니다."

태자는 이 소리를 듣고 소스라치게 놀라 머리를 숙이고 깊은 사념에 젖었습니다.

"가자. 생각 생각에 노쇠의 적이 다가오는구나. 시가원림(市街園林), 그 무엇이 즐거우랴!"

군신은 태자의 우수에 젖은 .말을 듣고 모두 주저하고 근심 걱정하였으나 할 수 없이 궁중으로 돌아왔습니다.

부왕은 태자를 위로하기 위하여 베풀어진 외유회가 도리어 태자를 슬프게 해주었다는 소식을 듣고 이튿날 남문을 출유할 때는 더욱 엄정히 하였습니다.

그런데 뜻밖에 몸은 마르고 배만 커서 숨을 허덕허덕거리며 사람의 동정만을 구하는 한 병자가 나타났습니다. 참으로 침통한 정경이었습니다. 태자가 물었습니다.

"저 사람은 누구냐?"

"병든 사람입니다. 4대(지, 수, 화, 풍)가 허물어져 제대로 되지 않기 때문에 몸을 감당하지 못할 뿐입니다. 이것은 빈부 귀천의 차별이 없이 모든 사람이 다 그렇습니다. 어찌 만 년의 천자가 있겠습니까?"

"아, 세상 사람들은 어리석구나. 병환이 오는 그 기간을 미리 알지 못하는구나. 오늘 향기 그윽한 사람이 내일 백골이 된다는 것을 누가 보증할 것인가? 태연히 세상 영화를 추구하고 환락으로 천일(天日)을 헛되이 보내겠는가?"

그리하여 거마는 다시 궁중으로 돌아왔습니다. 또 제 3 일에 서문에 이르렀을 때는 경계를 더욱 엄중히 하고 청소를 더욱 깨끗이 하였건만 괴상하게도 네 사람이 메고 가는 상여 하나가 태자 앞에 나타났습니다.

"번화(幡花)는 아름다우나 종자는 모두 울상을 하고 따라가니 이것은 무슨 가마인가?"

"죽은 사람을 떼 메고 가는 가마입니다. 모든 근(根)이 무너져 생명이 끊어지고 정신은 멀리 떠나 형해(形骸)만 남아 있으므로 원근 친척과 옛 친구들이 은애 이별의 정을 잊지 못하여 저렇게 우는 것입니다."

"아, 참으로 세상은 어리석구나. 사람이 어디에 죽음이 없을 것인가? 죽음을 면치 못하는 이 몸을 가지고 죽음에 대한 주의를 왜 이다지도 게을리 하였다는 말인가? 위태롭다. 어서 가자. 인생무상이 전광석화(電光石火)와 같이 몰려오는구나."

그 때 대신 바라문의 아들 우다이(Udayi·優陀夷)가 옆에 있다가 뛰어난 변재를 가지고 태자를 달랬습니다.

"사람은 득의의 성시를 놓쳐서는 안 됩니다. 이 때에 향락하지 아니하면 어느 때를 기다리겠습니까? 늙고 병들고 죽는 것은 자연한 이치라 이 세상 누가 그것을 면할 자 있습니까? 그러기에 젊어서 놀지 않고 늙어서 어떻게 놀겠습니까? 더구나 재색(才色)을 겸비한 태자 같은 사람으로서 성색(聲色)의 아름다움을 맛보지 못한다면 이것은 일대 한스러운 일입니다. 구구한 형체의 욕, 그것이 어찌 대인의 성도를 장애하겠습니까?"

"나를 생각하는 것은 가상하다. 그러나 내 정성껏 그대에게 고하노니 세상 일체의 쾌락은 오직 무상한 모양뿐이다. 만일 늙고 병들고 죽는 고통이 없어 홍안 청춘이 영원히 계속된다면 나도 여러분과 같이 즐겨할 것이다. 여러 선인은 다 타락의 범부일 뿐 나에게는 경중히 할 가치가 없다. 나는 이것을 생각하고 밤잠을 이루지 못하는데 무슨 틈이 있어 욕에 집착해서 이 무상의 쾌락을 추구할 것인가?"

말과 말은 통절을 다해 사람의 폐부를 찔렀습니다. 이에 우다이의 교언도 대답할 바를 모르고 묵묵히 물러 갔습니다.

그런데 이튿날 북문에 갔을 때는 출가사문이 지나 갔습니다.

"저 사람은 누구인가?"

"출가사문입니다."

태자는 차에서 내려 그의 앞에 다가서서 물었습니다.

"출가의 행은 어떤 이익이 있습니까?"

"늙고 병들고 죽는 무상을 떠나 해탈의 자유를 얻으며, 세간의 염애를 버리고 바른 법에 의하여 도를 닦고, 자비로써 모든 중생을 구제합니다."

태자는 이 말을 듣고 '인간의 어떤 것이 이것보다 더 훌륭한 것이 있겠는가'하고 그날은 즐겁게 놀았습니다. 이것이 인간 세상에 있어서 최후의 유흥회요 위안회였습니다.

■ 장애를 파한 라훌라

하루의 즐거움이 만일의 근심을 덜고 모든 사람들을 위안할 수 있었다고 생각하니 태자 마음 또한 즐거웠습니다.

마지막 홍진을 씻기 위해 맑은 못에 들어가 목욕하고 옷을 갈아입고

막 차에 오르려 할 때 부왕의 사자가 와서 왕손의 출생을 고했습니다. 태자는 그 소리를 듣고

"아! 파하기 어려운 장애!"

라고 외쳤습니다. 이 말이 왕궁에 전해지자 부왕은 곧 그 말대로 왕손의 이름을 '라홀라(Rahula·羅睺羅)'라 불렀다는 것입니다. 라홀라란 '장애물'이란 뜻입니다. 인정이 농후하면 도해가는 뜻이 장애되므로, 장애라 하였는지, 아니면 출가의 장애가 풀어졌다 해서 장애라 하였는지 알 수 없으나, 그 동안 후계자가 없어 인정상 출가를 보유하고 있던 태자로서는 그 출가의 장애가 왕손의 출생으로 해결되었으므로 파하기 어려운 장애가 파해졌다 하여 라홀라라 하였다 한 사람도 있습니다. 태자는 환희 용약하는 군중에 싸여 급히 왕궁으로 돌아왔습니다. 도중에 키사코다미(Kisagotamr)라 부르는 여인이 이 즐거운 행렬을 보고 소리 높여 노래하였습니다.

"행복한 아버지여, 행복한 어머니여,

이런 아들을 가진 부모는 행복하리.

이런 남편을 가진 처는 행복하리."

태자는 그 노랫소리를 듣고 곧 차를 멈추고 그의 손에 낀 진주반지를 그 여인에게 선물하였습니다.

그것은 행복(Nibbuta)이라는 말이 그가 즐겨 구하는 열반(Nirvana)이라는 말과 서로 통했기 때문이었다고 합니다.

부처님께서 정말로 이 사문유관과 같은 절차를 밟아 동·서·남·북 네 문을 구경하고 인생무상을 느꼈는지는 확신하기 어려운 점이 많습니다. 남방소전인 파리어 불전에는 전혀 그러한 말이 없고 다만 그와 비슷한 설화가 과거불(過去佛) 비파시(Vipasyin·毘婆尸)[4]와 관련되어 나올뿐입니다. 그러나 어떻든 생·노·병·사의 고민때문에 밤잠을 제대로 이루지 못하고 결국 그것 때문에 출가했다고 하는 것은 어느 불

전에서도 공인하는 사실로 되어 있으므로 비록 꼭 그러한 형식을 거치지는 않았다 할지라도 믿을 수 있는 사실입니다. 무상을 무상으로 보지 않고 무상을 영원한 단면으로 오인하여 온갖 향락과 탐미로서 현실의 고통을 은둔해 보려는 현대인들에겐 다시 한 번 새겨 보아야 할 문제가 아닌가 생각됩니다.

---

1) 64종의 서는 ① 梵書(현 바라문서의 正 14음) ② 카로슬타서(驪肩) ③ 부사라선서(蓮花) ④ 아가라서(節分) ⑤ 맹가라서(吉祥) ⑥ 야매니서(大泰國) ⑦ 앙구리서(指書) ⑧ 야나니가서(태승) ⑨ 사가바서(자운) ⑩ 바라바니서(수엽) ⑪ 피류사서(악언) ⑫ 비다다서(기시) ⑬ 다비다국서(남천축) ⑭ 지라저서(나형인) ⑮ 도기차나바다서(우선) ⑯ 우가서(엄치) ⑰ 숭자서(산계) ⑱ 아바불가서(부) ⑲ 아누로마서 ⑳ 비야매사라(잡) ㉑ 타라다서(오장변의 상) ㉒ 서구야니서 ㉓ 것다서(소륵) ㉔ 지나국서(대수) ㉕ 마나서(두승) ㉖ 미도차라서(중자) ㉗ 비다설저서(척) ㉘ 부수파서(화) ㉙ 제바서(천) ㉚ 나가서(용) ㉛ 야차서 ㉜ 건달바서(천음악) ㉝ 아수라서(불음주) ㉞ 가루라서(금시조) ㉟ 긴나라서(비인) ㊱ 마후라가서(큰뱀) ㊲ 미가차가서(모든 짐승의 음성) ㊳ 가가루다서(까마귀소리) ㊴ 부마제마서(지거천) ㊵ 안다리차데바서(허공원) ㊶ 울다라구로서(수미산의 북) ㊷ 보루마제하서(수미산동) ㊸ 오차파서(거) ㊹ 니차파서(척) ㊺ 사가라서(바다) ㊻ 발라라서(금강) ㊼ 리가파라저리가서(왕복) ㊽ 비첨다서(식잔) ㊾ 아누부다서(미중유) ㊿ 사사다라발다서(여복전) (51) 가나나발다서(산전) (52) 우차팔발다서(거전) (53) 니차파발다서(척전) (54) 파다리카서(발) (55) 비구다라파다나지서 (56) 야바타수다라서 (57) 미도파신니서(중류) (58) 니사야사다파치비다서(모든신행선의고) (59) 다라니바차저서(관지) (60) 가가나비례차니서(관허공) (61) 살포사지니산다서(약의과인) (62) 사라숭가하리서(총람) (63) 발바루다서(일체음) (64) 기타음서(阿, 伊, 優, 啞, 嗚 등 38종)인데, 이것은 천문지리로부터 수학, 과학, 의학, 언어학, 음악, 철학 등 온갖 학문이 다 들어있다.

2) 29종의 무예는 ① 코끼리 타는 법 ② 수레에 걸쳐 앉는법 ③ 함정에 뛰어오르는 법 ④ 말을 건너 뛰는 법 ⑤ 활쏘기 ⑥ 빨리 달리기 ⑦ 뜻이 맹렬

하고 성질이 강함 ⑧ 몸이 날램 ⑨ 자세히 살펴 아는것 ⑩ 잘 조련된 코끼리를 잡고 쇠갈고리를 던지는 것 ⑪ 축생을 잘 먹이고 기르는 것 ⑫ 지휘하고 처분하는 것 ⑬ 병마를 잘 통솔하는 것 ⑭ 굽고 바르며 비탈지고 평평한 산천을 잘 아는 것 ⑮ 손으로 주먹을 굳게 쥐는 것 ⑯ 다리로 땅을 단단히 밟는것 ⑰ 머리를 빗질하고 상투를 틀되 매우 굳게 하는 것 ⑱ 잘 깨지고 잘 열며 ⑲ 잘 쪼개고 잘 베며 ⑳ 쏘는 것이 헛되이 떨어지지 않고 ㉑ 활을 잘 당기며 ㉒ 멀리서 소리를 듣고 쏘아 맞히며 ㉓ 활을 쏘는 대로 살이 깊이 박히며 ㉔ 지혜롭고 총명하여 말이 맑고 변재가 민첩하며 ㉕ 꾀와 계교로 잘 헤아리며 ㉖ 고묘하고 이해하고 많이 알며 ㉗ 옛 것을 토론하고 지금 것을 의논함에 방편으로써 잘 속이고 ㉘ 잘 참고 ㉙ 모든 병법을 다 통달한 것이니 말하자면 일체의 무술병법을 통달하는 것이다.

3) 3 베다는 리그베다(Rig-veda·梨俱吠陀), 사마베다(Sama-veda·沙磨吠陀), 야쥬르베다(Yajur-veda·夜柔吠陀)이고 4 베다는 이 3 베다에 아타르바베다 (Atharva-veda·阿闥婆吠陀)를 더한 것이다. 베다는 지식, 명(明)의 뜻이므로 곧 이 베다는 제예의식 도덕 찬송에 대한 지식이요, 명이다. 리그베다는 신을 찬송하는 명으로 10 권 1,017 편 10,580 송이고 사마베다는 가영명 (歌詠明)으로 신을 찬미하는 음부(音符)가 붙은 시가집인데 2 권 1549 송이다. 그러나 리그베다에 없는 새노래는 74 송뿐이다. 이 두 베다는 모두 운문으로 되어 있다. 야쥬르베다는 운문과 산문이 혼합된 것으로 기원전 1000~800 년경에 이룩된 것이고 아타르바베다는 불을 숭상하는 사화승도 (事火僧徒)들이 개인적 주법(呪法)을 모집하여 놓은 것으로 4 베다중 맨나중에 되어 분량도 여러 권이 된다.

4) 불전에는 공간적으로 많은 부처님이 나오고(동방 만월세계 약사 유리광불, 서방 극락세계 아미타불, 남방 환희세계 보승장여래불 등), 시간적으로 많은 부처님이 나오는데 비파시 부처님은 시간적 부처 가운데 석가 출세전 과거 7 불중 그 첫째이다. 지금으로부터 91 겁전 반두바제성에서 크샤트리아족 출신, 콜리아를 아버지로 반두바제를 어머니로 태어나 궁중의 네 문을 구경하여 생, 노, 병, 사를 통감 출가하여 파파라(波波羅) 나무 아래서 성도 3 회에 걸쳐 3 십 4 만 8 천 인을 제도했다 함.

③ 부처님의 출가생활

① 출가의 동기

■ 세속적 동기

태자가 왜 출가하지 아니하면 아니 되었던가 하는 것은 이상의 '재가 생활'에서 대강 그 원인을 밝혀 볼 수 있었지만 이것을 올바로 이해하지 않고서는 불교 또한 바로 이해할 수 없으므로 당시의 시대적 배경과 역사적 사실 기타 개인적인 문제 등을 들어 보다 자세히 살펴 보기로 하겠습니다.

부처님 당시 인도는 정치적으로 경제적으로 사회적으로 종교적으로 모든 면에 있어서 일대 전환기에 있었습니다.

정치적으로는 여러 개의 크고 작은 공화국들이 점차 전제주의적 대왕국에 병합되어 가고 있는 시대로 많은 전쟁이 있었던 것은 아니나 항상 전쟁의 위협 속에 전륜성왕과 통일제국의 출현을 사모하고 있고, 경제적으로는 4성계급 가운데 제3 농공상인의 계급인 바이샤족이 차차 세력을 얻어 바라문도 크샤트리아도 모두 경제적 여건에 물러서고 있는 시기였으며, 종교적인 면에서는 전통적 경서(Sutra · 經書)사상이 사멸해 가고 있는 때였습니다. 말하자면 당시의 바라문들은 세 가지 베다를 주로 독송하고 그에 대한 약간의 해석을 이해하고 있을 뿐 종교적 깊이가 없고 다만 여러 가지 복잡한 제례의식을 강요하여 민중으로부터 유리되어 가고 있었습니다.

또 문화적으로는 이민족과 이민족이 서로 접촉하는 가운데 새로운 문화가 창조되고 사람들은 윤회와 업(業)의 숙명론적인 사상에 억눌려 염세출가가 아니면 반대로 쾌락주의에 떨어지곤 하였습니다. 이것은 불전상에 나오는 순세파외도나 인도철학에서 말하고 있는 6사외도를[1] 비롯해서 이러한 종류의 무리들이 수없이 많았던 것과 부처님의 제자 가운데도 사리풋다(舍利弗), 목갈라나(目犍連), 마하카샤파(摩訶迦葉), 야샤(耶舍) 등은 모두 부처님과 관계없이 그와같은 생각으로 출가했던 사람들입니다.

부처님은 이러한 환경 속에서 개인적으로는 일찍이 어머니를 잃고 고독하게 살아왔으며 국가적으로는 너무나도 적은 나라에서 항상 대국의 위협을 받고 있었고 거기에 또 여러가지 인생문제에 직결되어 마음의 굴레를 벗지 않고는 견딜 수 없었던 것입니다.

"인명은 짧고 근심은 많다. 늙고 병들고 죽는 것은 항상 몸을 싸고 돌아 생사전전해서 끝이 없다. 어찌 이 영세의 사념을 버리고 현실의 득실에 연연(戀戀)할 것인가? 3계는 괴로움의 무덤인데 사람들은 무상의 생에 끄달리고 영원의 피안에 있음을 모른다. 나는 반드시 출가해서 부처가 되리라."

그러면 이러한 문제가 하필이면 출가만으로 해결될 수 있다고 생각한 까닭은 무엇입니까? 이것은 당시의 풍습이요 습관이었습니다.

"재가의 생활은 장애가 많고 출가의 생활은 큰 허공과 같다. 정해진 대로 모두 원만하게 청정한 행을 하고자 하면 집에 머물러 있는 것이 알맞지 못하다. 그러므로 수염을 깎고 머리칼을 자르고 누런 옷을 입고 집을 떠나 사문(沙門)이 되는 것이다."

그러나 출가가 반드시 증오(證悟)의 필연적 조건이 아니라고 한 것은 누차 부처님도 말하고 있습니다.

■ 출세간적 동기

그러나 부처님께서 굳이 출가를 하지 아니하면 아니 되었던 것은 그 때가지도 이러한 도리를 자각적으로 체험한 것은 없었고 또 그의 자신으로 보아서는 우선 모든 것을 버리고 부모 처자의 은애와 명예, 지위, 재산, 일체의 포박으로부터 벗어나 대자유를 얻기 위한 데 목적이 있었으리라 생각됩니다. 부모가 싫어서도 아니고 처자가 미워서도 아닙니다.

"아, 사랑하는 야소다라여, 온 법계의 재화보다도 대설산의 봉우리보다도, 대항하의 물줄기보다도 더 귀하고 더 높고 더 깊은 애정을 내 한 몸에 바치던 처여, 내가 지금 당신 곁을 떠나려 하는 것은 당신에 대한 사랑이 얕은 까닭이 아니라 3계 중생을 사랑하는 정이 더 깊은 까닭입니다. 나를 잊지 못해서 무정하다고 꾸짖는다면 그것은 아직 나의 큰 자비심을 모르는 것입니다. 나는 이 세상을 구하기 위해서 태어났습니다. 29세의 오늘에 이르기까지 나의 마음은 오직 이것을 위해 그리워 했고 나의 정은 오직 이것을 위해 움직였습니다. 부왕은 항상 말씀하시기를 이 세상을 즐기고 이 나라를 다스리라 하였습니다.

그러나 나의 사명은 이에 있지 않습니다. 나는 왕관을 쓰고 창검을 들어 약한 자를 꺾기 위해서 세상에 나지 않았습니다. 백만의 고골(枯骨)에 의해 일전(一戰)의 승자가 되는 것은 나의 소원이 아닙니다.

나는 차라리 적막한 산림에 기거하고 밥을 빌어 일체 생각을 끊고 일대사(一大事)의 명상에 잠기기 위하여 이 세상에 났습니다. 나의 큰 사명은 실로 여기 있습니다. 부왕의 자애하심을 생각하면 구곡간장(九曲肝腸)이 녹아나는 것같이 아픕니다. 그러나 일개 카피라국의 영화보다도 온 법계의 제도가 더 크지 않습니까? 그러니 나를 대신하여 아비 없는 라훌라를 길러 부왕의 마음을 위로하시오. 그리고 영원히 나를 잊어 주십시오. 나는 이제 왕자도 태자도 아닙니다. 혈혈단신 고독한 출가행자입니다.

그러나 나의 가난하고 천함을 불쌍히 생각마십시오. 온 법계는 장차 나에 의해 구제될 것입니다. 나는 머지않아 3계의 구세주가 될 것입니다. 아, 사랑하는 야소다라여, 온 법계의 재화보다도, 대설산의 봉우리보다도, 대항하의 물보다도 귀하고 높고 깊은 애정을 나에게 쏟아준 사랑하는 처여, 이제 싯달타가 무루 영겁의 결별을 고합니다."

이것이 태자 싯달타의 고별사입니다. 여기에 그의 출가동기는 물론 출생의 연유까지도 분명히 밝혀집니다. 부처님께서 이 세상에 나온 것은, 그리고 사랑하는 부모 처자 권속을 다 버리고 출가한 것은 오직 일체 중생에게 여래(如來)의 지견을 열어 보여 깨달아 들게 하기 위한 것이었습니다.

② 성을 넘어 출가하다

부처님께서 네 성문을 구경하고 늙고 병들고 죽는 고통을 보고 또 그것으로부터 헤어나 일체 자유를 수도하는 출가사문을 보고 출가할 마음이 굳어지자 이러한 태자의 심경을 알아차린 부왕은 그의 마음을 돌려 보려고, 호화로운 전당, 산과 바다의 진미(珍味), 수천의 채녀로써 태자의 신변을 둘러 싸게 하였으나 한번 굳어진 철석 같은 결심이 일시적 환락으로 무너질 수 없었습니다.

그러나 태자도 사람인지라 그냥 떠날 수가 없어서 가장 사랑하던 처자를 찾아 후궁에 들어 갔습니다.

그런데 그 때 자기를 위해 밤낮을 모르고 춤추고 노래하던 궁녀들이 아무렇게나 쓰러져 고이 잠든 모습을 보고 다시 한 번 지난 날의 자기 생활을 반성할 수 있었다는 것입니다.

"부녀의 형용은 참으로 이와 같구나. 밖으로는 분과 연지를 바르고 아름다운 옷 차림에 그의 얼굴은 희열에 넘치고 영락과 꽃다발로 사람의 눈을 현혹하지만 그 자체의 부정과 추태는 이러하구나. 저 색경(色鏡)에 빠져 마음껏 광혹(狂惑)한 바 되는 자는 참으로 불쌍하구나. 내 이제 분명히 이 같은 진상을 보았으니 마땅히 용맹심을 내어 환희 용약해서 불퇴전의 정신을 닦아 구조 없는 자를 위해 구호를 베풀고 양육 없는 자를 위해 귀의처를 주고, 집 없는 자를 위해 집을 마련해 주리라."

이렇게 다짐한 태자는 조용히 난등(蘭燈) 아래 라훌라를 안고 자는 야소다라를 보고 말없이 무루 영겁의 고별사를 나누었습니다.

"아침만 있고 밤이 없었던 여인아, 잘 있거라."

이렇게 속 마음으로 고별 인사를 하고 나니 그런 것도 모르고 어머니의 품 안에 무심히 잠든 라훌라가 한없이 가엾고 불쌍했습니다. 흐르는 눈물을 그치고 왈칵 안아 최후의 포옹이라도 해주고 싶었지만 큰 일을 앞둔 태자는 억지로 그 마음을 가라앉히고 그 방을 떠났습니다. '정각을 이룬 뒤에 이 아들을 다시 보리라' 생각하고 말입니다. 이 얼마나 신성하고 장렬한 이별입니까? 태자가 근교 6년 후 얻은 위대한 증오, 그리고 그 증오에 의하여 세계 인류의 발걸음에 크나큰 회전과 광채를 준 빛나는 수확은 바로 이 순간에 이루어 진 것입니다. 이 세상 어느 누가 산에 들어가서 도 닦고자 하지 않는 자가 있겠습니까?

그러나 나아가지 못하는 것은 애욕에 얽혀 있기 때문입니다. 실로 애착은 찰떡과 같아서 한 손가락을 대면 한 손가락에, 열 손가락에 대면 열 손가락에 달려 붙습니다. 대려다 대지 않고 단애의 절벽에서, 백 천간두에서, 분지일발(噴地一發) 한 발짝을 돌리는 사람이 아니면

세상에 큰 것을 잡을 수가 없습니다. 그런데 태자는 이것을 능히 실천
한 분입니다.

■ 역사적인 출가

태자는 이렇게 후궁을 나와 가장 높고 가장 깊은 이상을 품고 하늘
을 우러러 보았습니다. 항하의 물 위에는 가을 바람이 스쳐오고 설산
의 빙설은 인간세상을 위압했습니다. 하늘은 높고 맑아 총총한 별들이
태자의 앞길을 상징하고 축복하는 것 같았습니다. 태자는 찬타카
(Chandaka · 車匿)를 불러 사랑하는 말 칸다카(Kanthaka · 犍陟)를 끌
어내도록 명령했습니다.

"내 마음은 몹시 말랐다. 단 샘물을 마시련다."

찬다카는 평소 부왕에게 태자의 출입을 철저히 간호하도록 명령을
받은 신하라 한참동안 망설였으나 태자가 구세의 일대사를 가지고 회
유하는 데는 그도 어찌할 수 없었습니다. 이름난 말 칸다카는 항시 대
왕이 타는 준마로 승구는 보옥으로 꾸며졌고 체세는 용과 같았습니다.
태자는 그 목을 어루만지며 말했습니다.

"너도 영이 있거든 나의 말을 들으라 우리 부왕이 항상 너를 타고
적진에 들어가 이기지 못한 바가 없었다. 내 지금 멀리 달려 설산의
기슭으로 가려 하니 홀로 비록 따르는 것은 없다 해도 내 또한 중생을
위해 일대고전에 이기려 하니 잘 달려 피로 없고 권태 없이 하라."

칸다카는 귀를 숙이고 경청하다가 태자가 서서히 말 위에 올라 고삐
를 잡으니 때는 안사다월(姟沙茶月 : 4월 16일부터 5월 15일)의 만
월일(滿月日)이었습니다.

불전작가들은 이 대목에 있어서도 굉장한 표현을 하여, 애마 칸다카
가 태자를 따라 그 거룩한 출가에 동반할 수 있는 기쁨을 감추지 못해

발을 구르며 소리를 내자 신들은 그 소리가 사람의 귀에 들리지 않도록 하고 또 성문을 여는 요란한 소리가 들리지 않도록 미리 손을 써 주었다는 것입니다. 또 태자가 성문을 넘어 동쪽을 향해 내달리자 악마가 나타나 '태자는 돌아가라' 유혹하였다는 것입니다.

그러나 태자는 도리어 "악마야 물러가라. 내게 지상의 것은 필요없다." 책망하자 악마는 "이 사람이 나를 알아보는구나. 그러나 언젠가는 그대에게도 틈이 생기리라. 그 때야말로 내가 그 틈을 탈 때다."하고 그 때부터 악마는 태자를 그림자처럼 따라다녔다는 것입니다. 어떻든 태자는 이렇게 해서 성을 넘어 하룻밤 사이에 2백여 리를 달려 새벽에는 벌써 트리베니(Triveni)의 모래언덕에 서게 되었습니다. 태자는 옷을 벗어 찬타카에게 주며,

"세상에 마음에 따르고 몸에 따르지 않는 자도 있고 몸에 따르고 마음에 따르지 않는 자도 있다. 그런데 너는 몸과 마음이 다같이 따랐구나. 세상에는 부귀를 따르는 자도 많고 빈천에 따르는 자는 적은데, 너는 나라를 버린 가난한 행자를 따라 여기 왔구나. 진심으로 감사한다."

하고 다시 머리에 꽂은 마니보주(摩尼寶珠)를 빼어,

"이것을 대왕에게 바쳐라. 그리고 태자는 세상에 구하는 바 없다고 말하라. 또 은애에 얽히면 늙고 병들고 죽음에서 벗어나지 못한다고, 태자는 깨달음을 얻지 않고는 다시 돌아오지 않는다."

라고 부탁하고 다시 몸에 찼던 영락을 벗어, 찬타카에게 주며,

"이것은 마하파자바티에게 바쳐라. 욕심은 괴로움의 근본인지라 태자는 출가해서 이 근본을 끊으려 하니 근심하지 말라."

하고, 또 목에 걸었던 보석을 벗겨,

"이것은 야소다라에게 전하라. 세상에는 이별의 슬픔이 있다고. 이 슬픔의 근본을 벗으려고 출가하는 것이다."

하며 나머지 보주와 가졌던 여러 가지 물건은 챤타카와 칸다카에게 나누어 주고 어서 왕궁으로 돌아갈 것을 명령했습니다. 그러나 챤타카는 지금까지 아침 저녁으로 모셔온 태자와 영별이란 말을 듣고 주인을 버리고 가는 것은 마땅치 않다고 같이 출가하기를 원했으나 태자는 이를 허락하지 않았습니다.

"지금이야말로 너의 큰 임무는 끝났다. 성에 돌아가 너의 천명을 다하라. 네가 태워 가지고 온 이 주인이 장차 큰 과보를 얻으면 마땅히 너희들에게도 단 이슬을 나누어 주리라."

하고 칸다카의 말 머리를 어루만지니 그도 머리를 숙이고 숙연히 태자의 말을 들었습니다.

전설에 의하면 이렇게 태자가 챤타카와 칸다카에게 회유하고 칼을 빼어 머리털을 베면서, '내가 만일 증오를 얻는다면 이 털은 날아 공중에 걸리고 그렇지 않거든 땅에 떨어져라'하고, 하늘을 향해 던지니 털은 하늘로 올라가고 땅으로 떨어지지 않았는데 제석천이 이것을 보배 그릇에 담아 도리천궁에 안치하였다 합니다.

이렇게 해서 태자는 출가하고 챤타카는 칸다카와 함께 왕궁으로 돌아가니 인정은 무겁고 깊고 또 애달픈 것이었습니다.

③ 법을 묻고 도를 닦다

■ 부처님 이전의 인도사상

부처님께서 나기까지 인도의 모든 사상을 일반 학자들은 시기적으로 3단계로 구분합니다.

첫째는 리그베다(梨俱吠陀) 시대이니 B·C 1500년부터 1000년 사이, 일체 모든 자연현상을 신으로 보고 숭배하던 시기이므로 이 시기를 신화적 우주시대라 이르기도 합니다. 정치적으로는 아리안족이 그 진로를 개척하는 시기라 하겠습니다.

둘째는 브라마나(梵書) 시대이니 B·C 1000 년부터 800 년 사이, 아리안 민족이 5 하지방으로부터 항하상류로 이주하여 정착생활에 들자 사회제도와 종교적 의례를 확립하는 시대이므로 이 시대를 바라문교의 제단이 확립된 제단적(祭壇的) 우주시대라 합니다.

셋째는 우파니샤드(奧義書) 시대이니 B·C 800 년부터 600 년 사이, 형식적으로는 전기의 사상을 계승하면서 차례로 이것을 전환하여 드디어 자아(Atman·自我)를 중심으로 모든 것을 해결하려는 자아철학 시대입니다.

그러나 이상 3 기의 사상 사조는 시기로 보아서는 3 기로 나눌 수 있지만 넓은 의미에서 본다면 하나의 베다사상에 근거합니다. 학자들은 베다사상에 나타난 종교도 다른 고대민족의 경우와 마찬가지로 애니미즘적 성격을 그 밑바닥에 가지고 있다고 보고 있습니다. 말하자면 옛날 인도사람들은 자기네들이 생활에 위협을 받거나 또는 혜택을 입을 때 그러한 자연 현상들을 마치 살아 있는 것으로 보고 그것을 신으로서 숭배하며 또 자기들 안에도 무슨 영묘한 존재가 숨어 있는 것이라고 생각하였습니다.

베다, 특히 리그베다에서 찬송을 받은 신은 하늘신 다우스피탈(Dyaus)을 중심으로 창공신 바루나(Varuna·婆樓那), 태양신 미트라(Mitra), 수리야(Surya 蘇利耶), 사비트리(Savitri), 푸샨(Pushan)이 있고 변만, 길상, 무한의 뜻을 가진 비쉬누(Visnu·毘紐笯), 시바(Siva·濕婆), 아디티(Aditya·阿提緻), 아디티의 아들 아디트야(Aditya·阿迷鳥), 부의 신 바가(Bhaga·跋伽), 세력의 신 익샤, 인간의 시조 마누(Manu·摩笯), 지옥의 신 야마(Yama· 耶摩), 새벽의 신 우샤스(Ushas·烏舍), 우뢰의 신 인드라(Indra·釋提桓因), 술 신 소마

(Soma・蘇摩), 폭풍의 신 마루트스(Martus), 불의 신 아그니(Agni・阿耆尼), 기도주 브라마(Brahma・梵), 악신 아수라(Asura・阿修羅), 흡혈귀 나찰(羅刹)과 그 외에도 소신, 말신, 뱀신, 올빼미신, 숲신, 용신에 이르기까지 무려 2백여 종의 신이 나타납니다. 다 이것은 하늘과 땅, 자연의 모든 만물을 신격화하여 신앙한 것들입니다.

그런데 이러한 신들을 숭배하는 여러 사람들 중에서도 특히 생각이 깊은 사람들은 이러한 신들을 존중하는 것으로부터 더 나아가 이러한 신들의 원동력이 되는 신비로운 힘을 우주의 최고 원리인 브라만(梵)이라 부르고 그만이 우리의 기도를 받아줄 수 있는 기도주라 생각했고 또 사람들 각자 속의 영묘한 힘에 대해서는 이를 아트만(我)이라고 이름지어 브라만은 아트만의 근거이고 아트만은 브라만의 나타난 바라고 하여 범아일여(梵我一如) 사상을 인간의 심성과 우주의 신비를 헤쳐 열어 놓은 것과 같아 오늘날도 기꺼이 신봉하기를 주저하지 않으니 이것이 이른바 인도인의 전통적 종교인 바라문교입니다.

그런데 이 브라만과 아트만을 이해하는 데는 두 가지 방법이 있습니다. 하나는 모든 감각적 산란을 안정시키는 일이고 다른 하나는 괴로움을 자초하여 괴로움 그 자체로서 수행을 삼는 것이나 전자는 선정에 속하고 후자는 고행에 속합니다.

우리 마음은 그대로 내버려 두면 눈으로 보고 귀로 듣는 감각의 세계에 끌려 들어가 좀처럼 거기에서 헤어나기 어려운 것이므로 마음을 억눌러 뛰쳐 나가지 못하게 하고 조용히 반성하여 가라앉히면 자기 안의 신(아트만)을 보고 나아가서는 범신에 접하는 기쁨을 느낀다 하였는데 이것이 고대로 인도 직업승려인 바라문승려들이 가진 요가선정(瑜伽禪定)입니다.

또 고행을 한다는 것은 죄를 물리적으로 생각하여 태워 없앤다는 것인데 고행이라는 말의 원어가 타파스(tapas) 즉 열(熱)에서 나왔기 때문이며 나중에는 마치 기독교인들이 세례를 받아 죄를 사하는 것처럼 죄를 물로써도 씻을 수 있다 하여 성스러운 강에 나가 하루에 몇 번씩 목욕을 하는 것으로 고행을 삼기도 하였습니다.

또 한편으로는 고행을 하므로서 정신적 자유를 얻는다고 생각하기도 했는데 이 몸은 육체와 정신 두 가지로 되어 있는데 육체는 부자유하고 더러운 것이고 정신은 깨끗하고 자유로운 것이므로 고행을 하면 영혼을 육체에서 해방시켜 자유로와 질 수 있다 생각했기 때문입니다.

그러나 아무리 소처럼, 개처럼, 박쥐처럼 살아가는 방법을 배워 육체를 고통해도 진실한 영혼의 자유를 얻지 못하므로 어떤 사람들은 내생의 영광을 위해서 현세의 고통을 그대로 참는 이도 있었고 또 어떤 이는 그 고행에서 단련된 여러 가지 신비한 힘으로 세상 사람들을 놀라게 하여 이름을 얻어 옆길로 빠져나가는 이도 있었습니다.

어쨌든 당시 인도사람들은 이 두 가지 길을 통해 정신적 안정을 얻고 해탈을 구하는 것으로 만족했는데, 부처님 당시 저 유명한 6사외도[1] 가운데 넷이 고행주의자였음을 생각해 볼 때 고행이 얼마나 그 당시 인도인들에게 깊게 작용하고 있었는가를 알 수 있습니다.

그러나 선정과 고행은 명목상 다른 것 같지만 서로 밀접한 관계가 있습니다. 다만 어느 편을 더 표면적으로 내세우느냐에 따라 고행주의자가 되고 선정주의자가 되었던 것인데 6사외도 이외에도 당시 인도에는 2·3백명 씩 무리를 지어 도시나 골짝에서 고행하고 있었던 사람들이 많이 있었다 합니다.

■ 문사수도(問師修道)

부처님께서 처음 트리베나 강변에서 머리를 깎고 가까이 오는 수렵인에게 등나무 빛깔의 옷을 빌어 몸에 걸치고 아누피야(阿奴比耶)

마을에 들어가 암밤나무 숲(楱樹林) 사이에서 1주일을 지낸 뒤 왕사
성으로 향했습니다. 그러니 먼저는 동쪽으로 갔다가 다시 남쪽으로 내
려온 셈이 되는데 이 길은 왕사성과 사위성을 연결한 큰 도로로 부처
님께서 성도한 뒤에도 주로 이 길을 따라 두 도시를 왕래했습니다. [2]

왕사성에서 밥을 빌어 먹고 출가선인들이 많이 모여 공부한다는 판
다바(盤茶婆) 산으로 가다가 빔비사라왕(頻婆沙羅)을 만났습니다.

"당신은 어디에서 오십니까?"

"히말라야산 쪽에 있는 씨로 말하면 아딧차이고 족으로 말하면 샤카
족 출신입니다."

"당신은 아직 젊고 무엇이든지 해낼 수 있는 분인데 어째서 출가합
니까? 만일 자신의 뜻을 펼 수가 없어 출가한다면 이 나라의 절반이
아니라 다 드리겠으니 다시 한 번 속세를 돌아 보십시오."

"대왕의 뜻은 매우 감사합니다. 그러나 제가 구하는 것은 세간의 것
이 아니고 늙고 병들고 죽는 것을 초월한 출세간의 것입니다."

"당신의 굳은 결심은 잘 알겠습니다. 그만한 결심이라면 반드시 소
원을 성취하실 것입니다. 만일 해탈을 얻거든 다시 이 도시에 오셔서
나를 가르쳐 주십시오."

"알았습니다."

이 대화에 의하여 부처님의 명호를 샤카무니라 부르게 되었다는 것
은 이미 이야기한 바 있습니다. 또 그 샤카족 출신으로 고타마란 유명
한 선인이 있어 부처님은 그 선인의 후예로서 사문이 된 사람이라 하
여 구담사문이라 부르게 되었다는 것도 말씀드렸습니다.

다만 사문은 마음을 쉰 자(息心), 공을 쌓는 자(功勞), 나쁜 일을
하지 않고자 노력하는 자(勤息)인데, 집을 버리고 출가한 사람의 대명
사입니다. 구담사문이 대왕과 대화를 마치고 베살리성(Vaisali·吠舍離
城)으로 나아가 발가바(跋伽婆) 선인을 만났다고 합니다.

《불소행찬》과 파리어 불전에는 부처님께서 처음 만난 선인은 반다바 산에서 거처한 '알라라 칼라마'였다 하고, 《방광대장엄경(方廣大莊嚴經)》에는 베사리성 근처에서 3백여 명의 제자를 거느리고 고행하는 '발가바'였다고 쓰여 있습니다. 어쨌든 부처님께서 처음 범천과 해와 달, 불과 물을 받들며 온갖 고행을 행하는 고행인에게 물었습니다.

"무엇을 위해 그런 고행을 하십니까?"

"천당에 나기 위해서 고행합니다."

부처님께서 그 말을 듣고

"장사하는 사람은 보배를 위해 바다에 들어가고 왕자는 나라를 구해서 군대를 일으키고 선인은 천당을 구해서 고행을 하는구나."

"물은 항상 가득하지 못하고, 불은 오래 타지 못하며 해는 뜨면 지고 달은 차면 기운다. 도는 청허(淸虛)에 있는 것인데 물이 어찌 능히 한 마음을 맑힐 수 있겠는가?"

하고 하룻밤을 그들과 함께 지낸 뒤 남으로 항하를 건너 마가다국의 알라라 칼라마(Alala-kalama·阿羅羅伽羅摩)를 찾아갔다 합니다. 아무리 천상락이라 하여도 나는 자에게는 반드시 멸함이 있는지라 생을 구해 다시 죽음을 얻는다면 이것은 진짜 낙이 아니라 낙에 의한 괴로운 경계를 자초하는 일이 되기 때문입니다.

그런데 그 때 사문은 길을 가다가 카필라성에서 온 사자들을 만났다 합니다. 트리베나 강변에서 헤어진 찬타카가 궁중에 돌아와 태자의 출가소식을 전하니 왕께서는 곧 말재주가 뛰어난 세 사람의 특사를 보냈기 때문입니다. 그 동안 태자의 용모는 몹씨 거칠게 변해 있었습니다. 사자들은 눈물로 고백하였습니다. 부왕의 비애, 왕비의 애수, 군신의 실망, 만민의 비통 등 카필라성 중에 나타난 사정을 낱낱이 고유하되 혹은 이치상으로, 혹은 정리상으로 호소하여 하루빨리 본국으로 돌아갈 것을 권청했습니다.

그러나 태자는,

"그대들은 돌아가서 부왕과 왕비, 군신, 국민에게 고하라. 싯달타는 일국의 주인될 사람이 아니라고, 설사 해와 달이 땅에 떨어지고 수미산이 내 머리에 굴러와도 나의 이 일대 서원은 변치 않을 것이다."

태자는 이렇게 대신들을 회유해서 고국으로 돌려보내고 혈혈단신 한 조각 흰 구름을 벗삼아 남방 항하(恒河)를 건너 왕사성 북쪽 미루산(邇樓山)에서 공부하는 선행외도(禪行外道) 아라라 카라마(Alala-Kalama)와 웃드라카 라마푸타(Uddraka-Ramaputta)를 만났습니다. 그리고 그가 지시하는 대로 선(禪)을 닦았습니다.

"이것을 닦으면 무엇을 얻습니까?"

"공이 가 없는 곳(空無邊處)에 이릅니다."

다음 웃드라카 라마푸타에게 물으니,

"생각이 있지도 않고 생각이 없지도 않는 곳(非想非非想處)에 납니다."

하였습니다. 당시 인도 사람들은 이 세계를 욕심으로 이루어진 세계(欲界), 순전히 물질로 이루어진 세계(色界), 순전히 정신으로 이루어진 세계(無色界)로 나누고 욕계를 6천(四王天, 忉利天, 夜摩天, 兜率天, 化樂天, 他化自在天). 색계를 18천(初禪三天 : 梵衆天・梵補天・大梵天, 二禪三天 : 少光天・無量光天・光音天, 三禪三天 : 少淨天・無量淨天・遍淨天, 四禪九天 : 無雲天・福生天・廣果天・無想天・無煩天・無熱天・善見天・善現天・色究竟天), 무색계 4천(空無邊處, 識無邊處, 無所有處, 非想非非想處) 총 28천으로 구분하였습니다. 그런데 그 가운데 공무변처는 욕계와 색계를 초월, 무색계에 들어 공이 가 없음을 깨달아 난 곳이고, 비상비비상처는 무색계 최고의 천으로서 공이 무변하고 식(識)이 무변하며 소유가 있음도 없지만 전혀 생각이 없는 것은 아니므로 비상비비상처라 하는 것입니다.

　그러므로 이것은 당시 수행인들이 선정 요가를 통하여 구하는 최고의
목적지로 앞서의 발가바 선인이 구하는 것보다는 훨씬 뛰어난 것이지
만 그것도 역시 심상(心想)을 적멸해 버린 경지가 아니므로 몸이 동하
면 다시 욕이 일어나게 되므로 구경해탈의 법이 되지 못했습니다. 그
러므로 부처님은 뒤에 도를 깨달은 뒤 당시의 인심을 수습하기 위하여
3계 6도(중생이 윤회하는 여섯 갈래의 세계 : 지옥, 아귀, 축생, 인,
천, 아수라)의 학설을 이끌어 불교 세계관 가운데 윤회생사의 도에 포
섭하기는 하였으나 진실로 바른 성자의 행할 바는 못 되므로 그들의 생
각을 단상외도(斷常外道) 가운데 넣었습니다.

　《범망경(梵網經)》과 《범망육십이견경(梵網六十二見經)》에 보면 선정
에서 생긴 그릇된 견해가 17가지 나오는데 그것을 다시 축소하면 상
견(常見), 반상반무상(半常半無常), 무인론(無因論), 단견(斷見), 사선
(四禪)으로 구분할 수 있습니다.

　첫째 상견은 선정 중에서 전생의 일들을 보고 그처럼 긴 세월을 살
아왔으니 나도 세계도 영원히 존재하는 것이라 생각하는 것이고, 둘째
반상반무상은 역시 선정 중에서 과거생을 생각하고 천상계 중의 대범
천(大梵天), 불희소천(不戱笑天), 불노심천(不勞心天)은 영원하지만
희소천(戱笑天 : 化樂天, 他化自在天 － 웃는 것으로 남녀의 정이 통해지
는 곳), 노심천(勞心天 : 四王天 － 생각만으로 남녀의 정이 통해지는
곳)은 영원하지 않다 주장하는 것이며, 셋째 무인론은 나도 세계도 아
무 원인이 없이 자연적으로 생기는 것이다 하는 것이고, 넷째 단견은
정신과 육체가 3계 28천 가운데서 결국은 멸해 없어지는 것이라 허무
주의적 입장에서 생각한 것이고, 다섯째 사선은 무색계 4천을 말하는
데 이것은 현생에서 열반의 경지라 고집하는 것입니다.

　그러나 부처님께서 원하고 구하는 것은 생각이 있고 없고가 문제가
아니고 첫째 생사를 초월하는 것이 근본 목적이 되고, 둘째는 이 몸을

움직이지 않고 마음만 자유를 얻는 것이 아니라 어느 때 어느 곳에서
나 몸과 마음이 함께 자유를 얻는 것이니 이들 선인들이 주장하는 수
선(修禪)만으로는 도저히 소기의 목적을 달성할 수 없었으므로 곧 그
곳을 떠나고 말았습니다.

④ 마군을 항복받고 도를 이루다

■ 6년 고행

두 선인의 수행처를 떠난 구담사문은 남쪽으로 가야(Gaya·伽倻)의
니연선하(泥連禪河) 강가 우루베라 가마(Uruveila-grama·優留毘羅)촌
고행림에 도착하여 고행을 시작하였습니다. 이 고행은 천당에 나는 것
을 목적하는 것이 아니고 오직 정신의 자유를 얻기 위한 육체적 고행
이었습니다. 경전에는 이 때 정반왕께서 보낸 교진여(橋陳如)등 5비
구[3]와 함께 고행하였다 합니다. 세 사람의 특사를 통해 태자의 굳은
마음을 안 정반왕은 할 수 없이 그의 생명이라도 보호하기 위해 이 다
섯 사람을 파견하였다 합니다.

하루에 쌀 한 톨, 콩 한 알로 연명을 해가는 정도로 6년간이란 긴
세월을 고행을 계속하였습니다.

배는 등에 붙고 갈비뼈는 두드러지고 머리는 흐트러져 새 들이 그
속에 집을 지었다 합니다. 그러나 이러한 고행은 육신을 괴롭혀서 정
신을 쇠약하게 할 뿐 특별한 성과가 없었습니다. 다만 효과가 있다면
그동안 궁중생활에서 익혀온 사치와 호화가 제거되었을 뿐입니다. 발
은 땅을 밟지 않고 입에서는 아름다운 음식이 떠나지 아니 했으며 궁
녀의 아름다운 교태와 연지홍분 사이에서 살아온 태자에게는 진실한
생명이 발아되기 전에 황무지의 심전(心田)을 갈 필요가 있었으리라

생각됩니다. 작열하는 철은 치고 두둘겨 찬 물에 식히고 다시 또 달구어 꼭 같은 일을 몇 번이고 계속함으로써 비로소 굳은 강철이 되어야 좋은 도구를 만들어 낼 수 있듯 심령(心靈)의 혜도(慧刀)도 그렇게 해서 이루어지기 때문입니다.

부처님께서 중오하기까지의 심적 역정은 전혀 이 좋은 강철이 되기까지의 물과 불의 교전이었다 하여도 과언이 아닙니다.

■ 정법관심(正法觀心)

그러나 태자는 그러한 고행이 몸과 마음을 시련하는 방편은 될지언정 중오와는 직접적인 관계가 없음을 알았습니다. 그래서 다시금 운심(運心) 공부에 들어갔습니다.

우선 니연선하에 들어가 6년 동안 찌들은 진구(塵垢)를 씻고 봉두난발(蓬頭亂髮)로 극도로 쇠약한 몸과 마음을 한가지 나무에 의존하여 언덕에 올라온 태자는 겨우 마을로 내려가 마을의 지주 사나발저(斯那鉢底)의 따님 수쟈타(Sujata)가 보시한 우유죽(乳糜)을 먹고 기력을 회복하였습니다. 교진여 등 5 비구는 태자의 이같은 광경을 보고 '고타마는 타락했다.' 하고 태자를 버리고 바라나시(Baranasi·婆羅那=현 Benares)의 녹야원(Mrgadava·鹿野苑)으로 가버렸습니다. 태자는 니연선하를 건너 동북쪽으로 나아가 전정각산(前正覺山)에 이르러 좌선할 곳을 찾았으나 산에 지진이 많아 좋은 곳이 못 됨을 알고 내려오려 하니 산 봉우리 가까운 곳 석굴에 사는 용족이 나와 태자의 위대한 그림자를 석굴에 드리워 주기를 원해 태자가 돌아보고 그 그림자를 그 굴 속에 비추었는데 그 곳은 지금도 유영굴(留影窟)이라 하여 그 곳에 남아 있다 합니다.

전정각산이란 이름은 사실은 부처님께서 성도전에 그곳에 올라가셨다 하여 그렇게 부르게 된 것이라 합니다.

태자는 전정각산에서 내려와 고행림 북쪽에 있는 가야 마을로 갔습니다. 거기에는 큰 필발라 나무(Mahapippala·大畢鉢羅樹)가 있었는데 그 도량은 3세제불이 성도한 곳이라 알려지고 있었습니다. 태자는 주위에서 풀을 베고 있는 목동에게 길상초(Kusa·吉祥草)를 얻어 자리에 깔고 결가부좌(結跏趺座)하고 앉았습니다.

"내가 만일 증오를 얻지 못하면 이 자리에서 일어나지 않으리라."

이렇게 맹세한 태자는 요지부동(搖之不動), 오직 고요한 명상에 들어갔습니다. 이것은 앞서 육체만을 괴롭혔던 그런 고행과는 달리 그 육체에 향했던 칼날을 자기의 마음에 향해서 댄 것입니다.

여기에는 특별한 노력도 필요없고 다만 법이자연(法爾自然)하게 이치에 순응하는 지혜의 광명을 찾는 데 있었습니다. 그 지혜는 단순한 이지(理智)가 아니라 순일무잡한 정념에서 울어나온 정감 즉 성애(聖愛)입니다.

만물을 나와 같이 친애하고 살리는 마음, 이 마음은 단련해서 얻어지는 것도 아니고 그렇다고 가만히 있어 나타나는 것도 아닙니다. 교묘한 것은 허무에 가까우나 한번 발동하면 빠른 우뢰와 같이 하늘과 같이 세계를 덮고 대지와 같이 일체를 낳습니다.

태자가 바로 이러한 경지에 들어가자 가야에 달은 숨고 보리도량(菩提道場)에 소리는 적요했습니다.

식랑(識浪)은 법계정(法界定)에 들어가고 밝은 빛이 두 눈섭 사이 흰털(白毫)에서 새어 나왔습니다. 대오철저(大悟徹底)의 예감은 벌써 금강보좌(金剛寶座)에 넘쳐 흐르고 있었습니다. 오직 욕계의 대마왕만이 광경을 보고 위협을 느끼고 오직 여러 가지 비술을 써서 성도를 방해하려고 시도하였습니다.

■ 마왕의 대적

경전에 의하면 마왕의 이름은 '나무치'인데 이는 태자가 처음 출가할 때도 그랬지만 네란자야 강변에서 6년 고행을 할 때에도 가까이 와서 위로의 말을 했습니다.

"당신은 여위고 안색도 나쁩니다. 죽을 날이 가까이 오고 있습니다. 당신이 죽지 않고 산다는 것은 천에 하나뿐입니다. 살아야만 모든 선행도 할 수 있지 않겠습니까? 그렇다면 당신은 베다에서 가르치는 대로 성화(聖火)에 물건을 바치고 많은 공덕을 받으십시오. 고행만 열심히 해서 무엇이 된다는 말입니까? 노력 정진의 길은 행하기 어렵고 도달하기 어렵습니다."

"태만한 자들아, 악한 자들아. 너는 속세의 선업을 구해서 여기 왔지만 나는 그것이 필요없다. 내게는 믿음이 있고 노력이 있고 또 지혜가 있다. 노력 정진의 바람은 흐르는 강물을 말린다. 하물며 마음으로 전념하는 내 몸의 피가 어째서 마르지 않겠는가? 몸의 피가 마르면 담즙도 담도 마른다. 육신이 없어지면 마음은 더욱 맑아온다. 내가 생각하는 바와 지혜와 선정은 더욱 안립한다. 그래서 내 마음은 모든 욕망을 돌아보지 않는다. 욕망과 혐오, 기갈, 애집, 태만, 수면, 공포, 의혹, 허세, 억지, 그리고 잘못 얻은 이득과 명성, 존경, 명예, 칭찬, 경멸, 이것들은 모두 너의 권속들이다. 너희 군사는 지금 나를 뺑 둘러싸서 빈틈없이 공격하고 있지만 나는 결코 지지 않는다. 바라문승려들이 너희 군대 속에 빠지고 여러 많은 덕 있는 사람들이 너희들에게 넘어가 제물이 되었지만 나는 차라리 죽어 말지라도 너희에게 항복하지 않는다."

6년 동안이나 조심조심 접근하여 그를 공격해 보았으나 마치 까마귀가 기름진 살빛을 한 바위를 돌면서 부드럽고 맛있는 것이 있을까

하고 날아다니는 것같이 날고 날다가 결국 틈을 얻지 못하고 떠나듯 마왕도 떠나고 말았습니다. 그런데 그 검은 까마귀가 또 다른 사자를 보내 성도전야를 어지럽게 하였습니다.

성도는 자비, 도세, 광명을 전제하는데, 마왕은 수행자에게 방해만을 일삼았기 때문에 만일 부처님의 성도에 지고 보면 점점 자기의 군대는 이 세상에서 멸망해가 그가 설 땅이 없게 되기 때문입니다. 그래서 마왕은 우선 열비(悅妃), 희심(喜心), 다미(多媚)의 세 마녀를 보냈습니다. 마녀들은 머리에 하늘의 관을 쓰고 몸에는 안개와 같은 옷을 입고 번갈아 가면서 보좌를 둘러싸고 노래와 춤을 연출하였습니다. 이 천녀들의 비곡(秘曲) 묘기에 이 세상 누가 감탄하지 않을 자 있겠습니까? 환영은 광명을 띠고 이상한 향기는 수음(樹蔭)을 물들여 아무리 금강 같은 군자도 녹지 않을 자 없었습니다.

그러나 태자는 가만히 명상에서 일어나 한번 웃으니 이 세 마녀는 갑자기 애염(愛染)의 미를 잃고 더러운 노파로 변해버렸습니다. 머리는 희어지고 얼굴은 주름지고 몸에서는 콧물, 진물이 흘러 퀴퀴한 노인이 되었습니다.

이를 본 마왕은 크게 노하여, '이제는 폭력 이외에는 태자를 항복시킬 방법이 없다'하고 1억 8천의 마군을 정대하고 보검을 휘두르며 시방 세계로부터 쇄도해 왔습니다. 우뢰는 울어 벼락을 치고 땅은 진동했습니다. 천 가지 은하열숙(銀河列宿)이 쏟아지고 검은 구름이 하늘에서 감도는데 코끼리 머리, 말대가리가 화염을 토하고 야차가 떼를 지어 큰 소리로 외치며 달려 왔습니다.

마왕은 바람을 던져 태풍을 일으켰으나 태자는 옷 한 자락도 흔들리지 않고 앉아 있었고 비를 몰아 홍수를 범람시켰으나 태자의 한쪽도 적실 수 없었습니다. 화살의 비도, 불의 비도 필발라 나무 옆에 이르기만 하면 묘한 꽃으로 변하여 쏟아지니 불로 태울 수도 없고 물로 적

실 수도 없고 칼로 벨 수도 없고 독으로 해칠 수도 없어 분격발광한
마왕은 칼을 목전에 들이대고 큰 소리로 외쳤습니다.

"비구여, 나무 아래서 가부좌하고 앉아 무엇을 구하는가? 빨리 떠
나거라. 너는 금강보좌에 앉을 자격이 없다."

"하늘과 땅을 통해 이 보좌에 앉을 수 있는 사람은 오직 나 하나뿐
이다. 땅의 신이여, 이 사실을 증명하라."
하고 붓다는 오른쪽 손을 들어 대지를 가리키니 대지가 홀연히 벌어지
며 땅의 신이 출현했습니다.

그 소리는 천개의 수레를 끌고 가는 것보다 더 요란하여 마군의 마
음은 스스로 부서지고 수많은 마군도 자취를 감추었습니다. 이것을 불
전에서는 보살의 항마(降魔)라 하는데 후세에 불상을 조성하는 불모
(佛母)들이 이것을 상징하여 두 손바닥을 겹쳐 놓고 두 어미 손가락을
서로 닿게 한 법계정인(法界定印 : 禪定印)을 풀어 왼손은 그대로 두고
오른손을 펴서 바른쪽 무릎 위에 놓고 땅을 가리키게 하니 이것이 항
마인(降魔印) 또는 지축인(地縮印)이라 합니다.

그러면 그 마군이란 대관절 무엇입니까? 실제 마군이란 물건이 있
어 그렇게 쳐들어 왔을까요? 그렇습니다. 누구도 마군이와 같은 마음
을 가지면 그런 마군이가 됩니다. 그러므로 그 마음은 마음속으로부터
우러나오는 탐욕, 불희(不喜), 기갈, 한열(寒熱), 애착, 수면, 공포,
외로움, 의심, 명예, 이익, 거만, 진애, 우치의 군사들입니다. 말하자
면 여러 가지로 변현하는 애욕의 별명입니다. 집요하게 밀어닥치는 애
욕의 변화를 격퇴하면 저절로 열반의 맑고 깨끗한 지혜가 나타납니다.
불전에서는 보통 악마를 천마(天魔), 사마(死魔), 오온마(五蘊魔), 번
뇌마(煩惱魔) 넷으로 구분하고 그것을 마라 파피아(Mara-papia · 魔羅
波旬)이라 부릅니다. '마라'는 죽이는 것, 죽게끔 하는 것이란 뜻이고
'파피아'는 악이란 뜻입니다.

그래서 악마를 죽음(Macca), 검정(Kanaba), 해탈하지 못하게 하는 것(Namuci)라 부르는 것입니다.

'사마'란 죽음 그 자체가 싫으니까 부른 말이고 '번뇌마'는 마음속의 역적, '오온마'는 오온(色·受·想·行·識) 형성의 이 몸과 마음의 작용, '천마'는 욕계 6천의 마왕을 말합니다. 욕계 6천은 타화자재천(他化自在天)인데 이것은 욕심이 지배하는 세계(欲界) 가운데서는 최고에 속하기 때문입니다. 이 마왕은 욕망을 근본으로 하고 욕망으로 남이 지어놓은 것을 자기 것으로 만들어 욕락을 받기 때문에 타화자재라 합니다.

욕심을 중심으로 살아가는 인간은 모두 이 마왕의 권속이 되어 죽음, 오온, 번뇌의 마속에 죄수노릇을 하고 사는 것인데, 도를 닦는 사람은 그 욕심으로부터 벗어나 색계, 무색계를 벗고 열반 피안의 자유를 형유하고자 하기 때문에 욕계 마왕이 싫어하는 것입니다.

세상의 모든 사람들은 이 마군을 이기지 못하는 까닭에 그의 종이 되어 여러 가지 범죄를 행하고 괴로워 합니다. 그러나 부처님은 이것을 능히 이겨 세존이 되었습니다.

마(魔) "홀로 빈 곳에 들어가 생각에 잠겨 이미 나라와 재보를 버렸으니 이제 또 무엇을 구할 것인가? 사람 많은 곳의 이익을 구한다면 어찌 사람을 가까이 않는가? 이미 사람을 가까이 하지 않으니 필경 얻은 것이 무엇인가?"

불(佛) "이미 큰 재리(財利)를 얻었으니 뜻이 족하고 또 뜻이 없다. 마군을 무너뜨려 색욕에 집착하지 않으며, 홀로 명상에 잠겨 선(禪)의 묘한 약을 먹는다. 이로 말미암아 수선을 떨며 사람에 접근하는 일이 없다."

마(魔) "고타마야, 네가 아는 열반의 길은 독선무위의 낙인데 무엇 때문에 사람을 가르치려 하는가?"

불(佛) "마의 지배를 받음이 없이 와서 피안가는 길을 물으면 내 바른 대답으로 그에게 열반을 얻게 한다."

이렇게 해서 마군이 돌아가고 난 뒤의 세계는 참으로 적요했습니다.

■ 해탈의 경지

세존은 그 때 무엇을 어떻게 생각하고 있었는가를 이렇게 말하고 있습니다.

"생각하는 바가 확립되어 누실(漏失)이 없고 육신은 가볍고 흥분함이 없었다. 통일된 마음은 욕망을 떠나 있었고 착하지 아니한 일에서 떠나 있었으며, 거칠고 가는 생각은 있었으나 그것을 멀리 떠난 기쁨에서 오는 초선(初禪)을 성취하고 다음에 거칠고 미세한 생각이 그쳐 없어진 까닭에 속마음이 고요하고 평안해지고 거기서 생긴 즐거움으로 제2선을 얻었다. 그리고 마음에는 기쁨에 물들지 않는 까닭에 생각하는 것이 평화롭고 밝아 육신에 안락을 얻은 제3선을 얻고 즐거움도 괴로움도 모두 버린 까닭에 희비를 멸해 제4선을 성취했다."

그런데 이러한 성취는 오직 이변(二邊)을 초월한 중도에서 얻어졌다고 합니다.

2변이란 첫째는 모든 욕에 즐거워 하고 탐착하며, 하열, 야비, 범우하여 신성치 못하고 의에 맞지 않는 것을 가까이 하지 않는 것이고, 둘째는 자신의 고통을 일삼아 괴롭게 하는 것이니 말하자면 고락의 이변이 그것입니다.

　부처님은 이 중도지(中道智)에 의하여 초선, 2선, 3선, 4선을 얻었고 또 그 4선정의 평화로운 마음으로 과거의 뭇생애를 상기하여 초경(初更)에 숙명통(宿明通)을 얻고 2경에 천안통(天眼通)을 얻고, 3경에 누진통(漏盡通)을 얻으니 무명(無明)은 사라지고 밝은 지혜가 나타나 새벽 하늘의 밝은 별을 보고 무상(無上)의 대도를 깨쳤습니다.

　'숙명통'이란 과거세의 모든 운명을 통틀어 아는 지혜이고, '천안통'은 일체 세간의 멀고 가까운 일(고락, 성쇠, 형색)을 자유자재로 훤히 뚫어 아는 지혜이며, '누진통'은 이 세상 모든 것이 모두 인연에 의하여 일어나 허망함이 있는 까닭을 안 지혜입니다. 사문구담이 오랫동안의 고행과 수도로써 4선을 얻고 3명을 얻어 무상대도를 이룩하자 대지는 기쁨에 뒤흔들리고 세계는 휘황하게 밝고 천인들은 구름처럼 모여들어 천상의 꽃을 뿌리고 천상의 음악을 연주하고, 여기에 새로운 각자(覺者)의 탄생을 찬양해 마지 않았습니다.

　"하늘 위에서나 하늘 아래서나 부처님 같은 이 없네. 시방세계에 모든것들도 또한 비길 자 없네. 세간에 있는 모든 것을 내가 다 보아도 부처님 같은 이 없네."

　기쁨의 노래가 태자의 입에서도 새어 나왔습니다.

　"행은 이루어지고 생은 다했다. 이제 능사는 끝났다. 이것이 최후의 생이다. 다시는 생을 받는 일 없으리라. 유전은 일생만이 아니라 달리고 달려 싫어할 줄 모른다. 다시 태어나도 신고만 더해져 다시 거처할 집만 구한다. 집의 주인이여, 지금 나는 너를 보았노라. 두번 다시 집일랑 짓지 말라. 기둥은 부러지고 들보 또한 꺾어졌으니 이내 마음 적정에 돌아가 애욕 다한 열반에 들리라."

　때는 태자 나이 35세 12월 8일 새벽 밝은 별이 빛날 때 였습니다.

1) 부처님 당시 중인도에서 가장 세력이 강한 여섯 사람의 철학자 ; ① 부란나
가섭(富蘭那迦葉=무인론), ② 말가리구사리자(末伽梨拘闍眬子=무명론),
③ 산사야비라리자(刪闍耶毘羅眬子=궤변론, 회의설) ④ 아기다시흠바라
(阿耆多翅舍欽婆羅=유물론, 쾌락설) ⑤ 가라구타가전연(迦羅鳩駄迦旃延=
유물론적 주장) ⑥ 니건타야데자(尼健咤若提子=긱나교)

2) 당시 인도에는 문명의 중심지가 셋이 있었는데, ① 간다라(健陀羅)의 타크
샤실라(德文尸羅) ② 석존의 고향에 제일 가까운 코살라국의 슈라바스티
(舍衛城) ③ 마가다(摩揭陀)국의 라자그리하(王舍城)이었습니다. 타크샤실
라는 오랜 학문의 도시로 여러곳의 학생들이 이곳에 유학했던 사실이 생전
에 기록되어 있습니다. 이곳은 북방 아리안족의 발상지로 매우 신성시되어
오던 곳입니다.

　　슈라바스티는 당시 대강국의 서울로 상당히 넓은 판도의 문명도시였고
라자그리하는 아리안족이 점차 동진하여 간지스강 하류에 세운 신흥도시라
토착민과의 접촉도 잦고 매우 활기 넘친 곳이었습니다. 나중에 이 나라가
서울을 파탈리푸트라(華子城)로 하였지만 전인도의 정복자가 된 것으로 볼
때 그만큼 신흥세력이 강했던 민족입니다.

3) 경전에 따라 ① 아야 교진여, 아슙비, 마하마남, 바데, 바파 ② 교진여,
알비, 마하남, 발데, 바파 ③ 교진여, 알비, 마하남, 발데, 바파라 했고,
④ 교진여, 아사바사, 마하나마, 발데리가, 바사파 ⑤ 요본제, 정원, 대
호, 인현, 저어 ⑥ 구린, 알페, 마남구리, 발데, 십력가섭 등으로 나와 정
설을 잡을 수 없으나 어떻든 5인의 특사였음은 틀림없습니다. 이들은 뒤에
부처님의 최초 교화를 받아 비구가 되었으므로 비구라 합니다.

④ 부처님 정각의 내용과 말없는 설법

① 성도의 내용

■ 아눅다라삼먁삼보리(阿縟多羅三藐三菩提)

사람은 누구나 그의 행동판단에 있어서 확연한 전환을 감행하기란 참으로 어려운 것입니다.

자신의 내부적 성숙에서든 외부적 자극에서든 어떠한 원인에 의해서든지 옛 일을 청산하고 새로운 삶을 지향한다는 것은 쉬운 일이 아닙니다. 그런데 태자 싯달타는 29세에 출가하여 큰 사문(大沙門)이 되었다가 6년 고행으로 35세에 성도하여 부처님이 되었으니 결단코 이 일은 어려운 일 가운데서도 어려운 일을 해내고만 것입니다.

부처님이라고 하는 말은 '깨달았다'는 뜻입니다. 인도에서는 이것을 '아누다라 삼먁 삼보디(Anuttara-samyak-sambodhi)'라 하고 중국에서는 아눅다라삼먁삼보리라 음역하며, 무상정변정각(無上正遍正覺), 무상정등정각(無上正等正覺)이라 번역하고 우리 나라에서는 '위 없는 깨달음' '최고의 깨달음'의 뜻으로 이해하였습니다.

사실 부처님의 깨달음은 우리 인류사상 가운데 최고 최대의 영광이며 인도 종교사 가운데서 가장 기념할 만한 일대성사입니다. 그래서 그가 앉고 눕고 서고 한 자리는 모두 그의 이름으로 불려지게 되었으니 그가 앉아 도를 닦던 필발라수는 보리수가 되고 그가 거주하던 마을 이름인 가야는 붓다가야가 되었으며, 그가 쓰라린 고통을 받으며 고행하던 고행림은 전정각산(前正覺山)이라 부르게 된 것입니다.

■ 열반적멸(涅槃寂滅)

그러면 그가 깨달았다는 진리는 무엇입니까?

"다함 없이 평등하고 훌륭한 진리의 세계에
모두 다 여래의 몸 가득차 있네.
취함도 없고 일어남도 없이 영원히 고요하여
일체가 돌아가는 까닭에 세상을 초월했네.
모든 부처님은 진리의 왕,
세간을 뛰어 나시고 능히 더할 나위 없이 바른 교법을 세우시니
여래의 경계에는 제한이 없으시며
세간에 있어 자재하니 최고(無上)라 이르네.
부처님의 생각키 어려움이 비할 바 없으니
그 상호의 광명은 시방을 비추며,
큰 성인 세존의 가르쳐 인도하심은 참되고 바르니
마치 밝은 눈으로 밝은 구슬을 보는 것 같네.
이 세간의 모든 중생들은 부처님 공덕을 능히 생각할 수 있네.
모든 우치의 암흑을 소멸하여
위 없는 지혜의 대상(臺上)에 뛰어올라 계시네."

《화엄경 세간 정안품》

그래서 《화엄경》에 '모든 부처님들의 깨달으신 진리의 성품과 모양

은 모두 고요하여 새가 공중을 날아간 것과 같아 그 자취를 얻어 볼 수 없다.' 하고 《법화경》 '방편품'에서는 '부처님께서 성취하신 가장 희유하고 알기 어려운 법은 오직 부처님과 부처님만이 능히 다 알 수 있다.' 하신 것입니다. 차고 더운 것은 먹어 본 사람만이 알 수 있듯 지혜가 이치에 그대로 일치한 이지불이(理智不二)의 경계인 부처님의 세계는 말이 없고 생각이 미칠 수 없으므로 예로부터 말길이 끊기고 마음 길이 끊긴(心行處滅) 경계라 한 것입니다.

그러나 말이 아니고서는 말을 할 수 없고 또 생각이 없이는 이 법도 또한 나타낼 수 없으니 굳이 말을 한다면 열반의 경계라고나 할까요, 취함도 없고 일어남도 없고 영원히 고요한, 그러면서도 일체의 모든 것으로 더불어 융통 자재하는 마음, 그것이 곧 부처님께서 깨달은 진리입니다.

'니르바나(Nirvana)' 팔리어로서는 '닙바나(Nibbana)', 한문으로는 열반(涅槃)이라 음역하고 취소(吹消), 취멸(吹滅)이라 의역하였습니다. '니르바나'의 '니르'는 접두어 부정사로서 아니다(不), 없다(無)의 뜻이고, '바나'는 불그릇, 화덕이니 두 말을 합하면 밀어서 끄다, 불어 없앤다는 뜻이므로 열반을 취소, 취멸이라 번역했던 것입니다. 그러면 무엇을 불어 끈다는 말입니까? 모든 번뇌를 불어 없앤다는 말입니다. 번뇌를 가지고는 진리의 실상을 있는 그대로 볼 수 없기 때문입니다. 번뇌의 근본은 무명이요, 무명의 근본은 맹목적인 삶에서 오는 탐욕·진애·우치입니다. 그러므로 만일 이 무명을 제거하면 밝은 눈이 나타나 그 동안 나와 나 사이에 연관된 모든 괴로움의 근본을 벗어 버리고 번뇌를 불어 꺼, 영원히 열반에 안주하게 되는 까닭에 열반을 명(明)·해탈·고멸(苦滅)이라 부르기도 하는 것입니다.

"탐욕이 영원히 다하고 진애가 영원히 다하고 우치가 영원히 다하고 일체의 모든 번뇌가 영원히 다하면 이것을 이름하여 열반이라 한다."

《열반경》

그러나 이 일은 심히 어렵고 쉬운 일이 아니므로 '심히 깊고 미묘하
여 알기 어렵고 깨닫기 어렵다'고 하였습니다.

■ 인연법

그러면 열반의 경지에 나타난 법은 무엇입니까? 인연법(因緣法)입
니다.

"이것이 있으므로 저것이 있고
이것이 일어남으로써 저것이 일어난다.
이것이 없으면 저것이 없고
이것이 멸하면 저것이 멸한다."

이것이 우주 인생이 실존하는 법상(法相)입니다.
나와 남, 이것은 서로 아주 다른 존재인 것 같지만 나는 저를 인정
하는 나요, 저는 나를 인정하는 저니 저와 나는 부득이 대립하면서도
서로 서는(立) 묘한 인연을 가지고 있습니다. 이 몸은 정신과 육체에
의하여 이루어지고 이 마음은 감각, 상상, 의지, 분별에 의하여 존재
하고 이 육체는 지(地)·수(水)·화(火)·풍(風) 4대에 의하여 보존되
고 있습니다.
바탕으로 보면 진실로 공한 것이지만 형태 안에서 보면 참으로 묘하
게 존재하고(妙有) 있습니다. 나와 남, 사회와 국가, 민족과 민족이
모두 이와 같이 보면 다 특수의 상황 속에 같고 다름을 유지하며 만났
다 헤어졌다 하는 것이니 이것이 인연입니다. 모든 사물은 그것이 그

렇게 존재하지 않으면 아니 될 어떤 여건이 있습니다. 그것을 인연력 (因緣力)이라 하고 그것에 의하여 이런 결과를 초래하는 것을 인연과 (因緣果)라 합니다.

만일 하나의 콩을 인이라 한다면 그것을 싹트게 하는 토양, 수분, 비료, 인력, 태양 등은 연이고 그것이 인과 연에 의하여 하나의 생명력을 유지하다가 새로운 생명을 탄생하는 것은 과입니다. 부처님은 곧 이 인연의 법을 철저히 깨달으신 분입니다.

그러므로 '법을 보는 자는 나를 보고 나를 보는 자는 법을 본다.'하신 것입니다. 법과 불은 둘이 아닙니다. 이 인연법을 제하고는 또 다른 법이 없습니다. 그러므로 이 법은 변증법적 중도의 원리며 중도의 원리는 일체 모든 법이 하나가 되는 법입니다.

"일체의 법은 평등하다. 성(姓)도 없고 상(相)도 없고 생도 없고 멸도 없고 본래 청정하여 희론(戱論)치 않으며 취하지도 않고 버리지도 않고 떠나 있어 꿈과 같고 또 있다가 없고, 없다가 있는 것도 아닌 유무불이(有無不二)인 까닭에 모든 법은 평등하다."

모든 법이 평등하다는 것은 겉모양의 일과 이치를 말한 것이 아니고 그 바탕을 논한 것입니다. 학 다리는 길고 오리 다리는 짧고, 솔잎은 뾰족하고 연잎은 둥글지만 솔, 연, 오리의 생명체 자체로 볼 때는 둘이 아니라는 말입니다. 금이 장인의 연을 따라 비녀도 되고 가락지도 되지만 금 그 자체는 변하지 않듯, 물이 기후의 연을 따라 비도 되고 안개도 되고, 냇물, 바닷물, 우물물, 도랑물로 자꾸자꾸 변하지만 물의 본 습성만은 변함이 없듯 법의 성품은 조금도 차별이 없습니다. 그러므로 만일 인연을 개체의 실재성을 부정하는 입장에서 말할 때는 공 (空)이 되지만 실상을 연기하는 입장에서 말할 때는 묘유(妙有)가 됩니다.

■ 여래의 참뜻

여래(如來) 즉 '다타가타(Tataagata)'는 진리 그대로 왔다는 말인데 부처님은 이미 성도를 통해 개체적인 존재가 아니라 그 자체에 완전히 명합(冥合)했다가 다시 그대로 이 세상에 현현(顯現)한 어른이므로 여래라 하는 것입니다.

강자는 강자, 약자는 약자, 어질고 어리석고 알고 알지 못하는 것이 알고 보면 내현(來現)한 여래 그대로인 것인데 이러한 도리를 알지 못하는 까닭에 천연적 대아(大我)의 이 몸을 개별적 자아(自我)로 오인하여 대아를 소아로 만들고, 무위(無爲)를 유위(有爲)로 만들어 본래 부처인 성인이 범부 노릇을 하게 되는 것입니다.

그러므로 이 몸과 마음이 무지 무명의 착각에서 벗어나 천지자연의 표덕이요 선조대대의 여락(餘落)인 것을 깨달으면 아만은 겸허로, 불평은 감사로, 태만은 진정(眞精)으로 전향되어 여래의 래가 진여 그 자체에서 옴이 없이 온 것과 같이 가는 것도 또한 감이 없이 갈 것이니 오고 가는데 왕래를 자유자재하여 천상천하 유아독존이 될 것입니다.

각(覺)과 불각(不覺)은 백지 한 장 차이도 안 됩니다. 깨달으면 부처가 되고 깨닫지 못하면 범부가 됩니다. 동시에 또 부처 그대로가 우주 전체인 것입니다. 부처의 몸은 법계에 충만하여 인연따라 이 세상 어디에도 나타나지 않는 곳이 없습니다. 밝은 달이 천강만호(千江萬湖)에 비추듯 마음이 있는 자는 모두 부처를 볼 수 있습니다.

그러므로 정각의 선결조건은 욕을 여의고 한 마음을 청정케하는 데 있습니다. 마음과 경계가 청정하면 자신의 실체를 바로 깨달을 수 있고 우주의 실상을 똑바로 볼 수 있기 때문입니다. 부처님은 열반을 증득하신 분이고 연기의 도리를 깨달으신 분이니 이것이 부처님 정각의 내용이요 곧 불교의 진리입니다.

② 성도 때의 나이

■ 30세 성도설과 35세 성도설

그런데 여기서 한 가지 더 밝히고 나가야 할 것이 있습니다. 그것은 부처님 성도 때의 나이입니다. 어떤데서는 30세에 성도했다고 하고 또 어떤데서는 35세에 성도했다고 하는데 대개 팔리어 계통의 설은 29세에 출가, 고행 6년, 35세 성도로 되어 있고 그 나머지는 19세 출가 11년 수행 30세 성도설과 19세 출가 12년 수행 30세 성도의 설로 나누어집니다.

같은 《열반경》이지만 팔리어 열반경에는

"수발다라야, 내가 29세에 출가하여 선(善)을 구해 51년에 나는 입멸하였노라."

하여 29세 출가설을 취하고 출가하여 입멸 80세까지를 51년으로 취했으며, 《유행경(遊行經)》에는

"나는 29세에 출가하여 선을 구해 지금 50년에 이르렀다."

하여 출가후 교화 연한을 50년으로 기록하였고,

《불반니원경(佛般泥洹經)》에는

"29세 출가하여 도를 배워 36세에 성도하였다."

하여 성도한 해를 36세로 기록하였고, 《반니원경(般泥洹經)》에는

"내가 출가한 지 12년 만에 성도하여 설법한 지 50년이 되었다."

하니 이것은 19세 출가 12년 수도 30세 성도설이 됩니다.

《유부잡사(有部雜事)》 38 에는 "내 나이 29 세 출가하여 선법을 구한 지 50 년이 되었다." 하였습니다.

또 출가의 년대에 관해서도 팔리《열반경》, 《유행경》, 《대반열반경》, 《유부잡사》 20·38, 《중아함(中阿含)》 204 《라마경(羅摩經)》, 《유행경(遊行經)》, 《증일아함경(增一阿含經)》 23·1 등에는 모두 24 세설을 쓰고, 《반니원경》, 《지도론(智度論)》, 《수행본기경(修行本起經)》 하, 《태자서응본기경(太子瑞應本起經)》, 《인과경(因果經)》 등에는 모두 19 세설로 기록되어 있는데 이는 29 세설로 보는 것이 옳을 것 같습니다. 왜냐하면 이들 모든 경전 가운데 가장 정확한 사실은 부처님께서 이 세상에서 80 년을 살다가 가셨다는 사실인데, 《지도론》에서는 다음과 같이 기록하고 있습니다.

"내 나이 19 세에 출가하여 불도를 배웠는데 내가 출가한 지 50 년이 경과하였다."

이렇게 보면 19 세 출가에 50 년 교화를 합해도 모두 불수정명이 70 밖에 안 되어 80 수에 맞지 않기 때문이며, 또 《수행본기경》, 《태자서응경》, 《인과경》 등도 모두 19 세 출가설을 쓰고 있지만 수행의 년한이 6 년으로 되어 있으므로 그렇게 보면 성도의 나이가 30 세도 35 세도 아닌 25 세가 되므로 다른 경들과 너무나 동떨어지고, 다만 《반니원경》 한 가지가 12 년 수행 50 년 교화를 하여 19 세 출가 30 세 성도로 겨우 맞아들어가기는 하지만 이러한 주장은 오직 이 경 하나뿐이므로 신빙할 만한 근거가 약합니다.

또 19 세 출가를 주장하는 경들에는 대부분 라훌라의 출산이 부처님 출가 6 년인 것으로 되어 있고 그것은 전생에 죄를 많이 지은 탓으로 어머니 뱃속에서 6 년이나 있다가 낳고 하는데 사실적으로 보면 맞지 않는 말입니다. 그러므로 29 세 출가설이 유력하고 6 년 고행설이 유력하다고 한다면 35 세에 성도하고 45 년간 교화하시다가 80 세에 세상을 떠났다고 보는 것이 타당할 것입니다.

③ 보리수 밑에서의 법계정관(法界靜觀)

■ 관수경행(觀樹經行)

도를 깨달은 부처님은 고요히 동쪽을 향하여 앉아 있었을 뿐이지만 이루 다 말할 수 없이 넓고 큰 진리가 그대로 그 육신에 가득차 있었습니다. 일체의 모든 것이 다 돌아가는 곳이 되어 더할 나위 없이 훌륭한 바른 법을 설하는 부처님은 이 적멸의 선락(禪樂) 가운데서 무진 평등의 무장애법문을 말없이 설하고 있었습니다.

사실 부처님 일대의 설법은 이 적멸의 선락으로부터 시작되며, 그 속에 간직되어 있는 것으로 그저 때에 따라 그것을 개시한 것에 불과한 것입니다. 그러므로 부처님께서 스스로 깨달으신 자내증(自內證)의 경지는 우리가 능히 알 수 없는 것이며 다만 우러러 존중해야 할 것이기는 하지만 그래도 부처님의 그 위대한 설법을 통해서 다소나마 그 경계를 들여다 볼 수 있을 뿐이라 해야 옳을 것입니다.

여러 율본(律本)에 의하면 부처님은 도를 깨달은 다음 4·7(28)일 내지 7·7(49)일 동안 보리수 밑에서 또는 그 밖의 다른 나무들 밑에서 홀로 앉아 열반의 선락을 맛보았다 기록되어 있습니다.

일단 깨달음을 얻은 부처님은 자리에서 일어나 나무 북쪽에 이르러 보리수를 바라보고 소요하였는데 이것을 관수경행(觀樹經行)이라 합니다. 경행(經行 : Cankramana)은 산책의 뜻인데 우리 나라에서는 경을 읽으며 산책하는 것을 송경경행(誦經經行)이라 하여 고려, 조선조 때는 이 같은 의식이 크게 성행하였고, 선방에서는 방행(放行)하는 것을 경행이라 하였습니다.

경전에는 부처님께서 자리에서 일어나 서로부터 동을 향해 18 보를 경행하니 일보 일보마다 아름다운 연꽃이 그의 발 밑에서 솟아 올랐다 합니다. 태자가 처음 탄생하여 북쪽으로 몇 발짝을 옮길 때 발 밑에서 일곱 송이의 아름다운 연꽃이 솟았다 하는데 바로 이것이 이 순간을 연관하여 기록한 것이 아닌가 생각됩니다. 부처님의 탄생은 성도와 직결되고 곧 그것은 탄생시의 천상천하 유아독존으로 온 인류의 인간성을 개발한 최초의 순간이 되기 때문입니다.

■ 12 인연의 순역관

《화엄경》에서는 부처님께서 다시 제자리로 돌아가 앉아 7 일 동안 자수법락을 누렸는데 제 7 일이 되던 날 초저녁에 이 세상의 모든 만물을 실존적 상황에서 관찰하였다고 합니다. 시간적으로 모든 존재는 12 인연의 순현적(順現的)인 것이고 부처님은 그것을 역관하여 최초로 무명을 깨뜨린 성자였다는 것입니다.

"슬픔과 고통에 가득한 늙음과 죽음은 무엇을 인연으로 하여 생기는가?
그것은 생이 있는 탓이다.
생은 무엇을 인연으로 생기는가?
전생의 업이 있는(有) 탓이다.
그 업은 무엇을 인연으로 생기는가?
취(取)에서 생긴다.
취는 무엇을 인연으로 하여 생기는가,
애(愛)로부터 생긴다.
애는 무엇을 인연으로 하여 생기는가?

수(受)로 인하여 생긴다.
수는 무엇을 인연으로 하여 생기는가?
촉(觸)이 있는 탓이다.
촉은 무엇을 인연으로 하여 생기는가?
여섯 개의 감각기관(六處)이 있는 탓이다.
6처는 무엇을 인연으로 생기는가?
명색(名色)이 있는 탓이다.
명색은 무엇을 인연으로 하여 생기는가?
식(識)이 있는 탓이다.
식은 무엇을 인연으로 하여 생기는가?
행(行)이 있는 탓이다.
행은 무엇을 인연으로하여 생기는가,
무명(無明)이 있는 탓이다.

무명이 있는 연고로 행이 있고
행이 있는 연고로 식이 있고
식이 있는 연고로 명색이 있다.
명색이 있는 연고로 6처가 있고
6처가 있는 연고로 촉이 있다.
촉이 있는 연고로 수가 있고
수가 있는 연고로 애가 있고
애가 있는 연고로 취가 있고
취가 있는 연고로 유가 있다.
유가 있는 연고로 생이 있고
생이 있는 연고로 늙고 죽는 슬픔과 고뇌가 있다."

　그러므로 이 말씀 중에는 ① 늙고 죽는 고뇌 ② 생, ③ 유(개체) ④ 취(집착) ⑤ 애(애집) ⑥ 수(감수작용) ⑦ 촉(접촉) ⑧ 6처(눈·귀·코·혀·몸·뜻·여섯 감각기관) ⑨ 명색(명은 개념, 명칭, 색은 형태, 성격) ⑩ 식(분별작용) ⑪ 행(업행) ⑫ 무명(무지)의 열 두 가지 인과관계가 설명됩니다. 그리고 이와 같은 관점을 바로 순관(順觀)이라 하고 그와는 반대로 다음과 같이 관찰하는 것을 역관(逆觀)이라고 합니다.

　"슬픔고 고통의 늙고 죽는 것은 무엇이 멸하면 멸하는가?
　생이 멸하면 멸한다.
　생은 무엇이 멸하면 멸하는가?
　유가 멸하면 멸한다.
　유는 무엇이 멸하면 멸하는가?
　취가 멸하면 멸한다.
　취는 무엇이 멸하면 멸하는가?
　애가 멸하면 멸한다.
　애는 무엇이 멸하면 멸하는가?
　수가 멸하면 멸한다.
　수는 무엇이 멸하면 멸하는가?
　촉이 멸하면 멸한다.
　촉은 무엇이 멸하면 멸하는가?
　6처가 멸하면 멸한다.
　6처는 무엇이 멸하면 멸하는가?
　명색이 멸하면 멸한다.
　명색은 무엇이 멸하면 멸하는가?
　식이 멸하면 멸한다.

식은 무엇이 멸하면 멸하는가?
행이 멸하면 멸한다.
행은 무엇이 멸하면 멸하는가?
무명이 멸하면 멸한다.

그러므로 무명이 멸하면 행이 멸하고
행이 멸하면 식이 멸하고
식이 멸하면 명색이 멸한다.
명색이 멸하면 6처가 멸하고
6처가 멸하면 촉이 멸한다.
촉이 멸하면 수가 멸하고
수가 멸하면 애가 멸하고
애가 멸하면 취가 멸하고
취가 멸하면 유가 멸하고
유가 멸하면 생이 멸하고
생이 멸하면 늙고 죽는 슬픔과 고통이 멸한다. "

이것은 멸의 인과관계입니다. 부처님은 이와 같은 관찰을 밤새도록
계속하였다 합니다. 비록 그것은 꼭 이와같이 도식화된 사유는 아니었
다 할지라도 이 같은 형식을 따라 미혹과 후염의 역사(順觀)와 대각과
순경의 역사(逆觀)를 뚫어지게 관찰할 수 있었을 것입니다. 말하자면
이 인연은 현상세계가 생겨나는 원인 결과의 구명이며 또 깨달은 안목
에 의하여 보여진 모든 현상의 법다운 모습을 관찰한 것이라 할 수 있
습니다.

■ 12 인연의 공간적 해설

늙고 죽는 것. 이것은 현실의 상식적 생활 가운데서 가장 무섭고 가장 싫어하는 인간의 최대의 적입니다.

그러나 인간은 그것으로부터 벗어날 수 없는 현실을 가지고 있습니다. 여기에 병까지 겹치면 한탄하고 슬퍼하고 괴로워 합니다. 사람이 구하는 욕애와 영화는 언제나 이 늙고 병들고 죽는 것에 위협됩니다. 이 진실상에 눈뜨는 것이 구도의 제1보입니다.

그러면 고뇌의 근본은 무엇입니까? 그것은 생입니다. 세상에 나지 않는 자에게는 고뇌가 어디 있겠습니까? 이것은 너무나도 평범한 논리 같으나 종교적인 면에서 볼 때는 매우 의미가 깊습니다. 이것은 현실을 부정하는 것이 아니라, 그 고뇌로 부터의 해방을 추구하는 해탈의 시발점이라 해도 과언이 아니기 때문입니다. 인생의 고뇌에 생이 바로 있다는 사실은 더 설명하지 아니하여도 우리의 살아온 길을 하나하나 뚫어 보면 너무나도 자명하게 들어날 일입니다.

다음 생의 근원은 유입니다. 유는 존재 즉 세계요 사회입니다. 그러므로 이것은 업이 있으므로 장차 올 세계를 느끼는 업력입니다. 생의 뿌리는 나뿐이 아니라 세계 속에 나 또한 존재하기 때문입니다. 사회를 떠난다는 것은 존재할 수 없으니까요. 또 사회는 생각 생각에 다음 세계를 낳을 일체 생물의 업력이 축적하고 증진하는 산 힘의 총화이니까요. 이러고 보면 우리가 짓는 일체의 문화도 결론은 이 모든 업력의 총화에 불과합니다. 개인의 생명 뿌리는 다시 사회의 생명군과 동등하게 평행하고 있습니다.

그렇다면 이러한 개인에 의해 성립된 사회의 근원은 무엇입니까? 그것은 취(取)입니다. 취는 집착, 이미 선택된 마음입니다. 대체로 이 세계와 사회의 근본 뜻이 무엇이냐고 묻는다면 누구나 막연할 것입니다.

그러나 세존은 단연코 현실사회의 생성 원인을 취착이라고 선언했습니다. 현실사회는 크게 보아서 주고(與) 받는(取) 것밖에 또 다른 것이 없으니까요. 주고 받는 결과가 낳은 이 사회의 현실은 주고 받기 때문에 상부상조하고 공존번영하는 것보다는 생존경쟁하고 약육강식하는 집취사회가 되어 있다는 것입니다. 그래서 사람은 주는 것보다 받는 데 흥미를 느끼고 집착에 살고 집착을 생명으로 한다는 것입니다.

그러면 이 취의 근원은 무엇입니까? 애(愛) 즉 사랑입니다. 이 또한 부당한 말씀입니다. 사랑함이 없이 인생이 있겠습니까? 그런데 이 사랑은 단순한 욕망의 사랑이 아니라 구하고 구해서 얻은 갈애(渴愛)의 사랑이라 하는 데 부처님의 심각한 인생비판이 있습니다. 상식적으로는 그 욕망을 채워주면 그만일 것 같으나 그것은 목마른 사람에게 소금물을 먹이는 것과 같아서 마시면 마실수록 또 다시 수배의 강도를 가지고 갈구하게 되는 것입니다.

이와 같이 인간의 애욕은 깊고 깊어서 끝이 없고 넓어서 가 없습니다. 실로 인간의 모든 현실생활은 곧 이 애욕을 근본으로 하고 있는 까닭에 모든 인간의 불행 역시 이 애욕에서부터 배태되고 있는 것입니다. 그러므로 사랑의 뿌리를 송두리채 뽑을 수만 있다면 그것은 마치 염주의 끈을 잘라버린 것과 같이 취(取), 유(有), 생(生), 노사(老死)의 알맹이들이 낱낱이 끊어 흩어지고 말 것입니다. 그러므로 12 연기는 이 사랑을 원수(元首)로 한 5 지연기설(支緣起說)로 일단락된다고 볼 수 있습니다.

그러므로 애의 근본으로서 수(受), 촉(觸), 6 입(入)의 순서를 둔 것은 그렇게 중요한 것이라 볼 수 없습니다. 다만 심리적으로 애의 발생을 관찰하다 보니 그것이 들어가졌다고 보아야 할 것입니다. 왜냐하면 우리의 사랑은 고락 등의 지각(樂)에 의하여 증대되고 또 이들 지각은 촉감에 의하여 확인되며 이 촉은 눈·귀·코·혀·몸·뜻 6근을 매개체로 하기 때문입니다.

그런데 이 관근(官根)의 근본으로서 명색(名色)은 중요합니다. 명은 주관이고 색은 객관입니다. 관능은 모든 개인에 있어서 개인에 총괄되고 또 이 관능의 발생은 그 관능의 태생인 외계의 사물에 의하여 격발되는 것입니다. 그러므로 명색과 식은 아주 밀접한 관계가 있습니다. 명은 수(受)·상(想)·염(念)·사유(思惟)이므로 식(識)의 활동에 속하고 색은 지·수·화·풍 4대의 물질적 사물입니다.

그러나 이것을 통틀어 말하면 우리가 상식적으로 인정하는 객관적인 사물이란 실제의식이 이름을 짓고 의미를 부쳐 주는 것에 불과합니다. 그러므로 만일 이 의식을 제쳐 놓으면 오직 물질일 뿐, 가치적으로 아무런 의미가 없는 것이 됩니다.

경전에는 명색과 식의 관계를 삼로(三蘆)라 하였습니다. 능취의 심이 소취의 사물에 집착할 때 식으로부터 색으로 나아가 다시 그것은 식으로 돌아와 인식작용을 하기 때문입니다. 말하자면 사람이 대상을 집착할 그 때에 이름진 명색, 강도, 내용에 따라서 그들 대상은 마음대로 창조되어 도리어 그 마음을 속박하는 것이니 마치 평생토록 개구리만 그린 화가는 개구리를 닮아가는 것과 같습니다.

그러면 이와 같은 명색은 식을 근본으로 하여 이상 명색, 6입, 촉, 수, 애, 취, 유, 생, 노사의 10지 연기를 일으키고 있다는 것을 충분히 이해할 수 있을 것입니다.

그런데 이 식은 행과 무명의 조종을 받고 있으니 이것이 불교가 종교적 사실을 배태하고 있는 유일한 근거입니다.

행은 업입니다. 정신적 활동 즉 신·불신의 방법으로부터 신·불신의 의식과 사념과 활동을 더 깊이 행의 세계에 일종의 잠재의식으로서 축적되고 그 축적된 힘에 의하여 인간이 갈 길이 결정되고 그 성격도 형성됩니다. 그러므로 현재 앞에 나타나는 행은 이미 무명의 가리운 바 되고 부정(不正), 사유의 식이 오염(汚染)되어 유전의 활동체가 되는 것입니다.

그러나 일방적으로 이것은 또 마음의 근본 바탕이 되기도 합니다. 악업의 때를 제거하면 여래의 경지가 실감나게 나타나기 때문입니다. 그러므로 이것은 무명 위에서 말하면 무명을 제거한 명(明)이니 이것이 부동(不動)의 명행족(明行足)입니다.

무명은 모든 법의 전상(前相)입니다. 전·후, 내·외, 선·악, 염·정의 모든 법을 창조하는 무지입니다. 단순한 이지(理智)의 분야에서 말하는 혹(惑)이 아니라 인간 존재에 대한 이름입니다. 인간의 근본적 존재 욕인 유애(有愛)가 무명을 식료(食料) 한다는 것은 인간의 기초적 정신활동이 되고 있는 탐욕, 우치가 모두 이 무명속에 배태하고 있으니 말입니다.

맹목적 존재의 욕, 이것이 곧 무명입니다. 그러니 이것은 부처님이 아니라 할지라도 조금만 인생을 경험하는 사람이라면 누구나 경험할 수 있는 사실입니다.

미국의 심리학자 제임스씨도 현재의식의 저류로 잠재의식을 생각했고 쇼펜하우어도 인생의 자각의식의 회광반조가 미치지 않는 영역 아래 아직 남아있는 정신활동의 잔재가 우리 운명을 지배하고 있다는 사실을 긍정했습니다. 그렇기 때문에 조금이라도 속으로 자신을 반성하고 관찰하여 마음을 도에 붙이려고 노력한 사람은 제가 제 마음을 스스로 움직일 수 없는 것을 곧 잘 경험합니다. 그것은 그 의식 뒤에 흑암유명의 무명이 도사리고 있기 때문입니다. 그래서 사람들은 이러한 흑막 속에서도 가련한 의식을 이끌고 스스로 도덕적 활동을 계속하려고 노력하면서도 언제나 딴 방법으로 곧잘 유도해 나가곤 하니 이런 의미에서 보면 인간은 오히려 운명에 조종당하는 인형처럼 느껴집니다.

그러나 그 괴물은 언젠가는 부서지고 말 수 있는 것이니 처음은 있어도 끝이 없기 때문입니다.

■ 12 인연의 시간적 해설

그러나 만일 이 12 인연을 이렇듯 공간적인 입장에서만 보지 않고 시간적 입장에서 다시 한번 말해 본다면 무명과 행은 과거의 인(因)이고 식, 명색, 6입, 촉, 수는 현재의 과(果)이고, 애, 취, 유는 현재의 인이고 생, 노·사는 미래의 3과라 할 것이니 이것을 삼세 양중인과(三世兩重因果)라 합니다.

무명이 몸과 입과 뜻의 업을 일으키면 식은 그 업으로 말미암아 어머니의 태에 들고 태에 든 식은 생리적으로 명색(정신과 육체), 6입(六根)을 완성하여 출태합니다. 출태한 아이는 외계를 감촉하여 괴롭고 즐겁고 좋고 나쁜 것을 가리고 그 가운데서 좋고 즐거운 것을 사랑하고 취하여 새로운 생명의 씨앗(有)을 낳습니다. 그러면 그 생명은 다시 새 생명을 탄생하니 이렇게 해서 인생은 늙고 병들어 죽는 것입니다.

죽고 사는 것은 몸을 받은 자들로는 성인 범부를 막론하고 면키 어려운 일이나 날 때 나고 죽을 때 죽는 것은 성인이 아니고서는 어려운 일입니다. 성인은 깨달은 자, 무명이 이미 명으로 바뀌어 인과에 어둡지 않고 사는 자, 갈애(渴愛)에 의하여 나, 내 것에 집착한 삶이 아니라 성애(聖愛)에 의하여 나와 우리를 이미 동등하게 알아 중도를 향하는 자이기 때문입니다.

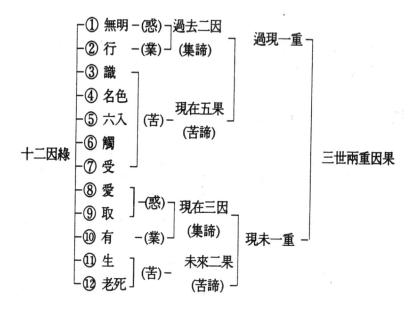

■ 중도실상(中道實相)

"화엄세계의 바다
진리의 경계는 한결같이 차별이 없네
장엄하여 청정하기 비할 데 없으며
허공에 안주하여 계시네
이 세계의 바닷 속에
온갖 경계는 생각키 어려우니
그 하나하나가 모두 자재하여
각각 잡란함이 없는 것일세."

그렇습니다. 일체의 현상은 그 바탕에 있어서나 모양에 있어서나 그 작용에 있어서나 부사의하게도 제 본질을 가져 제 특성을 살리면서도 전체를 조화하여 조금도 잡란함이 없습니다. 마치 기둥, 석가래, 기와, 흙, 돌, 나무가 제각기 제 성품을 가지고 제자리를 지키므로 하나의 가옥이 형성되는 것같이 말입니다. 사람들의 마음 경계는 부사의하여 업이 능히 온갖 경계의 모양을 다 일으킵니다.

중생은 때가 더러우니 나라가 청정하지 못하고 행하는 업은 한량이 없어 세계가 한결같지 않습니다. 그러나 부처님의 나라는 깨끗한 장엄에 가득차 있으니 더러움 없는 온갖 보배로 장엄되어 있기 때문입니다. 때 없음을 기르고 가꾸어서 원의 바다를 넓히니 부처님 제자는 능히 무수한 국토를 청정케 할 것입니다. 왜냐하면 참되고 한결같은 여래의 본 마음은 중생들 가운데에 항상 구비하여 거짓을 떠나 고요히 안주하되 생도 멸도 없이 온 세계에 두루 미치지 아니한 곳이 없기 때문입니다.

"진여(眞如)는 거짓을 떠나 항상 적정하며
생함도 멸함도 없이 두루 미치지 않는 바 없으니
부처님들의 경계가 또한 그러하도다.
체성이 평등하여 늘거나 줄지 않으니
비유하면 틀림없는 경계이나 경계아님과 같고
두루 三세에 걸쳐 있으되 또한 그렇지 아니 하니
도사(導師)이신 부처님의 경계가 또 그러하도다.
三세에 두루미쳐 모두 장애가 없으며
법성은 지음도 없고 변역함도 없으니
마치 허공이 본래 청정함과 같도다
부처님의 본성이 깨끗하기 그와 같으니
본성은 성이 아니며 유와 무의 다름을 떠나 있고
법성은 언논에 있지 아니 하니

말을 떠나 항상 적멸하도다."

이렇듯 부처님은 진여의 청정한 마음에 안주하여 일주일 동안 법회선열(法喜禪悅)에 잠겨 있었습니다.

④ 모든 보살들의 찬송과 행원

■ 여러 보살들의 찬송

《화엄경》에서는 부처님께서 이렇게 보리수 밑에서 법계의 정관을 하고 있을 때 시방세계의 모든 불국토로부터 10만억 대중의 불·보살·천·용·야차 등 무진장한 성중들이 모여들어 부처님을 찬탄하고 대행원을 일으켰다 합니다.

"일체의 법은 나지도 않고
일체의 법은 없어지지도 않는다.
만일 능히 이같이 알면
여래 부처님은 항상 눈 앞에 나타나리"

이것은 일체혜(一切慧) 보살이 '불(佛)은 보아도 법을 못 본 자는 참으로 법을 아는 사람이 아니다'라고 찬송한 것입니다. 그러나 법을 안다고 해도 법에 고집한 사람은 참으로 법을 아는 사람이 아닙니다.

"취착도 없고 아견도 없이
비고 비어 취해 볼 만한 건 아무것도 없네.
여래 부처님 본래 비었으니

생각할 수 전혀 없어라."

그러나 부처님은 중생을 교화하기 위하여 여러 가지 몸을 나툽니다. 음성이 불법은 아니나 음성을 떠나서 불법을 들을 수 없으므로 지림 (智林) 보살은 이렇게 말했습니다.

"허공은 맑고 깨끗하여도
빛이 아닌지라 볼 수 없고
여러 빛을 잘 나투어도
그 실성은 볼 수 없네.

이같이 대지혜인이
한량없는 빛을 나투어 보여도
식(識)으로 알 바 아닌지라.
일체를 볼 수가 없네.

비록 여래의 소리 들었다 해도
음성은 여래가 아니로다.
그러나 소리를 떠나서는
여래의 등정각을 다시는 알 수 없네.

이 곳이 몹시도 깊고 묘하온데
만일 능히 분별해 안다면
위 없는 도를 장엄하여
멀—리 여러 허망을 떠나오리."

이렇게 여러 보살들이 부처님을 추모해서 영원의 여래에 접하고 교
법을 듣고 믿음에 들고 믿음에 의하여 진실한 불교도다운 기쁨을 느끼
고 있을 때 그 부처님의 추모는 원대(遠大)한 인위(因爲)의 원행(願
行)과 과상(果上)의 위덕에서 오고 또 그것이야말로 인생 최고의 행복
감을 가져다 주는 것을 깨달은 금강당(金剛幢) 보살과 이구당(離垢幢)
보살이 찬탄했습니다.

"여래가 세상에 나오시지 않았다면
또한 열반도 없으리라.
본래 큰 원력을 가지고
자재의 법을 나타내셨네.

차라리 한량없는 괴로움을 받을지라도
부처님의 말씀을 듣게 된다면
일체의 즐거움 받지 않고서
부처님의 이름 또한 듣지 않으리."

"시방세계를 두루 다녀도
모든 것에 아무 장애 없노라.
한 몸이 한량없는 몸이 되고
한량없는 몸이 한 몸 되었네.

한 마음으로 부처님 경계 생각하면
한량없는 마음 일어나네.
보이는 여러 여래,
그 수는 마음과 꼭 같네."

그렇습니다. 모든 것은 마음에 인연해서 생성됩니다. 부처도 중생도 한마음입니다. 이 마음으로 인해 중생이 된 사람은 또한 이 마음으로 인해서 부처가 되어야 합니다. 땅에 의해 넘어진 사람이 허공을 잡고는 일어설 수 없듯이 말입니다. 그래서 여래림(如來林)보살이 이렇게 찬송가를 부릅니다.

"마음은 공교로운 그림장이와 같아서
여러 가지의 음(五陰)을 그려낸다.
일체세계 가운데
법으로써 만들지 않음이 없네.

마음과 같이 부처도 또한 그러하고
부처와 같이 중생도 또한 그러하네
마음과 부처, 중생은
이 셋이 아무 차별이 없네.

여러 부처님은 모두 똑똑히 아셨네.
일체가 다 마음으로 쫓아 굴러옴을
만일 능히 이같이 않다면
저 사람은 참 부처를 볼 것이네.

만일 사람이
3세 일체 부처님을 알려고 하면
마땅히 이같이 관해야 하네.
마음이 모든 것을 짓는 것이라고."

이러한 찬송가를 진본(晉本) 화엄경에서는 34 중(衆) 가운데 18 중이 설하고 당본(唐本) 화엄경에서는 40 중이 모두 설합니다.

■ 보현보살의 열 가지 큰 서원

하여간 이렇게 모든 성중들이 차례로 부처님의 위대한 덕상을 자기가 아는 범위 내에서 설하자 마지막으로 보현보살이,

"번뇌의 어둠 없애고
널리 일체의 법을 비추사
중생을 편안케 해 주시네.

한없는 겁(劫) 사이에
여래 세상에 나시니
비유하면 우담발라[1]와 같아
보기 어렵고 만나기 어렵네.

모든 중생을 위하사
영겁에 고행을 거듭해
모든 세상에 수순하셔도
그 마음은 물들지 않네.

찾다가 또 기우는 허공에 달 그림자
천강(千江)에 비추어 적은 반딧불 가리우네.
찾다가 또 기우는 부처님의 지혜의 달
곧은 마음 물에 비쳐 3 승(乘)[2]의 가르침 가리우네.

비유하면 모든 보배를 감춘 깊은 바다가
모든 중생의 모형을 나투는 것처럼
모든 공덕의 보배를 갈무려
깊은 인연의 바다 맑은 불신(佛身)에 안 나투는 상 없네.”

이렇게 찬탄하고 다음과 같은 열 가지 서원을 발했습니다.

“첫째 부처님께 예배 공양하고
둘째 부처님을 찬탄하며
셋째 여러 가지로 공양하고
넷째 업장을 참회하고
다섯째 남의 공덕을 같이 기뻐하고
여섯째 설법해 주기를 청하며
일곱째 부처님께서 세상에 오래 계시기를 청하고
여덟째 부처님을 본받아 배우고
아홉째 항상 중생의 뜻에 수순하고
열째 모두 다 회향합니다.”

그러면 어떻게 하는 것을 부처님께 예배하고 공경한다 합니까? 온
법계, 허공계, 시방삼세 모든 불국토의 수없이 많은 부처님들께 보현
의 서원과 수행의 힘으로 깊은 신심을 내어 눈 앞에 뵈온 듯이 받들고
청정한 몸과 말과 생각으로 항상 예배 공경하는 일입니다. 또 부처님
을 찬탄한다는 것은 온 법계, 허공계, 시방삼세의 모든 불국토에 수없
이 많은 부처님들이 계시는데 부처님들이 계시는 곳마다 많은 보살들
이 모시고 있는 것을 깊은 지혜로 눈 앞에 계신듯이 알아보아 변재천
녀(辯才天女)³⁾보다 뛰어난 말로 오는 세월이 다하도록 그치지 않고 부

처님의 공덕을 찬양하는 것입니다.

그리고 여러 가지로 공양한다는 것은 이와 같은 모든 부처님들께 꽃과 음악, 향, 등, 우유, 기름, 음식 등 여러 가지 공양거리로 공양하는 것인데 특히 이 공양 가운데는 법공양(法供養)이 제일이라 하였습니다. '법공양'이란 부처님의 말씀대로 수행하는 공양, 중생을 이롭게 하는 공양, 중생들을 거두어 주는 공양, 중생들의 고통을 대신받는 공양, 착한 일을 하는 공양, 보살의 할 일을 버리지 않는 공양, 보리심에서 떠나지 않는 공양 등이 그것입니다. 이것은 부처님의 법을 존중하는 일이 부처님을 출현케 하는 일이고 중생을 이롭게 하는 것이 곧 부처님을 공양하는 거나 다름이 없기 때문에 물질적 공양보다 뛰어나다한 것입니다.

다음 업장을 참회한다는 것은 지나간 세상 끝없는 세월에 탐내고 성내고 어리석은 탓으로 몸과 말과 생각으로 지은 일체의 악업을 청정한 입으로 참회하고 부처님의 계율에 안주하는 것입니다. 그리고 남의 공덕을 기뻐한다는 것은 모든 부처님들이 처음 발심하고 지혜를 위해 복덕을 부지런히 닦을 때에 몸과 목숨도 아끼지 않고 한량없는 겁을 지내면서 헤아릴 수 없는 머리와 몸, 눈과 팔, 다리 4지를 보시하고 갖가지 어려운 보살행을 닦아 위 없는 보리를 증득하고 마침내 열반에 들어 사리를 나누어 공양했으니 이와 같은 착한 일을 모조리 기뻐하고 시방세계 중생들이 지은 털끝만한 공덕이라도 내 일처럼 같이 기뻐하며 성문·연각·보살들이 그 행하기 어려운 고행을 하면서 가장 높은 보리를 구하던 그 넓고 큰 공덕을 모두 같이 따라 기뻐하는 것입니다.

또 설법해 주기를 청한다는 것은 온 법계, 허공계, 시방삼세 모든 불국토의 수없이 많은 부처님들께 몸과 마음과 생각을 기울여 설법해 주시기를 간청한다는 것이며, 부처님께서 세상에 오래 계시기를 간청하는 것은 모든 부처님들이 열반에 들려 하거나 보살·성문·연각 등

많은 선지식들이 열반에 들려 하면 오래오래 세상에 머무르면서 일체 중생을 이롭게 해 주실 것을 간청하는 것입니다.

또 부처님을 본받아 배운다는 것은 부처님께서 처음 발심하여 정진하여 이루 다 말할 수 없는 고행과 보시를 하고 피를 빼서 경을 쓰고 손가락을 펴서 참회하는 것 등과 마침내 등정각을 이루어 대·소국가의 왕들과 신하, 모든 백성들을 진리의 물로 뿌리신 것같이 법륜을 길러 불법을 행하는 것입니다.

그리고 중생을 수순한다는 것은 온 법계 중생들이 여러 가지 차별이 있어 알과 태, 습기에서 나는 것이나 또는 저절로 나는 것, 땅과 물, 불, 바람, 허공, 풀, 나무를 의지하여 사는 온갖 것과, 형상, 모양, 수명, 종족, 이름, 성질, 소견, 욕망, 뜻, 위의(威儀), 의복, 음식 등으로 살아가는데 발 있는 것이나 발 없는 것, 네 발 가진 것이나 여러 발 가진것, 생각 있는 것과 생각 없는 것, 형체 있는 것과 형체 없는 것, 생각이 있는 것도 같고 생각이 없는 것도 같은 일체의 모든 것을 따라 섬기고 공양하기를 부모와 스승, 아라한, 부처님과 꼭같이 하는 것입니다. 병든 이에게는 의사가 되어 주고 길 잃은 이에게는 바른 길을 인도해 주며, 어두운 밤에는 등불이 되고 가난한 이에게는 재물을 얻게 하는 것입니다. 이와 같이 일체중생을 평등하게 이롭게 하는 것입니다. 왜냐하면 보살이 중생을 수순하는 것은 곧 부처님께 공양하여 순종하는 일이 되고 중생들을 존중하여 섬기는 것은 곧 부처님을 존중하여 받드는 일이 되며 중생들을 기쁘게 하는 것은 곧 부처님을 기쁘게 하는 일인데 그것은 부처님이 자비심으로서 바탕을 삼기 때문입니다. 중생으로 인해 자비심을 일으키고, 자비심으로 인해 보리심을 내고 보리심으로 인해 깨달음을 이루는 것입니다. 넓은 모래벌판에 서있는 큰 나무의 뿌리가 수분을 받으면 가지와 꽃, 잎, 열매가 무성하듯 생사광야의 보리수도 또한 그러합니다. 모든 중생은 뿌리가 되고 부처님과 보살은 꽃과 열매가 됩니다. 자비는 물론 중생을 이롭게 하면 지혜의 꽃과 열매가 저절로 맺게 됩니다. 보살이 자비심으로써 중생을 구제하면 최상의 깨달음을 성취하는 것이므로 보리는 중생에게 딸려 있는 것입니다. 중생이 없으면 보살이 깨달음을 이루지 못하기 때문입니다. 중생은 마음을 평등히 하므로서 원만한 자비를 성취하고 자비심으로써 중생은 수순한 마음으로 부처님께 공양을 올리는 것입니다.

끝으로 모두 다 회향한다는 것은 처음 예배 공경함으로부터 중생의 뜻에 수순하기까지 모든 공덕을 온 법계, 허공계에 있는 일체중생에게 돌려보내 중생들로 하여금 항상 편안하고 즐겁고 병고가 없게 하는 것입니다. 나쁜 짓은 하나도 이루어지지 않고 착한 일은 모두 이루어지며 온갖 나쁜 길의 문은 다 닫아버리고 열반에 이르는 바른 길을 활짝 열어 보이는 것입니다. 중생들이 쌓아 온 나쁜 업으로 말미암아 받게 되는 무거운 고통의 여러 가지 과보를 내가 다시 받으며 그 중생들이 모두 다 해탈을 얻고 마침내는 더없는 훌륭한 보리를 성취하도록 힘쓰는 것입니다.

그런데 보현보살은 이 열 가지 서원을 '허공계가 다하고 중생계가 다하고 중생의 업이 다하고 중생의 번뇌가 다할지라도 끝까지 계속하여 한 순간도 끊어지지 않게 하되 몸과 마음과 생각에 조금도 싫어하는 마음이 없이 하겠다.' 하였습니다. 참으로 거룩한 성자의 위대한 서원입니다.

⑤ 용의 보호와 타푸샤의 공양

■ 바라문의 참뜻

시방세계로부터 몰려온 모든 불·보살과 천룡·야차들의 찬불과 행원이 끝나자 부처님은 그 곳으로부터 일어나 아쟈팔라 니그롯다 나무 밑으로 가서 7일을 보내고 있었습니다. 그런데 그 때 어떤 바라문 승려가 찾아와서 물었습니다.

"구담사문이여, 무엇을 의지하여야 참된 바라문이 되며 어떠한 법이 이 바라문의 본질입니까?"

"바라문이여, 악한 일을 제하고
거만한 마음이 없고 더러운 것이 없이 깨끗하게 마음을 조복하고
베다의 깊은 뜻을 이해하고 청정한 범행에 머무르면
이것이 곧 올바른 바라문이라 말한다.
이것은 어떤 곳에 가더라도 욕망이 끊어졌기 때문이다."

그러나 바라문은 이 게송을 듣고 곧 바로 떠나버렸습니다.

■ 용의 보호

다음 제 3주가 되던 7일 동안은 무챠린다(文鱗樹) 나무 밑에서 보냈는데 날씨가 매우 나빠 찬바람이 불고 난폭한 비가 몰아쳐서 죽을 고비를 넘겼다 하였습니다. 마침 비와 바람을 주관하는 신 무챠린다란 용왕이 나와서 몸으로 부처님을 보호했습니다. 일곱 또래를 사루어 부처님의 머리 위에 일산 같은 큰 삿갓을 씌워드리고 한서, 기갈, 쐐기, 벌레와 모기 같은 것이 침범하지 못하도록 보호하였습니다.

경전에는 날씨가 개이자 이 용왕은 몸을 풀고 동자로 변하여 부처님 앞에 경례하니 부처님은 그에게 중생을 사랑하는 자가 깨달음을 얻은 일곱 가지 즐거움을 설해 주었다 합니다.

"고요한 곳에 멀리 와서 있는 것이 즐거운 낙이며,
법을 듣고 보는 것이 즐거운 낙이며,

세간에 이끌리지 않는 것이 즐거운 낙이며,
중생을 사랑하는 것이 즐거운 낙이며,
세간에 욕심을 여읜 것이 즐거운 낙이며,
똑같이 은애를 버린 것이 즐거운 낙이며,
능히 아만을 조복한 자가 최상의 즐거운 낙이다. "

기쁘게 바른 법을 깨달아 얻은 사람, 세간에 고난을 여의고 살생의 마음을 끊은 사람, 세상의 탐욕을 버리고 애욕에서 벗어난 사람, 영원히 소아를 버리고 대아를 실현한 사람만이 가질 수 있는 안락이요 행복입니다.

하여간 이렇게 해서 용은 이 세상에서 생물로서는 두번째 법을 들은 성문제자가 되었고 그로부터 건달바(Gandharva·乾闥婆)⁴⁾, 아수라(Asura·阿修羅)⁵⁾, 구반타(Kumbhanda·鳩槃茶)⁶⁾ 등과 함께 불법을 옹호하는 선신이 되어 지금도 부처님과 법과 스님이 있는 곳이면 아무리 험한 곳이라도 버리지 않고 수호하고 있다 합니다.

■ 타푸샤와 발리카의 공양

다음 네번째 7일 동안은 라자타나(Rajayatana) 나무 밑에서 보냈는데 그 때 멀리 우카라 지방으로부터 온 두 상인 타푸샤(Tapussa·帝波須)와 발리카(Bhallika·跋利迦)가 바치는 죽과 꿀을 받아 잡수셨다 합니다.

그런데 전설에 의하면 이 두 분의 상인이 꿀과 죽을 바치며,
"이 죽과 꿀을 받으시고 우리에게 이익과 안락을 주옵소서. "
하였으나 그 때 부처님은 손에 아무것도 가진 것이 없어 죽과 꿀을 받지 못하고 있자 이 광경을 본 하늘의 4천왕이 각각 한 개씩의 돌 발

우를 바쳐 그것으로 꿀과 죽을 받아 잡수셨다 합니다. 이것이 불교 발우의 시초인데 원래는 하나만 필요했으나 네 개를 함께 가져와 그들의 성의를 무시할 수 없어 모두 받아 함께 포개어 놓으니 네 개의 전이 똑같이 되어 오늘날 우리가 절에 가서 볼 수 있는 발우의 형태로 되었다는 것입니다.

두 상인은 부처님께서 그들의 공양을 다 드시고 손을 씻자 부처님께 절하고,

"우리는 부처님과 법에 귀의합니다. 부처님께서는 우리를 이제부터 일생을 마치도록 보호하려 우파샤카(Upasaka·優婆塞)가 되게 허락하여 주옵소서."

"장하다. 두 상인이여, 길이 안락과 이익이 있으라."

이렇게 해서 이 두 사람은 불교교단의 최초 우파샤카가 되었습니다. 우파샤카란 세속생활을 그대로 하면서 부처님을 받들고 불법을 행하여 세상을 편안케 하는 남자 불교신도(淸信士)를 말합니다.

⑥ 범천의 권청

그런데 여러 율전과 다른 몇몇 경전에 의하면 부처님은 성도후 자기가 깨달은 진리를 세상 사람들에게 발표할 것을 주저하였다 합니다.

라자나무 밑에서 두 상인으로부터 죽과 꿀을 받아 잡수신 부처님은 곧 야쟈파라 니그로다 나무밑에 앉아서 이런 생각을 하였다는 것입니다.

"내가 깨달은 진리는 미묘하고 깊어서 보통사람들로서는 알기가 어렵고 터득하기가 어려워 오직 성현만이 짐작하게 된다. 그러니 이것을 어찌하면 좋은가, 탐욕과 시기, 질투, 분노에 병든 세상사람들이 이법을 깨닫는다는 것은 어려운 일이다. 이것은 세상의 흐름과는 반대되며 지극히 미묘하고 깊고 그윽하여 보기 어렵고 미세하므로 욕심에 집

착하고 암흑에 덮인 자들은 볼 수가 없다. 그러니 차라리 설법을 단념하고 그만 열반에 드는 것이 좋으리라."

이렇게 생각한 부처님을 보고 범천왕은 크게 탄식하였습니다.

"진실로 세계는 망하고 인류는 망하고 마는구나. 여래께서 침묵만 지키고 말씀을 하시지 않는다면 언제까지나 인간은 암흑세계에서 헤매야 할 것이 아닌가. 이제 내가 가서 이 일을 말리고 온 세계에 법을 전하도록 권청하리라."

하고 곧 내려와 부처님께 절하고 간절히 간절히 소원(訴願)했습니다.

"세존이시여, 법을 설하소서. 부처님이시여, 법을 설하소서. 이제 비로소 무상도(無上道)를 이루시고 어찌 묵묵히 앉아 계시며 법을 설하지 않으시려고 하십니까. 많은 중생 가운데는 과거세에 훌륭한 덕본을 심어 법을 능히 감당하여 들을 자가 있을 것입니다. 원컨대 이들을 위하여 대비력(大悲力)으로써 묘한 법을 설하소서."

이렇게 거듭 세 번을 청하자 부처님은 비로소 승낙하셨습니다.

"범천이여, 옳다, 마치 연못 가운데 청연화, 홍연화, 백연화가 물에 잠긴 것도 있고 물 위에 나타난 것도 있고 아주 물 위에 우뚝 솟아 진 흙물에 물들지 않는 것도 있듯이 사람에도 악한 사람이 있고 착한 사람도 있고 미련한 사람이 있으니 사신(邪信)을 버린 사람, 해심(害心)을 버린 사람, 진실하고 우월한 생각을 가진 사람을 위하여 감로의 문을 열겠으니 귀가 있는 자들은 들으라."

진실로 진리의 문은 열리고 말았습니다. 당시 인도 사회에 있어서 모든 사람에게 진리를 가르친다는 것은 파격적인 행위가 아닐 수 없습니다. 당시 인도인들을 지배하고 있는 바라문교도들이나 우파니샤드 철인들은 자기들이 알고 있는 지식이나 종교를 자기 아들이나 아니면 그들과 인연이 있는 특정한 몇몇 도제에게만 전할 뿐, 농노계급인 수드라는 경읽는 소리만 듣고 눈으로 경을 보기만 하여도 눈알을 빼고 귀를 자르는 무서운 형벌을 가하는 시대였는데 누구도 제한하지 않고 남자나 여자나, 어른이나 아이나, 바라문이나 크샤트리아나 바이샤나 수드라까지도 평등하게 불교를 행할 수 있게 결단을 내린다는 것은 그리 쉬운 일이 아닙니다. 그러니 어찌 범천의 권청 같은 위대한 구도(求道) 정신이 없이 이 일을 감행할 수 있겠습니까? 이제 세상은 밝아질 수 있게 되었습니다. 때(時) 없이 깨달으신 분께서 밤에 눈을 가지고 진리의 높은 루에 올라 우수에 잠겨 나고 늙는 모든 고통 속에 허덕이는 중생들을 구제하시게 되었으니 세상은 밝아질 수 있게 되었습니다. 범천은 기뻐 어쩔줄을 모르고 몇 번이고 엎드려 부처님 발에 절하고 감사하다가 환회에 찬 얼굴로 부처님을 오른쪽으로 세 번 돌고 물러 갔습니다.

---

1) 3천 년 만에 한번 핀다는 꽃.
2) 3승은 성문(聲聞)과 연각(緣覺), 보살에 대한 3가지 교법. 성문은 四諦(苦集滅道)의 법을 듣고 깨달은 사람들이고 연각은 12인연의 도리를 스스로 관하여 깨달은 사람, 보살은 6바라밀의 법문에 의해 자리이타를 성취하고 대각을 이룸.
3) 노래와 음악을 맡은 여신, 걸림없는 변재가 있어 불법을 유포하여 명을 길게 하고 원수와 적을 물러나게 하고 여러가지 재보를 만족하게 하여 변재천녀라 함.
4) 제석(帝釋)의 음악신. 그들은 술과 고기를 먹지 않고 향기만 맡으므로 심향(尋香), 후향(嗅香), 식향(食香)이라 부르기도 하는데 부처님께서 설법하는 자리에 나타나 정법을 찬탄하므로 불교에서는 8부 신장의 하나로 침.
5) 투쟁신. 리그베다에서는 가장 우수한 성령(性靈)으로 나오는데 중고 이후에는 무서운 투쟁신으로 나오나 불교에 귀의 호법성중의 하나가 됨.
6) 사람의 정기를 빨아먹는 귀신. 옹형귀(甕形鬼), 음낭(陰囊), 형난(形卵)이라고도 하는데 역시 불교에서는 남방 중장천왕의 부하로 호법선신의 하나가 됨.

⑤ 부처님의 전법과 교훈 (1)

① 베나레스의 초전법륜 (初轉法輪)

■ 초전법륜에 대한 사유

범천의 청전법륜 (請轉法輪)이 있은 뒤 부처님은 누구를 먼저 제도할 것인가를 생각했습니다.

"그 때 나는 이렇게 생각했다. 먼저 누구에게 법을 설하는 것이 좋을까? 누가 이 법을 속히 이해할 수 있을까?

그 가운데 제일 먼저 떠오른 사람이 알라라 칼라마와 라마의 아들 웃다카였습니다. 그들은 진실로 현자이고 식견이 있고 총명하고 오랫동안 때(垢) 없이 산사람들이기 때문입니다. 그러나 그들은 이미 이 세상 사람이 아니었다. 칼라마는 죽은 지 벌써 일주일이 되었고 웃다카는 하루가 되었었다. 그래서 나는 다음으로 내가 공부할 때 내 일을 옆에서 돌보아준 다섯 사람의 수행자를 생각했다. 마침 그들은 나를 버리고 도망치기는 하였으나 베나레스의 사슴 동산에서 나를 생각하고 내 이야기를 하고 있는 것을 보았다. 그래서 나는 우루베라촌에서 머무르고 싶은 대로 있다가 베나레스를 향해서 걸어갔다."

베나레스의 본래 이름은 바라나시(Varanasi)이고 한역 경전에서는 바라나(波羅奈), 바라나사(婆羅那斯) 등으로 썼습니다. 오랫동안 카시국

(迦尸國)의 서울이었으므로 카시푸라(迦尸弗羅)라 이르기도 하였습니다. 갠지스강의 줄기인 바라나강과 아시강 사이에 있고 부처님께서 성도한 붓다가야에서는 직선 거리로 약 130마일 정도가 되므로 길을 따라 걷는다면 근 2백 마일 가량 됩니다. 지금도 베나레스에서 가야까지는 급행열차로 4시간 가량 걸리니 아마 쉬지 않고 계속 걷는다 하더라도 베나레스까지 가기에는 열흘은 걸렸을 것입니다.

그러면 부처님께서 무엇 때문에 이 먼 거리를 도보로 행진하여 거기까지 가지 않으면 안 되었던가? 물론 그것은 옛 인연을 찾는 데 목적도 있었지만 불전에 보면 베나레스는 특별한 의의가 있는 성지로 인정받고 있습니다. 그 교외에는 사슴의 동산이라 불리우는 녹야원(鹿野苑)이 있고 예로부터 그 곳에는 많은 수행자들이 모여 살고 있었습니다. 그런 관계로 이 동산을 달리 '리시 파타나' 즉 '선인들이 사는 곳'이라 불러 왔습니다. 물론 그 당시 인도에는 곳곳에 그러한 동산들이 많이 있었고 그것을 녹야원 즉 선인들이 사는 곳이라 불러 왔지만 그 중에서도 이 베나레스의 녹야원은 가장 유명한 곳입니다. 그러니 그 곳에 가면 상당히 지적 수준이 뛰어난 수행자들을 교화할 수 있는 방편이 열릴 수 있다고도 생각할 수 있기 때문에 먼저 옛 벗들을 생각하고 다음에 그 많은 수행인들을 생각하여 그 곳을 선택하였던 것으로 이해됩니다.

■ 사명외도 우바카와의 대화

붓다는 가야를 나오시다가 사명외도(邪命外道) 우바카(Upaka·優婆迦)를 만났습니다. 우바카는 부처님의 위대한 상호를 보고 물었습니다.

"적정한 모습은 깨끗한 신앙으로부터 나온다. 사문은 누구를 스승으로 공부했는가?"

"나는 승자(勝者)다. 나는 지자(智者)다. 따라서 스승도 없고 증한 바 법도 따로없다. 나 혼자 위 없는 법을 깨달았다. 나 혼자 위 없는 스승이 되었다. 나 혼자만이 깨달은 사람이다. 나는 지금 카시국 녹야원에 가서 아직 굴리지 않은 법륜을 굴려 눈 어두운 세계에 죽음이 없는 법고(法鼓)를 치려 한다."

"그대는 어떻게 스스로 승자, 지자라 하는가."

"진리를 깨달은 자가 지자 아니고 무엇이며 번뇌에 이긴 자가 승자 아니고 무엇인가?"

그러나 우바카는 자신의 길이 바쁜 것을 핑계삼아 딴길로 가버렸습니다. 참으로 인생은 어리석은 것입니다. 그래서 부처님은 성도 후 그대로 반열반(般涅槃)에 드시려 하였는지 모릅니다.

■ 야비한 수행자들에 대한 부처님의 태도

대사(大事)에 의하면 부처님은 가야 근처의 우루베라숲으로부터 가야로 나와 거기서 아파라카야-수다르샤나-바샬라-춘다드빌라-사라티푸라-간타푸라-로히타마스투카를 거쳐 갠지스강을 건너 녹야원에 들어 왔다고 그 행선지를 기록하고 있습니다.

부처님께서 5 비구[2]를 만난 것은 꼭 한 달 만의 일입니다. 한 달 전에 그들은 부처님께서 고행림에서 일어나 목욕을 하고 수자타(善生女)라는 어여쁜 처녀에게 우유죽을 얻어 먹자 '싯다르타는 타락했다' 하고 곧 그 곳을 떠나 녹야원으로 왔던 것입니다. 그러기에 그들은 부처님께서 그들을 찾아 오시는 것을 멀리 보고도 '오겠으면 오라. 우리가 관계할 바 아니니 그대로 내버려 두자' 의논하고 그 누구도 부처님에 대해서는 더 이상 관심을 갖지 않기로 결의했습니다. 그러나 막상 부처

님께서 그들의 눈 앞에 나타나자 다섯 사람은 모두 언제 약속을 했던
가 하는 식으로 붓다가 앉으실 자리를 만들고 또 다른 사람은 물을 길
어다 발을 씻을 준비를 하였습니다. 부처님으로서 지닌 그 위덕이 자
연히 그들 다섯 사람을 그렇게 하도록 한 것입니다.

부처님은 조용히 마련된 자리에 앉았습니다. 5비구는 무언가 이상
한 힘에 충격을 받은 것은 사실이지만 그 옛 친구를 부처님으로 모시
고자 하는 존경심은 없었습니다. 아직도 그들은 싯달타는 타락한 사람
이라고 생각하는 것이 통념이었으니까요. 그리하여 인사말도 예전 그
대로 존대도 하지 않고 친구 대접을 하였습니다. 그 때 부처님께서 말
씀했습니다.

"비구들아, 여래를 부를 때, 그 이름을 부르거나 또는 친구 아무개
하고 말해서는 안 된다. 여래는 실로 공양을 받을 만한 자(應供者)며,
모든 것을 똑바로 깨달은 등정각자(等正覺者)이기 때문이다. 비구들
아, 귀를 기울여 들으라. 불사(不死)가 내것이다. 너희들에게 가르쳐
줄 것이니 이 가르침대로만 수행하면 머지않아 이 세상에서 위없는 청
정행을 달성하여 출가한 목적을 이룩하게 될 것이다."

그렇지만 그들은 쉽게 따르려 하지 않았습니다.

"고타마여, 너는 어려운 행으로 초인의 법인 거룩한 지견은 얻지 못
한 것이 아닌가? 그런 사람이 어떻게 욕심이 있는 상태에서 초인의
법인 성지견(聖知見)을 열어 보일 수 있다는 말인가?"

5비구는 이렇게 거듭 세 번이나 부처님을 반박하였으나 부처님은
부처님 그 특유의 법력으로써 그들로부터 정복받고 말했습니다.

"하늘이 달과 별들과 더불어 떨어지는 일은 있을지라도, 그리고 땅
이 산과 숲이 말라붙는 일이 있을지라도, 온 대양이 말라붙는 일이 있
을지라도 위대한 현자께서는 추호도 그릇된 말씀을 하시지 않는다. 비
구들아, 출가자로서 온전히 피하지 않으면 안 되는 두 가지 치우친 길

이 있다. 그것은 야비한 욕심에 탐닉하는 어리석고 이익 없는 **향락적**
인 생활과 또 헛되이 몸을 괴롭히며 학대하는 어리석은 고행의 생활이
다. 이 두 가지 치우친 생활을 떠나 여기에서 여래에 의해서 증오된
마음의 눈을 열고 지혜를 증진시켜 적정과 성지(聖知)와 정각과 열반
으로 이끄는 중도(中道)가 있다. 중도란 바른 견해(正見), 바른 사유
(正思), 바른 말(正語), 바른 행동(正業), 바른 생활(正命), 바른 노력
(正精進), 바른 생각(正念), 바른 명상(正定)이다. "

■ 세상에서 피해야 할 두 가지 극단

향락적인 쾌락주의가 수도의 바른 길이 아니란 것은 그들도 이미 잘
아는 사실이지만 아직까지 그들은 고행주의에 사로잡혀서 그것이 최고
의 길이나 되는 듯이 생각하고 있었습니다. 그러므로 우선 그들에게
이와 같은 중도의 교훈은 절실히 요청되는 것이었습니다. 부처님께서
는 그 뒤에도 종종 세상사람들의 향락적 생활을 소폭도(疎暴道)라 하
고 고행을 소도(燒道)라 하여 배척하였습니다. 때로는 이 8정중도(正
中道)를 4념주(念住), 4정단(正斷) 등으로 바꾸어 말하기도 하였습니
다. '4념주'는 신(身), 수(受), 심(心), 법(法)의 네 가지에 대하여 항
상 바른 생각을 가질 것을 다짐하는 가르침과, '4정단'은 아직 생기지
않은 악은 생기지 말게 하고(未生惡令不生), 이미 생긴 악은 영원히
끊어버리고(已生惡令永斷), 아직 생기지 않은 선은 생기게 하고(未生
善令生), 이미 생긴 선은 더욱 늘어나게 하는 것(已生善令增上)입니
다.

세상에 있어서 피해야 할 두 가지 극단은 빈궁과 부유며, 출가에 있
어서 피해야 할 두 극단은 바라문적인 고행단식이고 챠르바카(斫婆
迦:順世派)의 향락적인 쾌락주의입니다. 가난하면 괴로움을 받느니라

번뇌에서 벗어나기 어렵고, 부유하면 욕락에 빠져 즐거움을 받느니라 벗어나기 어렵고, 바라문은 상견(常見)에 빠져 사견을 해탈치 못하고 순세파는 단견(斷見)에 빠져 사견을 해탈하기 어렵기 때문입니다.

그러기 때문에 부처님께서는 먼저 중도의 길을 5 비구에게 가르치고 다음에 네 가지 온전한 진리 즉 4 성제(聖諦)를 차례로 가르쳤습니다.

■ 4 제(諦) 12 행상(行相)

"비구들아, 이것은 고통에 관한 온전한 진리(苦聖諦)이다. 사는 것도 괴롭고 늙는 것도 괴롭고 죽는 것도 괴롭다. 원한 있는 자와 만나지 아니하면 안 되는 것도 괴롭고, 구하나 얻어지지 않는 것도 괴롭고 말하자면 생에 뿌리박고 있는 이 몸이 있는 것이 괴롭다."

"비구들아, 이것은 고의 원인에 관한 온전한 진리(苦集聖諦)이다. 새로운 이성을 거듭 유발하고 환락과 탐욕을 따라 여기 저기로 욕락을 찾아다니게 하는 것은 갈애(渴愛)다. 환락의 갈애, 생존의 갈애. 그리고 무상의 갈애가 그것이다."

"비구들아, 이것은 고의 멸에 관한 온전한 진리(苦滅聖諦)이다. 욕망은 완전히 소멸시킴으로서 모든 집착을 떠나는 것이다."

"비구들아, 이것은 고의 멸에 이르는 온전한 진리(苦滅道聖諦)이다. 올바른 견해, 올바른 사유, 올바른 말, 올바른 행동, 올바른 생활, 올바른 노력, 올바른 생각, 올바른 명상의 여덟 가지 중도의 길이 그것이다."

이 네 가지 온전한 진리야말로 누구에게도 배운 바 없고 아직까지 그 누구에게도 가르친 바 없는 부처님 스스로 깨달은 진리입니다. 부처님은 이 법에 의하여 눈을 얻었고, 이 법에 의하여 지혜를 낳고 빛을 이루었다 합니다.

"이것은 고제(苦諦)이다 (一轉)
이 고제는 판단해서 알아야 한다(二轉)
이것을 판단해서 알고(三轉)
이것은 집제(集諦)다 (一轉)
이 집제는 끊어야 하는 것(二轉)
이것을 끊고(三轉),
이것은 멸제(滅諦)다 (一轉)
이 멸제는 증해야 하는 것(二轉)
이것을 증오하고(第三轉)
이것은 도제(道諦)다 (一轉)
이 도제는 닦아야 하는 것(二轉)
이것을 다 닦았다(三轉)"

이것을 4제(諦) 12행상(行相)이라 합니다. 이것을 아직 하지 않았을 때 부처님은 증득했다고 말하지 않습니다. 그러나 이것을 다하여 맑은 지견이 생겼으므로 부처님은 증득했다고 말합니다. 그래서 붓다는 "나에게는 내 마음의 해탈이 확실하다. 이것이 마지막 생이며 다시 변하여 태어나는 일이 없다는 지견이 생긴 것이다"라고 말하였습니다. 그래서 이 4제법은 부처님만이 홀로 아는 최상의 법이라고 일러 옵니다. 8만 4천의 넓고 깊은 부처님의 가르침의 요령을 간추려 보면 이 4제법을 벗어나지 않습니다. 이 세상은 고통 속에 잠겨 있다는 진리, 그리고 그 고통의 원인에는 탐욕과 진애, 우치의 셋으로 종합되는 무명(無明)의 집합체라는 진리. 그러니 이 둘은 앞서 말한 연기의 이법으로 말하면 순관적(順觀的)인 것으로 유전연기(流轉緣起)에 속합니다. 죄악적 인간이 어쩔 수 없이 생사의 탁류에 떴다 가라앉았다 하면서 유전하는 인과법칙이므로 이것은 단순히 인간이 무명의 노예가 되어 그냥 끌려가다시피 하는 필연적인 인과관계를 말합니다. 나머지 두 개의 진리 즉 고통을 소멸해 가는 진리(滅諦)와 고통의 소멸을 가능케 하는 진리(道諦)는 순관에 대한 역관(逆觀)으로, 환멸연기(幻滅緣起)라 부릅니다. 말하자면 무명의 노예가 되었던 인간이 그 무명을 제거함으로 본래 청정한 본성에 돌아가는 인과관계입니다. 그러므로 이것은 곧 인간의 자유로운 창조 활동을 뜻합니다.

부처님은 이 네 가지 진리를 온전히 깨닫고 선포하므로써 인도 사상계는 물론 온 인류의 정신사 가운데 일대 새로운 기원을 이룩하였습니다. 부처님은 중생들을 그 횡폭한 바라문교 사제(司祭)들의 올가미 속에서 구출하여 다시 운명의 길을 걷게 한 것이 아니라 자유로운 창조 활동을 해 나갈 수 있는 확실한 가능성과 용기를 북돋아 주었습니다. 이제는 인간이 할 수 있는 일이 단순히 사제(司祭)에 의지하여 그들에게 재물을 바치고 그들이 집행하는 제사의 혜택만을 기대하는 그런 무기력한 일에서 영원히 벗어날 수 있었습니다.

4성제의 설법을 통하여 부처님께서 처음으로 가장 강하게 가르친 것은 인간의 실천적 윤리, 도덕적 생활입니다.

8정도를 자세히 검토해 보면 후대에 다시 정리되는 계율사상이 무엇을 근거로 하고 있는가를 확실히 알 수 있습니다. 확실히 놀라운 일은 바라문교인들이 그렇게 오랜 세월 사제행위를 감행하면서도 이러한 실천적 윤리를 한 마디로 명확하게 강조해 본 적이 없다는 사실입니다. 그런 의미에서 부처님 최초의 설법 내용은 획기적인 역사적 의의를 갖는 것입니다. 8정도의 내용은 하지 말아야 할 금계와 그에 따라서 해야 할 실천덕목 즉 계(戒)와, 마음의 정화를 위해서 준비적 수행인 삼매의 수련 즉 정(定)과, 정신훈련을 통하여 도달되는 최고의 심적 경지 즉 혜(慧), 세 가지 공부를 말하는데 바른 견해와 바른 사유는 지혜의 학(學)이고, 바른 말, 바른 행동, 바른 생활은 계율의 학(學)이며, 바른 노력, 바른 생각, 바른 명상은 선정의 학(學)입니다.

그러나 이 가운데서도 가장 중요한 학(學)은 지혜의 학(學)입니다. 이 세 가지 학(學)이 서로 불가분리의 관계를 가지고 있는 것은 사실이지만 밝은 지혜가 없이는 올바른 계행도 선정도 달성할 수 없으므로 후대의 대승불교 학자들도 대부분 이를 강조하여 불교의 궁극적 생명을 견지해 온 것이 혜입니다. 혜를 반야(般若)라고도 하는데 반야는 범어 Pranja 의 음역으로 '원융무애한 지혜'를 의미합니다. 즉 그것은 부처님의 깨달은 내용으로 열반과 같은 뜻으로 이해하고 있습니다.

그러므로 앞서 말한 성제는 아직 깨닫지 못한 어리석은 사람들에게만 의미가 있는 것이 아니라 이미 깨달음을 얻을 수 있는 준비가 확정된 사람들에게도 멸 하나만 증득하면 또 다른 설명이 필요없게 됩니다. 따라서 진리는 여러 가지가 따로 있는 것이 아니라 오직 하나 반야 뿐이며 그 밖에 다른 진리가 없는 것입니다. 그러므로 '내가 설하는 4성제는 여여(如如)하여 이여(異如)가 없다.'하고 '물속에서 생겨나 거기서 자란 연꽃이 물에 젖지 않고 솟아 있듯이 붓다는 세상에 태어나 거기서 자라 이 세상을 이기고 세속에 물들이 없이 거기에 머물러 계신다.'하신 것입니다.

부처님은 온전한 지혜의 권화입니다. 그러므로 그는 말과 형상과 논리를 빌어 설명할 때 스스로 세속적인 범주 속에 들어 오십니다. 대부분의 가르침이 그와 같이 하여 진행되었으며 정리되었습니다.

그러한 차원의 진리를 세속적인 이해 방법이라 하여 속제(俗諦)라 합니다. 그러나 부처님은 원래 진제(眞諦)인 까닭에 그 근원적 본질적 입장을 버리지 않아 궁극에 가서는 모든 제자들이 그렇게 이해할 것을 바라고 또 제일가는 근본 진리의 입장에서 말씀을 하시는 까닭에 그것을 일컬어 진실한 진리, 제일가는 진리라 하여 진제(眞諦) 또는 제일의제(第一議諦)라 합니다. 대승경전들은 주로 이와 같이 제일의제적 입장에서 경전을 편록하고 이해하였으므로 속제적인 입장에서 경전을 편록하고 이해하는 원시 비구들을 소승적이라 폄칭(貶稱) 합니다.

사실 부처님의 입장에서는 대승적 관념을 가지고 이 법을 관찰하면 이 세계의 모든 것은 하나도 취할 만한 것이 없는 공(空)이고 아무것도 알려질 수 있는 것이 아니며 끊고 멸하고 닦고 증할 것이 있는 것이 아니므로 미와 오(迷悟), 염과 정(染淨), 인과(因果)가 따로 떨어져 있는 것이 아니라 미가 곧 오고 염이 곧 정이며 인이 곧 과인 그런 상태로 이해되어지는 것입니다. 그러므로 그 지혜는 생사, 열반이 따로 있는 것이 아니라 생사가 곧 열반인 원융무애한 경지로 나타내는 것입니다.

그러므로 용수(龍樹)는 다음과 같이 말했습니다.

"보살은 세 개의 해탈문에 머물러 있으면서 4제를 관하고 이것이 성문·벽지불(聲聞·辟支佛)의 법임을 알고 곧 4제를 넘어서 일체법이 생멸(生滅), 구정(垢淨), 거래(去來)가 없는 오직 하나의 진리(一諦)에 들어가는데 그것을 이르러 아비발치(Avinivartaniya·阿韠跋致 : 不退轉)라 한다."

5비구 중 제 1인자였던 콘다나(Kondanna·嬌陣如)는 이 4제를 설한 전법륜경(轉法輪經)의 설법을 듣고 바로 깨달음을 얻었다 합니다.

■ 무아의 진리

부처님께서 5비구에게 설한 또 한 가지 법은 무아상경(無我相經)의 무아법(無我法)입니다. 무아란 나라고 하는 것이 어떤 것인가를 상세히 설명한 것입니다. 말하자면 이 몸을 형성하고 있는 것은 색(色)·수(受)·상(想)·행(行)·식(識)의 다섯 가지 원소인데 이것은 모두 무상하며 실체가 없으므로 무아라는 것입니다. 재래 바라문교나 그 밖의 다른 모든 철학가들은 대부분 그것을 실체적으로 보았습니다. 그래서 그들은 나를 중심으로 하여 아만, 아애, 아집, 아견을 일으켜 상호 대립, 투쟁을 일삼게 했던 것입니다. 그런데 부처님은 그것을 무아 즉 공(空)이라 하셨던 것입니다. 공은 결코 허무가 아닙니다.

부처님은 종종 마음에 관해서 많은 말씀을 하였습니다. 그런데 그 부처님께서 말씀하신 마음에는 몇 가지 구별이 있습니다. 색을 보는 마음, 냄새를 맡는 마음, 소리를 듣는 마음, 맛을 보는 마음, 촉감으로 모든 것을 분별하는 마음, 생각으로 온갖 것을 헤아리는 마음, 이 모든 것을 5관(官) 또는 6감(感)이라 하고 그 육감을 의식이니 이성이라 하여 심리학에서는 다르게 부르고 있습니다. 그러나 어쨌든 그것은 이성적인 것이든 감성적인 것이든 그 마음은 이 몸과 함께 상주불변하는 것이 아니라 모두 변천해 가는 것입니다. 그러니 그 앞에 실체가 있을 수 없습니다. 육체로 말하더라도 이 몸은 지(地)·수(水)·화(火)·풍(風) 네 가지 원소로 되어 있는데 사람이 죽으면 뼈, 머리칼, 손톱, 발톱, 이빨 등은 흙으로 돌아가고 피, 똥, 오줌, 살결은 물로 돌아가고 호흡은 바람으로 돌아가고 체온은 불로 돌아가면 그 속에 나라는 존재를 찾아 볼 수 없으므로 무아요 공입니다. 그러나 반대로 말하면 우리가 생각하는 요소적(要素的)인 나 아닌 것 가운데 참된 내가 존재한다고 보아야 합니다. 그러나 개체에 사로잡혀 자유롭지 못한 대립적인 나, 차별적인 나를 누구나 얼른 알아보지 못하는 것이므로 부처님은 녹야원 5비구에게 나 아닌 나를 위해 일체의 집착에 사로 잡혀있는 나에 대한 사고방식을 모두 놓아버리도록 무아법을 설하신 것입니다.

무아는 곧 대아(大我)입니다. 누구에게 다 통하는 나, 언제 어느 곳에서 평등일여한 나, 이것이 대아입니다. 그런데 대개 후세에 발전된

여러 대승경전에서는 그것을 일러 불성(佛性)이니 여래장(如來藏)이니
심진여(心眞如)니 본각(本覺)이니 묘유(妙有)니 하여 여러 가지로 이
야기 하고 있습니다. 그러나 그것은 분별망상을 떠난 참 마음으로 언
제 어디서나 때묻지 않고 홀로 고고히 빛나는 묘한 표제일 뿐입니다.
5 비구는 이 무아상경의 무아법문을 듣고 지금까지 가지고 있던 일체
의 아집, 아만, 아견, 아애의 그릇된 소견을 버리고 평등한 무아에 나
아가 천상천하 유아독존의 석가세존을 재발견할 수 있었습니다. 그래
서 예전에는 친구 도반으로서만 보던 부처님을 이제는 진실한 스승으
로서 부처님 진리로서의 부처님을 볼 수 있는 눈이 열렸습니다.

　법과 불은 둘이 아닙니다. 불이 곧 법이고 법이 곧 불입니다. 법은
불을 낳은 자이고 불은 곧 법을 깨달은 자입니다. 그러나 부처님은 깨
달은 법을 내세워 자신은 스스로 그 속에 물러나 있었습니다. 부처님
은 신이 아닙니다. 또 모든 것을 창조해 낸 창조주도 아닙니다. 다만
본래부터 있었던 물듦이 없는 진리의 법을 깨달았을 뿐입니다. 진리의
법은 성자가 이 세상에 나타나든 나타나지 않든 관계 없이 모든 사물
가운데 온 우주에 두루두루 변재해 있습니다. 그래서 부처님은 우리
인간 속에 내재하면서도 인간과 신을 능가하는 위대한 성자가 되신 것
입니다. 그래서 부처님은 모든 방해자를 물리쳤고 모든 오염(汚染)을
떠나셨으며 모든 역경에서 벗어난 일체의 승리자가 된 것입니다. 그에
게는 스승이 따로 없고 그에게는 필적할 만한 적도 없고 오직 그만이
모든 것을 안 지자(知者)가 되었습니다. 부처님에겐 번뇌가 없습니다.
오직 고요한 열반만이 있을 뿐입니다. 부처님은 그가 발견한 진리를
자기 홀로만 욕심껏 간직하는 그런 분이 아니었습니다. 그의 가르침은
공개적이었고 조금도 비밀이 없었습니다. 그는 빛 중의 최상의 빛으로
모든 중생들에게 알려지도록 최선의 방편을 써서 해탈하도록 인도하였
습니다. 그의 가르침은 처음이나 중간이나 마지막이나 언제든지 좋았

고 뜻과 글이 완전하고 한결같았으며 남김없고 또 순수하였습니다.

② 야사의 귀의와 그의 친구들의 출가

■ 야사와 그의 가족의 귀의

부처님께서 베나레스 교외에 있을때 베나레스의 한 부상(富商) 구리카 장자(俱利迦長者)의 외아들 야사(耶舍)라는 청년이 있었습니다. 영화를 누리며 환락이 계속된 생활 속에서도 그의 머리를 사로잡는 것은 인생의 참화(慘禍)요 무상이었습니다. 그는 부처님께서 출가전 태자시절에 느꼈던 것과 꼭 같은 괴로움을 느껴 어느 날 갑자기 집을 떠나고 싶은 생각이 떠올랐습니다. 지금까지 많은 연인들과 즐겁게 놀던 집들이 마치 무덤처럼 여겨져 탐욕의 집을 뛰쳐 나와 성문을 열고 교외로 나왔습니다. 이상스럽게도 무엇에 끌리듯 그의 발길은 녹야원 쪽으로 향해져 그는 두 손을 불끈 쥐고 뛰면서 "위험~! 위험해~!"하며 갔습니다. 마침 새벽동이 훤히 트일 무렵 부처님은 선정에서 일어나 경행하고 계셨는데 그런 이상한 소리가 들리자 귀를 기울이고 듣다가 큰 소리로 외쳤습니다.

"젊은이, 여기는 위험한 것이 아무것도 없으니 이리로 오게." 야사가 자리를 정하고 앉아 마음을 가라앉히자 부처님은 그에게 보시(布施)에 관한 이야기로부터 계율에 관한 이야기, 천상에 태어나는 이야기를 하다가 이 세상의 욕심이 얼마나 큰 화를 가져오는 것인가 그리고 욕심을 버리고 도를 닦는 것이 얼마나 의로운 것인가를 말씀하셨습니다. 그리고 야사의 마음이 어느 정도 준비된 뒤 마침내 4제법을 설하자 야사는 마치 하얀 천이 곱게 염색되듯 깨끗한 법의 빛깔로 물들어 진리를 보는 눈이 생겼습니다.

야사가 집을 나갔다는 사실이 밝혀지자 그의 부모와 온 집안 식구들
이 크게 놀라 8방으로 뛰어 나갔습니다. 다행히 아버지 구리카 장자
가 강가에 버려진 야사의 신을 보고 부처님을 찾아와 묻자, 부처님은
아들을 내 보이며 하나하나 차근차근 법을 일러주었습니다. 야사의 아
버지는 환희에 차 진실한 법에 귀의하였습니다.

"부처님께 귀의합니다.
달마님께 귀의합니다.
승가님께 귀의합니다."

이 사람이 3보에 귀의한 최초의 우파샤카(Upasaka · 優婆塞)입니다.
앞서 두 상인이 부처님께 죽과 꿀을 공양하고 귀의하기는 하였으나 그
때는 승보가 없어 오직 불법 2보에만 귀의하였던 것입니다. 불과 법
과 승을 3보라 하는 것은 이 세상에서 가장 귀중한 것이 보배이듯 삼
보는 모든 중생의 번뇌를 없애주고 진리의 자량으로 인생을 풍성하게
하고 모든 사람을 즐겁게 하기 때문에 3보라 하는 것입니다.

부처님께서는 다음날 야사의 집에 초대받아 갔습니다. 야사의 집에
는 야사의 어머님과 부인, 그리고 많은 종들이 있었는데 모두 불교에
귀의하여 우파시카(Upasika · 優婆夷)가 되었습니다. 우파시카는 집에
있으면서 불법을 받들고 행하여 이 세상을 밝게 만드는 여자 신도 즉
청신녀(淸信女)입니다.

야사는 이미 마음에 결정한 바 있었으므로 부모님의 허락을 받고 출
가하였고 그의 친구 비말라(無垢), 수바아후(善臂), 푼나시(滿足) 가
밤파티(牛王)와 다른 친구 50명을 계속해서 출가시켜 이로서 불교교
단은 부처님을 합하여 모두 61명이 되었습니다.

■ 전법에 대한 부처님의 간절한 소망

부처님은 이 60명의 제자들을 모아놓고 선언했습니다.

"비구들아, 내가 사람과 천인(天人) 일체의 표박(漂泊)으로부터 벗어난 것과 마찬가지로 너희들도 또 사람과 천인의 모든 표박으로부터 벗어났다. 비구들아, 세상 사람들을 불쌍히 여기고 그들의 안락을 위해서 유행하라. 둘이서 한 길을 가도록 하지 말라. 처음도 좋고 중간도 좋고 끝도 좋으니 뜻과 글이 다 갖추어진 진리를 널리 전하라. 모두 원만하고 맑은 청정한 행을 가르쳐 보이라. 세상에는 더러움이 적은 사람도 있는데 법을 듣지 못하면 망할 것이지만 그들은 법을 알 것이다. 비구들아, 나도 진리를 설하기 위해서 우루베라의 세나디촌으로 갈 것이다."

그래서 60명의 비구들은 포교의 길에 올랐고 부처님 자신은 우루베라로 향하였습니다. 우리는 위의 말을 통하여 부처님께서 진리의 선포를 얼마나 간절히 원했던가를 잘 알 수 있습니다. 법은 널리 전해져야 한다는 신념이 불제자들 사이에 복받쳐 오르게 한 것입니다. 그리하여 부처님께서 돌아가신 후 백 년 만에 태어난 성왕 아쇼카는 진리가 지배하도록 하는 정치를 폈고 부처님의 가르침은 인도의 국경을 넘어 페르샤, 그리스, 중앙아시아에 미치고 마침내는 중국을 거쳐 우리 나라로, 그리고 다시 우리 나라에서 일본으로, 일본은 서구 제국에 각각 전하여 현재는 세계가 한 꽃 불국토로 변해가고 있는 것입니다.

그러나 부처님의 법을 펴는 사람들이 법을 먹는 아귀가 되어서는 안 된다고 간곡히 부탁하셨습니다.

"비구들아, 출가한 사람으로 법을 펼 때 남에게 존경받겠다는 생각을 내어서는 안된다. 남을 도울 줄 모르고 법에 의하여 먹고 살려고 하는 자는 법을 먹는 아귀나 같은 자다. 또 너희가 전하는 법을 듣고 사람들이 기뻐할 때 스스로 교만해지기 쉽다. 사람들이 법을 듣고 기뻐하는 것을 보고 자기의 공덕처럼 생각하면 이는 벌써 법을 먹는 아귀가 된다. 그러므로 법을 먹고 사는 아귀가 되지 않도록 하라."

그러면 부처님은 무엇 때문에 하필 우루베라에 가시려고 하였던가. 우루베라는 부처님께서 일찍이 성도한 붓다가야에 가까운 촌락이며, 거기서 6년 동안 고행하였기 때문에 그 지방에는 많은 배화교도(拜火敎徒)들이 있어 카샤파(迦葉) 3형제들을 받들고 있는 사실을 잘 알고 계셨으며 부처님께서 마가다국의 수도 왕사성으로 가시기 전에 이들 세 카샤파를 제도하지 않으면 안 되겠다는 생각이 떠올랐기 때문입니다. 사실 부처님께서 이들 3형제를 교화하느냐 못하느냐에 따라 전교상의 매우 중요한 의의를 갖는다고 생각됩니다. 왜냐하면 그들은 적어도 1천 명의 제자를 거느리고 있었고 그 부근의 모든 주민들의 존경을 독차지하고 있었기 때문입니다.

③ 30명의 귀공자와 카샤파 3형제의 제도

■ 30명의 귀공자

그런데 부처님께서는 우루베라로 가는 도중 또 다른 제자들을 얻을 수 있었습니다. 아마 베나레스에서 그리 멀지 않은 곳에서 일어났던 사실로 여겨집니다. 부처님께서 베나레스를 떠나 우루베라로 가시는 도중 큰 길에서 약간 떨어진 나무 수풀 아래 앉아 선정에 들어 있었는데 이 때 마침 30명의 귀족 출신의 공자들이 찾아와 물었습니다.

"부처님, 방금 어떤 여인을 보지 않았습니까?"

"어떤 여인인가요?"

"우리들은 30명의 계원입니다. 부부동반하여 나왔는데 30명중 1인이 결혼을 하지 않아 아직 총각이므로 화류계 여자를 한 사람 고용해서 데리고 왔는데 우리들이 숲 사이에서 먹고 마시고 춤추고 노래하는 사이에 우리의 옷과 폐물을 모두 훔쳐 도망쳤습니다."

"젊은 청년들이여, 그대들은 그 여인을 찾으면 어떻게 하려고 하는가?"

"그 여인을 찾으면 잊어버린 옷과 폐물을 찾고 능지처참 하겠습니다."

"청년들, 진정하게. 내가 보기에는 자네들이 그 여자가 가지고 간 폐물보다도 더 중요한 것을 잃어버린 것 같네."

"폐물보다 더 중요한 것이 무엇입니까?"

"제 자신이야. 그러니 여러분은 그 여인을 찾는 것이 중요한가, 아니면 잃어버린 자신들을 찾는 것이 더 중요한가?"

뜻밖의 물음에 공자들은 깊이 생각하지 아니할 수 없었습니다. 그래서 그들은 그 자리에서 깊이 깨닫고 자기 자신을 찾지 아니하면 안된다고 생각하고 부처님께 법문을 듣고 부처님의 재가 제자가 되었습니다.

■ 카샤파 3 형제의 제도

30 명의 공자들을 제도한 뒤 부처님은 곧 우루베라로 가셨습니다. 카샤파 3 형제는 첫째를 우루베라 카샤파, 둘째를 나디 카샤파, 셋째를 가야 카샤파라 불렀습니다. 우루베라 카샤파는 우루베라 숲속에 살고 있었으므로 그렇게 불렀고, 둘째는 이 숲과 네란쟈야 강변에 살고 있었으므로 나디라 불렀는데 나디란 인도말로 강이란 말입니다. 또 셋째 동생 가야 카샤파는 그 강의 하류인 가야에 살고 있었으므로 그렇게 이름을 부른 것입니다. 그런데 제일 큰 형 우루베라 카샤파는 5 백

명의 제자를 거느리고 있었고 둘째는 3백 명, 셋째는 2백 명을 각각 거느려 모두 1천 명의 대단원을 이루고 있었습니다. 그들은 모두 머리를 매고 불을 섬기며 고행을 하였으므로 결발행자(結髮行者), 나발범지(螺髮梵志)라 불렀습니다.

불전에는 부처님께서 이들을 교화하신 내용을 재미있게 기록하고 있습니다. 부처님께서 처음 카샤파 집에 이르러 날이 저물었는데 하룻밤 유숙하기를 청하니 불을 섬기는 사당밖에는 다른 방이 없다 하였습니다. 그런데 그곳에는 전래로 무서운 독룡이 있어 뜨거운 화염을 내뿜는 바람에 해마다 인신공양을 드리곤 하였습니다.

"사람을 잡아먹는 독룡이 그 곳에 살고 있는데 괜찮다면 들도록 해 드리겠습니다."

부처님은 카샤파의 안내로 그 사당에 이르러 단정히 가부좌를 틀고 앉아 무심삼매(無心三昧)에 들어갔습니다. 그런데 밤중쯤 되니 이상한 불빛이 아롱거리더니 천정으로부터 무서운 독룡이 내려왔습니다. 부처님은 다시 자광삼매(慈光三昧)에 들었습니다. '무심삼매'란 아무런 생각없이 본각의 대지에 그대로 안주하는 삼매이고, '자광삼매'는 일체 모든 것을 불쌍히 여겨 구제할 것을 생각하고 자비의 빛을 발하는 삼매입니다. 그러자 독룡은 입으로 무서운 화염을 내뿜으며 달려들었습니다. 그 때 부처님은 다시 자기 몸을 불덩이로 변하는 화광삼매(火光三昧)에 들었습니다. 그렇지 않아도 불을 모셔 뜨거운 집이 더욱 뜨거워져 열이 100도도 넘게 되었습니다. 독룡은 금방 세존을 삼킬 듯 달려들었으나 너무도 뜨거운 열 때문에 어찌 할 바를 모르고 벌벌 떨었습니다. 부처님께서 조용히 타일렀습니다.

"어리석은 화룡아, 너는 전생에도 많은 죄를 지어 그 과보로 이 몸을 받았거늘 그것을 뉘우치기는 커녕 인신공양까지 받아 더욱 많은 죄를 짓고 있으니 다음 생의 그 몸을 어찌할 것이냐? 너의 하는 바로

보아서는 마땅히 죽어 마땅하나, 이 또한 지중한 인연이 있어 나 같은
성인을 만났으니 마음을 돌려 그 몸을 변해 내 발우 속으로 들어가
라."
하고 부처님은 발우가 놓여 있는 곳을 가리켰습니다. 과연 독룡은 조
그마한 실뱀으로 변하여 발우 속으로 들어갔습니다. 그 때 날이 훤히
밝자 우루베라 카샤파는 비웃는 얼굴로 들어오며 인사를 했습니다.
 "안녕히 주무셨습니까?"
 "이 굴속에는 화룡이 살고 또 불을 모셔 뜨거워 자기 어렵다더니 어
찌하여 이렇게 서늘한가?"
 꼭 죽은 줄만 알고 들어왔던 카샤파는 뜻밖의 대답에 깜짝 놀랐습니
다.
 "화룡은 어디 있습니까?"
 "저기 발우 속에 있다. 그놈의 하는 짓으로 보아서는 꼭 태워 죽일
것이나 부처님은 생명을 죽이는 일이 없으므로 놓아주니 강에 갖다 방
생토록 하라."
 비록 놀라기는 하였으나 원체 오랫동안 많은 사람들의 존경을 받아
온 카샤파인지라 그렇게 쉽게 굴복하지 않았습니다.
 "위대한 사문은 큰 위신력이 있습니다. 멀리 가시지 마시고 이 도량
에 계시면서 우리를 위해 미묘한 법문을 일러 주십시오."
 그래서 부처님은 그 곳 한가한 숲 사이에 자리를 정하게 되었습니
다. 과연 그들은 매일같이 훌륭한 공양을 보내와 대접은 하였으나 쉽
게 굴복할 생각은 없었습니다. 그런데 어느날 밤 부처님께서 앉아계신
숲전체가 불기둥처럼 이상한 광명이 쏟아져 가서 보니 하늘의 4천왕
이 내려와 법문을 듣고 있는 광경이었고 다음에는 제석천 범천들이 차
례로 듣고 있어 밤마다 불기둥이 찬란하였습니다. 또 어떤 때는 북구
로주에 가서 향기 그윽한 과일을 가져다가 공양하시어 온 동산이 그

과일 향기로 가득 찼으며, 또 어떤 때는 온 숲이 물바다가 되어 오직 부처님께서 계신 곳만 땅이 되어 있고 또 어떤 때는 마른 땅 위에 연못이 나타나기도 하여 매우 신기한 일이 한두 가지가 아니었습니다. 그러던 중 카샤파는 국제적 대공양회를 며칠 앞두고 이런 생각을 하였습니다.

"내가 개최하는 이 공양회에는 앙카국과 마갈타국 같은 데서 많은 대신들이 훌륭한 공양구를 가지고 와서 대접할 것인데 그 때에도 저렇게 신통을 부리면 내 신세가 어떻게 될 것인가?"

부처님은 이렇게 고민하는 카샤파의 마음을 미리 아시고 공양일이 가까와 그 곳을 떠나 북방 온다라구로 지방에 나아가 탁발을 하여 아달 연못가에서 잡수시고 하룻동안 휴식한 후 우루베라에 돌아오셨습니다. 공양회를 마친 카샤파는 퍽 다행스럽게 생각하면서도,

"부처님, 어제는 훌륭한 공양회가 있었는데 어찌하여 참석하지 아니하셨습니까? 퍽 서운했습니다."

"카샤파여, 그대는 이렇게 생각하지 않았는가? 저 자가 이 회에 참석하면 내 신세가 망할 것이라고. 그런 자리에 내가 어찌 참석하겠는가, 허기들린 사람이 아니라면 말일세."

카샤파는 매우 당황했습니다. 자기 속마음까지 훤히 알고 있는 대성자를 성자로 대접하지 않고 스스로 제 명예, 지위, 욕심만을 위해서 망서리는 자신이 초라해지기까지 했습니다. 그 때 부처님은 여유를 주지 않고 말했습니다.

"카샤파여, 너는 아직 성자가 아니다. 아니 성자가 되는 길도 확실히 잘 모르고 있다. 교만을 버리고 참회하라."

카샤파는 가슴이 떨렸습니다. 전신에 참회의 눈물이 흘렀습니다.

"성자님이시여, 용서하옵소서. 성자님께 귀의하고 성자님께서 깨달은 진리에 귀의하고 성자님을 따르는 모든 승가님께 귀의합니다."

그래서 카샤파는 부처님의 제자가 되어 그의 5백 명 제자들도 함께 모두 머리를 깎고 출가하게 했으며 그 동안 섬겨오던 화룡의 도구와 기제(祈祭)의 용구들을 모두 강가에 던져 떠내려 보냈습니다. 그 강의 하류에 사는 나디 카샤파가 물 위에 떠내려 오는 그의 형의 제구를 보고 놀라 뛰어왔다가 그도 제자 3백 명과 함께 출가하고 그 밑에 가야에 사는 카샤파도 왔다가 똑같이 제자 2백 명과 함께 출가하였습니다.

■ 상두산에서의 설법

부처님은 이제 왕사성으로 가서 6년 전에 빔비사라왕과 한 약속을 지킬 것을 생각했습니다. 그래서 새로 들어온 세 카샤파의 1천 명 제자들을 거느리고 가야시사(伽耶尸沙)로 갔습니다. 가야시사란 경전에는 상두산(象頭山)이라 번역되어 있는데 아마 서부가야(西部伽耶)를 말한 것 같습니다. 현장법사는 그 곳이 가야성 서남쪽 5·6리 거리에 있다하고 우라나의 주(註)에는 가야에서 그리 멀지 않은 곳에 못과 내가 있어 그 곳은 바로 세상 사람들이 악을 씻는 영장(靈場)이라 하여 늘 그 못에 와 몸을 씻는 사람이 줄을 이었다 합니다. 또 거기에는 산이 있어 그 산에 코끼리 머리와 비슷한 바위가 있어 그것을 상두산이라 하였는데 그 곳에 1천 명의 비구를 수용할 만한 자연적 도량이 있었다 합니다. 뒤에 부처님의 사촌동생 데바닷다가 부처님을 배반하고 독립한 곳도 바로 이 곳입니다. 마침 그 때 그리 멀지 않은 곳에서 큰 불이 나 부처님은 그것을 보고 제자들에게 물었습니다.

"저기 수풀이 타고 있구나. 너희들은 저 불타는 나무를 끌어 안는 것과 아름다운 여인을 끌어 안는 것과 어느 것이 낫다고 생각하느냐?"

"그야 말할 것도 없이 아름다운 여인을 껴안는 것이 낫겠지요. 불타는 나무는 몸이 닿기만 하면 타버려 목숨이 끊어지고 말테니까요."

"아니다. 나무의 불은 한 번만 태워서 죽이지만 여자는 너희가 한 번만 부딪쳐 타고보면 영겁 다생에 그 불이 타는 것을 면할 수 없을 것이다. 비구들아, 모든 것은 불타고 있구나. 눈도 타고 색도 타고 마음도 타고 또 이 눈과 색과 마음이 서로 부딪쳐 생기는 감각도 감정도 모두 다 불타고 있다. 탐욕의 불, 진애의 불, 우치의 불에 의해 타고 있다. 나고 늙고 병들고 죽는 것과, 슬픔, 근심, 아픔, 고민의 불로 불타고 있다. 귀와 소리, 코와 냄새, 혀와 맛, 몸과 촉감, 그리고 그 하나하나의 접촉에 의한 감각과 감정도 모두 불타고 있다. 비구들아, 이것을 보라. 그리고 이것으로부터 벗어나도록 하라. 명이 다하고 청정행이 끝나고 이후 다시 생이 없을 때까지 나는 해탈했다고 하는 지혜가 생길 때까지 이것을 보라. 세상의 복이란 무엇이며 화란 무엇이냐? 이 세상에서 즐거움과 기쁨을 주는 것이 복이고 이 세상에서 욕을 제어하고 욕을 떠나면 그것이 이 세상으로부터 이탈하는 것이다. 나는 이 세상의 복을 찾아 깊이 그 밑바닥을 보았다. 그래서 그것으로 완전한 이탈을 얻었을 때 나에게 밝은 깨달음이 열렸다. 만일 세상에 복이 없다면 사람들이 이 세상에 집착하는 일이 없을 것이고 만일 이 세상에 화가 없다면 사람들은 이 세상을 싫어하는 일이 없을 것이다. 또 이 세상으로부터 벗어나는 방법이 없다면 사람들은 벗어날 수 없을 것이다. 그러나 이 세상에는 복도 있지만 화도 있고 또 그것으로부터 영원히 벗어나는 길도 있으니 이것이 해탈이다."

단을 꾸미고 불을 피워 타오르는 화염 속에 제사를 드리고 거기서 화를 제하고 복을 구하고저 하던 모든 사람들 앞에서 부처님은 이렇게 불이 태울 만한 모든 것을 다 태워버리고 오직 적요한 벌판만 남기듯 인생의 모든 고통과 복과 화를 지혜의 불빛으로 태워버리고 영원히 적요한 열반에 안주할 수 있는 길을 가르쳐 주신 것입니다. 이것이 저 유명한 《연화경(燃火經)》의 목적유(木積喩) 설법입니다.

④ 빔비사라왕을 교화하고 죽림정사를 희사 받다

■ 빔비사라왕의 교화

왕사성은 앞서도 말한 바와 같이 당시 인도 4대 강국의 하나인 마가다국의 수도입니다. 이 도시는 구왕사성과 신왕사성으로 나누는데 구왕사성은 현재도 인도 최고의 석조 건축터가 남아 있습니다. 현장법사는 이 구도시를 상모궁성(上茅宮城), 쿠샤그라프라성(矩奢揭羅補羅城)이라 부르는데 전설에 의하면 이 성은 마하우빈타(摩訶牛賓陀)왕이 세운 것이라 하고, 신왕사성은 그 후 빔비사라왕이 평지에 세웠습니다. 주위는 판다바(盤塗山·白善山), 깃짐구타(祇離渠阿山·靈鷲山), 벱바라(倍阿山·負重山), 이시기리(離師祇離山·仙仁掘山), 풀라(毘富羅山·廣普山)의 다섯 개의 큰 산이 있었는데 모두 부처님께서 즐겨 머무시던 곳이며, 《대지도론(大智度論)》에는 그곳에 각각 죽림정사(竹林精舍), 벱바라산의 칠엽굴(七葉窟), 인다살라구하, 삽파손디마팝바아라, 영축산 영축정사 등 다섯 개의 사원이 있다고 하였습니다. 《지도론》을 지은 용수(龍樹)는 부처님께서 이 세상에 육신이 난 곳과 법신이 난 곳, 두 곳을 드는데 육신이 난 곳은 룸비니가 가까운 사위성이고 법신이 난 곳은 붓다가야 가까운 왕사성이라 하였습니다. 과연 부처님은 이 두 곳에서 인생의 절반 이상을 보냈다 하여도 과언이 아닙니다.

왕사성 교외에 장림(杖林)이라는 숲이 있고 거기에 선주(善住)라 부르는 차티야(Catiya·制底)가 있습니다. 차티야는 천소(天所) 또는 천가(天家)라 부르는 곳으로 하늘의 신을 모시고 제사지내는 사당입니다. 그 부근에서 어떤 바라문이 대나무 지팡이를 가지고 부처님의 키를 재었다 하여 장림이란 이름이 생겼다 하나, 현장법사는 '죽림수조피산미곡(竹林修蓧被山彌谷)'이라 하였으니 바로 그 곳은 대나무 숲이 꽉 우거져 그렇게 부른 것이 아닌가 생각됩니다. 어쨌든 부처님은 그의 제자들과 함께 장림에 들어온 그 이튿날 빔비사라왕의 초청을 받고 왕궁으로 갔습니다. 그 때 제석천왕은 부처님 일행의 위의 당당한 모습을 보고 다음과 같이 노래를 불렀다 합니다.

"조복한 사람이 조복당한 사람들을 이끌고, 해탈한 사람이 해탈된 사람들을 이끌고, 황금빛도 찬란한 세존이 왕사성에 들어갔다. 생사의 바다를 넘어선 사람이 생사의 바다를 넘어선 사람들을 이끌고, 황금빛도 찬란한 세존은 10주(住)[3] 10력(力)[4] 10법(法)[5]을 알고 10력을 갖추고, 1천 명의 비구에 둘러싸여 세존은 왕사성에 들어갔다."

이렇게 해서 들어간 1천 명의 비구는 부처님의 이름으로 빔비사라왕의 공경을 받고 또 빔비사라왕은 두 차례 설법을 통해 진리를 깨닫고 길이 부처님께 귀의하였습니다.

"부처님, 저는 제가 아직 태자로 있을 때 다섯 가지 소망이 있었습니다. 첫째는 왕위에 오르는 것이고, 둘째는 나의 영토에서 부처님께서 사는 것이며, 셋째는 내가 부처님을 섬기는 것이고, 넷째는 부처님께서 나에게 설법해 주시는 것이고, 다섯째는 그것을 듣고 깨달음을 얻는 것입니다. 그런데 나는 오늘 비로소 이 소망을 다 하였으니 죽을 때까지 부처님께 귀의하여 부처님을 받들고 불법을 펴 가겠습니다."

■ 죽림정사의 건립

그로부터 왕은 부처님을 위해 한 정사를 마련코자 좋은 택지를 골랐습니다. 성내에서 그리 멀지도 가깝지도 않으며 왕복하기 좋고 언제나 가기 쉬우며 낮에는 사람들이 잡되게 들어오지 않고 밤에는 너무 적조하지 않아 한가로이 거주하여 고요한 생각에 잠길 수 있는 곳을 골랐습니다. 다행히 칼란타(迦蘭陀) 장자가 가지고 있는 대숲이 그러한 조건에 맞아 그것을 희사받은 뒤 부처님 말씀대로 너무 화려하지 않게 비와 햇빛을 가릴 만한 집을 지었습니다.

'칼란타'란 다람쥐 사육장이란 뜻입니다. 전설에 의하면 옛날 어떤 왕이 성 밖에 놀러 나갔다가 술에 취해 잠이 들었는데 갑자기 큰 구렁이가 술 냄새를 맡고 왕을 해치려 하자 다람쥐가 그것을 보고 왕의 귓전에 와 찍찍 소리를 질러 왕이 깨어 환란을 면한 뒤 임금은 그 다람쥐 덕분에 살았다고 하여 그 공원 이름을 다람쥐공원이라 하고 그 주위에서는 누구도 다람쥐를 잡지 못하게 하여 다람쥐를 잘 보호하였으므로 다람쥐의 원어를 따서 칼란타라 부르게 되었다 합니다.

또 일설에는 그 왕은 빔비사라왕이었고 그 다람쥐가 아니라 칼란타라는 새였는데 왕이 그 덕분에 살아난 것을 기념하여 그 곳을 공원으로 정하고 칼란타 사육장을 만들었다 합니다.

어떻든 이 절은 불교 최초 사원으로 기원정사(祈圜精舍)와 함께 부처님께서 가장 오래 머무르신 곳입니다. 《법현전(法顯傳)》에는 "구 성 북쪽으로 약 3백 보 가량 가 길 서쪽에 칼란타 정사가 있는데 지금은 중승소쇄정사(衆僧掃灑精舍)라 되어 있었다."하고 또 《서역기》에는 '산성 북문에서 약 1리 가량 나가니 칼란타 정사가 있다. 지금은 그 정사의 돌 계단과 벽돌 등이 남아 있고 동쪽 벽에 한 문이 있는데 그 곳이 여래께서 세상에 계실 때 많이 설법 개화하던 곳이라 하였다"라고

기록되어 있습니다. 그러나 지금의 왕사성에는 옛 모습이 하나도 남아
있지 않지만 다른 유적들과 함께 죽림정사의 옛 자리는 잘 보존되어
있습니다.

⑤ 사리풋다와 목갈라나의 득도

그 때 왕사성 부근에는 여러 개의 종교단체가 있었습니다. 앞서 말
한 6사외도를 비롯해서 여러 가지 사교단체들이 진을 치고 있었습니
다.

그 가운데 산자야(Sanjaya·刪闍耶)도 250명의 제자들을 이끌고 있
었습니다. 그에게는 우파팃사(優波帝須)와 콜리타(俱律陀)라는 두 사
람의 수제자가 있었습니다. 우파팃사는 왕사성 동북쪽 나라타촌(那羅
陀村) 부호의 아들이고 콜리타는 그 이웃마을 부호의 아들로 어려서부
터 매우 절친한 사이였습니다. 이 두 사람은 한창 때 부조(父祖)의 산
제(山祭)에 참석하고 오다가 꼭 같은 생각을 하였습니다.

"이 많은 사람들도 언젠가는 죽고 말겠지……"

그래서 둘이는 산자야 밑으로 가서 제자가 되었다는 것입니다. 그러
나 산쟈야가 가르치는 모든 학문은 너무나도 깊이가 없어 좋은 법을
구할 수만 있으면 언제라도 같이 가기로 하고 누구든지 먼저 그 길을
알면 곧 서로 알려주기로 했습니다.

그런데 어느 날 5비구 중 한 사람인 앗사지(阿說示·馬勝)가 왕사
성으로 탁발을 하러 갔는데 이 탁발 광경을 본 우파팃사가 그의 정중
하고 바른 위의에 크게 감화를 받고 그 앞에 나아가 물었습니다.

"당신의 모습은 참말로 고요하고 밝디 밝습니다. 어느 분을 스승으
로 모시고 계십니까?"

"저의 스승은 샤카족 출신이신 큰 스님입니다."

"그럼 당신의 스승은 무엇을 가르치십니까?"

"저는 이 교에 들어온 지 얼마되지 않으므로 자세히는 잘 모르겠으나 간추려 말하면 모든 것은 인연에 의해 생기고 또 인연에 의해 사라진다 하였습니다."

이 말은 비록 간단하기는 하지만 매우 부처님의 정수를 꿰뚫어 말한 것이므로 일반적으로 법신게(法身偈)라 하여 퍽 유명합니다. 이 말을 들은 우파팃사는 크게 놀라고 또 기뻐하며 이것이야말로 제일가는 진리라 믿고 곧 콜리타에게로 뛰어가 250여 명의 대중이 있는 곳에서 이 이야기를 했습니다. 이 이야기를 들은 후 산자야는 매우 딱하게 되어 몇 번이고 말렸지만 그들은 모두 죽림정사로 갔습니다. 부처님은 우파팃사와 콜리타를 보고 "이 두 사람은 나의 상수 제자가 될 사람이다." 하고 모든 제자들의 맨 윗자리에 앉혔습니다. 그리하여 먼저 출가한 사람들은 다소 불평하는 바도 없지 않았지만 우파팃사는 사리풋다(舍利弗)라 하여 지혜제일의 법장군이 되었고, 콜리타는 목갈라나(目健連)로 신통제일의 상수 제자가 되었습니다. 또 사리풋타는 자기에게 맨 처음 길을 인도해 준 스승 앗사지를 지극히 존경하여 그가 있는 곳으로는 누울 때 발을 뻗지 않아 심지어 방향외도(方向外道 : 방위를 믿는 외도)라 부르기까지 하였고 그의 가족은 매우 부처님과 인연이 깊어 4형제 3자매가 모두 출가하는 바람에 '고타마는 부모에게서 자식을, 아내에게서는 남편을 빼앗아 가 집안의 혈통을 끊는 자'라는 비난을 받게 되어 한 때 부처님의 제자들은 탁발까지도 어렵게 되었으나 정법에 대한 너무나도 의연한 부처님의 태도에 그것도 머지않아 가라앉고 세상은 점점 불국정토(佛國淨土)로 변해갔습니다.

⑥ 디카나카의 귀의와 마하카샤파 나라타의 출가

■ 디카나카의 귀의

디카나카(長爪)는 사리풋타의 숙부입니다. 그 분은 일찍이 다른 교회의 승단에 출가하여 상당히 이름이 나 있었습니다. 조카 사리풋타가 불제자가 되었다는 소식을 듣고 대관절 그 분이 어떤 사람인가 알아보기 위해서 부처님을 찾아갔습니다. 부처님은 때로는 죽림정사에도 계시다가 나와서 영축산에 올라가셨는데 그 날은 영축산 탁굴동(豚窟洞)에 머무르고 계셨습니다. 디카나카는 부처님을 만나자마자 회의적인 태도로 다음과 같이 말했습니다.

"나는 일체의 것을 인정하지 않습니다."

그러자 부처님은

"당신은 그 인정하지 않는다는 견해를 인정하고 있지 않습니까?"

디카나카는 이 의외의 대답에 크게 깨닫고 부처님께 귀의하였습니다. 부처님의 사상은 언제나 중도입니다. 주의 주장에는 일체를 긍정하는 것, 일체를 부정하는 것과 일부를 부정하는 것이 있으나 이중 일체를 긍정하는 견해는 탐욕과 계박과 집착이 가깝고 일체를 부정하는 것 또한 그 견해에 집착하는 까닭에 적이 생기고 장애가 나타납니다. 그러므로 이 두 견해는 모두 버리지 않으면 안 되는 것입니다.

■ 마하카샤파의 출가

또 나중에 부처님께서 돌아가신 뒤 불교단의 제일 영도자가 되었던 마하카샤파(Maha-kasyapa · 大迦葉)와 아시타 선인의 조카 나라타(那羅陀)도 이 무렵에 제자가 되었다고 합니다.

  카샤파는 마가다국 마하시파촌 부유한 바라문의 아들로 태어나 어려서부터 총명하고 말재주가 뛰어났으나, 세상의 욕락에 별 취미가 없어 '어떻게 하면 완전한 해탈자가 될 수 있을까' 생각하고 있었습니다. 그런데 마침 훌륭하신 붓다께서 왕사성에 오셔서 대법륜을 굴리신다는 말을 듣고 '그 분이면 내가 귀의할 만한 어른이겠지' 하고 12년 동안 함께 살아온 부인과 의논한 뒤 모든 재산은 그의 부인에게 부탁하고 홀로 길을 떠났습니다. 그 때 부처님은 자기의 후계자가 올 것을 미리 아시고 왕사성 입구 다자탑(多子塔) 앞에까지 나와 계셨는데 카샤파가 단번에 부처님의 자비하신 심성을 알아보고 서슴지 않고 그의 앞에 나아가,

  "나의 스승이신 세존이시여, 제자 카샤파에게도 감로의 법을 일러 주십시오."

하자, 부처님은 곧 그를 이끌어 자기의 자리를 나누어 앉게 했습니다.

  "오, 너는 진실로 여래의 제자로다. 오늘 나는 그대가 나를 찾아올 것을 알았기 때문에 여기 나와 있었노라. "

  이것이 선가(禪家)에서 이야기하는 3 처전심(處傳心) 중 첫번째 다자탑전 반분좌(多子塔前半分座)입니다. 카샤파는 부처님을 따라 죽림정사에 이르러 계를 받고 4제 12인연의 법을 듣고 8일 만에 도를 깨우쳤다 합니다. 그래서 그의 이름 앞에 마하란 두 글자를 붙여주어 마하카샤파가 되었다는 것입니다. '마하'란 크다는 뜻입니다. 깨달음이 크고 행실이 크고 심성이 위대하기 때문입니다.

  경전에는 그의 처 밧다카필라니(跋陀迦比羅貳·妙賢)도 남편의 권유에 의하여 출가하였다고 되어 있습니다. 밧다카필라니도 처녀 때부터 출가구도를 계획하고 있었으나 부모님들의 권유에 못 이겨 결혼하였다는 것입니다. 그러나 다행히 남편도 그와 같은 생각에 꽉 차 있었으므로 결혼 초야부터 일생을 청정한 몸으로 도를 닦기로 약속했다는 것입

니다. 그래서 12년 동안이나 부부로 생활하였어도 자식들을 낳지 않았다고 합니다. 밧다카필라니는 남편이 출가한 뒤 얼마 안 있다가 모든 가산을 어려운 사람들에게 나누어 주고 바라문에 출가하였다가 남편을 따라 불교 공부를 하여 숙명통을 얻으니 비구니 가운데서는 숙명제일의 비구니가 되었습니다.

그 후 마하카샤파는 부처님의 10대제자 중 두타제일(頭陀第一)의 제자가 되고 다문제일(多聞第一)인 아난다 존자와 함께 불심을 전해받은 최초의 조사가 되었으므로 사람들은 그를 전불심등(傳佛心燈) 카샤파 존자라 불렀습니다. 카샤파는 불멸 후 20년 동안 부처님의 교훈을 받들어 전교단을 영도해 가다가 마지막 사후의 일을 아난다에게 부탁하고 계족산(鷄足山)에 들어가 단정히 앉아 입적하였습니다.

■ 나라타의 출가

또 부처님께서 처음 탄생했을 때 부처님의 위대한 상호를 점친 아시타 선인의 조카 나라타는 그의 숙부의 말씀대로 부처님의 제자가 되었습니다. 전설에 의하면 그는 숙부의 가르침을 받고 부처님의 제자가 될 것을 마음속으로 깊이 생각하고 있었으나 부처님께서 확실히 부처님이 되었는지 몰라 출가를 못하고 있을 때 하루는 갠지스강에 나가니 아름다운 두 처녀가 은구슬을 담은 금바리와 금구슬을 담은 은바리를 각각 들고 서서 노래를 불렀습니다.

"무엇에 자재하기에 염착에 물든다 하는가?
어떤 것을 청정이라 하고 어리석다 하는가?
어리석은 사람은 어찌하여 미하고 어떤 것을 지혜있는 사람이라 하는가?

어째서 모이면 떠나 인연을 다했다 하는가? ”

나라타가 그 노래를 부르는 이유를 물으니, 한 용왕이 옆에 있다가 이들은 자기 딸인데 이 글의 뜻을 아는 자에게 두 딸과 금은 바리를 다 주겠다고 하였습니다. 그러나 아무도 이 수수께끼를 푸는 사람이 없었습니다. 그래서 나라타는 어느 행자의 말을 듣고 부처님을 만나 물으니 부처님께서 대답했습니다.

“제 6식이 자재로운 까닭에 심왕(心王)이 물든 것을 물들었다 하고, 물들 것이 없는데 물이 들므로 이것을 어리석다 한다. 큰 물에 빠진 까닭에 방편을 다했다 하고, 일체의 방편이 다하게 되는 까닭에 이것을 지혜로운 이라 한다. ”

나라타가 이 해답을 가지고 용왕에게 가니 “이는 오직 부처님만이 답할 수 있는 일인데 어떻게 당신이 알 수 있는가? ”라고 물었습니다. 나라타가 솔직히 대답하니 용왕은 약속대로 두 딸과 금은 바리를 다 내어 주었습니다. 그러나 그는 이 세상에서 오직 한 분밖에 계시지 않는 부처님께 대하여 깊은 믿음을 일으키고 또 숙부의 뜻을 따라 출가하였다고 합니다.

나라타는 그 후 부처님께서 멸하신 뒤까지 살아남아 파탈리풋트라성 (華氏城)의 문다왕이 사랑하는 비를 잃고 슬픔에 잠겨 있을 때 그에게 부처님의 진리를 전하여 깨달음을 얻게 하였습니다.

---

1) 정당하지 못한 수단으로 생활을 유지해 가는 사람.

2) 비구는 범어 Bhiksu로서 얻어 먹는 스승(乞士). 마군을 두렵게 하는 자(怖魔), 악을 파하는 자(破惡), 기근을 없애 주는 자(除勤), 부지런히 계행을 닦는 자(勤事男)라 번역합니다. 집을 버리고 출가하여 율행을 닦아 악을

없애고 마군을 항복받으며 밖으로는 밥을 빌어 색신을 보양하고 안으로는 법을 빌어 부처님의 혜명을 이으므로 그렇게 번역한 것입니다. 그러나 일반적으로 비구하면 출가 수행자의 대명사로 쓰입니다.

3) 보살이 수행하는 52 계위 중 제 11 위에서 20 위까지 10 신위를 지나서 마음이 진제(眞諦)의 이치에 안주하는 열 가지 주위. ① 발심주(發心住) ② 치지주(治地住) ③ 수행주(修行住) ④ 생귀주(生貴住) ⑤ 구족방편주(具足方便住) ⑥ 정심주(正心住) ⑦ 불퇴주(不退住) ⑧ 동진주(童眞住) ⑨ 법왕자주(法王子住) ⑩ 관정주(灌頂住)

4) 부처님만이 가지는 열 가지 마음의 힘. ① 처비처지력(處非處智力) ② 업이숙지력(業異熟智力) ③ 정려해탈등지등지지력(靜慮解脫等持等至智力) ④ 근상하지력(根上下智力) ⑤ 종종승해지력(種種勝解智力) ⑥ 종종계지력(種種界智力) ⑦ 변취행지력(遍趣行智力) ⑧ 숙주수념지력(宿住隨念智力) ⑨ 사생지력(死生智力) ⑩ 누진지력(漏盡智力)

5) 10 법은 52 위 계위중 10 신 10 주 위에서 묘각에 이르는 한 계위의 이름. ① 환희행법(歡喜行法) ② 요익행법(饒益行法) ③ 무진한행법(無眞限行法) ④ 무진행법(無盡行法) ⑤ 이치난행법(離治亂行法) ⑥ 선현행법(善現行法) ⑦ 무착행법(無着行法) ⑧ 존중행법(尊重行法) ⑨ 선법행법(善法行法) ⑩ 진실행법(眞實行法)

⑥ 부처님의 전법과 교훈 (2)

① 부자재회 (父子再會)

■ 희비쌍곡의 재회

회고하면 부처님께서 야반에 칸다카를 타고 찬타카와 함께 카필라성을 나온 지도 어언 12년, 옛 추억이 되고 말았습니다. 그 뒤 한결같이 큰 원의 성취를 위해 한마음으로 정진을 계속하여 때로는 숲에 들고 때로는 산을 넘고 물을 건너 갖은 고초를 다 겪은 후 보리수 밑에서 최고의 정각을 성취하였습니다.

그리고 이어서 5비구를 비롯하여 야사, 세 가섭을 구제한 후 마가다국과 코살라국의 전 군신을 교화하니 부처님의 사명은 이 때에 거의 태반을 완성하여 부처님의 깊은 원이 원만히 이루어져 가고 있었습니다.

그러나 카필라국에 남아있는 늙은 왕과 야소다라비는 세월을 어떻게 보내고 있었던가. 봄가을, 바람부는 새벽, 달뜨는 저녁이면 아들, 남편을 생각하고 잠못 이루는 밤이 그 얼마나 되었던가, 벌써 12년이란 세월이 흘러도 근래에는 생사조차 알 수 없던 태자가 홀연히 부처님이 되어 천지사방에 법을 전하고 있다는 소식을 듣고 놀라고 기뻐하지 않을 수 없었습니다. 더욱 옛 일을 생각하면 저절로 가슴이 뛰고 숨이 차서 어찌 할 바를 몰랐습니다. 부왕은 이미 늙어 남은 목숨이 바람끝에 이슬과 같았고 야소다라비는 남기고 간 라훌라만을 안고 쓰다남긴 유물만을 바라보며 허무한 세월을 눈물로서 탄식할 뿐이었습니다.

그래서 왕은 군신 가운데 말 잘타는 기마병 아홉 사람을 골라 왕사성으로 보냈습니다. 그러나 하루빨리 고국에 돌아와 나라일을 보아 달라는 애절한 소망과 부탁을 가지고 간 9인의 사자는 죽림정사에 이르자마자 부처님의 설법을 듣고 심취하여 그만 가지고 간 사명도 까마득히 잊어버리고 스님이 되어 있었기 때문에 정반왕은 이제 부처님 재세시에 부처님과 절친한 친구였던 우다이를 보내면서 등 뒤에 '귀래(歸來)'란 두 글자를 써서 보냈습니다. 그도 또 돌아오지 않을까 걱정했기 때문입니다.

우다이가 죽림정사에 이르러 부처님을 뵙고 서신을 전하니 부왕의 편지는 구곡간장이 찢어지는 것 같았습니다. 부처님은 조용히 편지를 접고 명에 의하여 고국을 방문하겠다고 말씀하셨습니다. 그 말이 떨어지자마자 환희에 찬 우다이는 그 길로 말을 몰아 부왕께 아뢰었습니다. 부왕은 우다이의 보고를 듣고 크게 기뻐하며 7보의 거마를 갖추고 온갖 장엄을 다하여 부처님을 맞을 준비를 다했습니다. 카필라국민들도 싯달타가 다년간 고생끝에 대도를 이루어 수천 제자를 거느리고 온다는 소식을 듣고 기쁨을 감추지 못하고 길을 닦고 꽃을 뿌리고 아름다운 여인들을 길가에 도열시켜 금의환향의 일행들을 환영하고 원근의 읍민들도 모두 모여 그 화려한 귀국 모습을 보려고 나온 사람이 수천 수만에 달했습니다.

그런데 이 어찌된 일입니까? 몸에는 검소한 옷을 입고 오른손에는 법장을, 왼손에는 발우를 들고 맨발로 걸어오는 한 사문, 이것이 웬일입니까? 아무리 눈을 씻고 보아도 그는 틀림없는 왕년의 싯달타가 아니라 일개 걸사임이 분명했다. 성중에 가득한 시민들은 의외의 사문을 보고 낙심하고 놀랐습니다. 특히 부왕은 이 세상의 종사(宗師)로서 추앙받고 있는 그의 아들이 한 낱 일개 걸사에 지나지 않는 것을 보고 분개한 나머지 만면에 노한 빛을 띠고 금방이라도 그의 앞에 뛰어나가 호통을 치고 싶은 생각이 간절했습니다. 그러나 부처님의 원만장엄한 위용은 마치 해와 달의 빛과 같아 그 누구도 범할 수 없는 위엄이 뻗어 내렸습니다. 왕은 그 위대한 법력에 위압되어 자기도 모르는 사이에 차에서 내려 손을 잡았습니다.

"아, 네가 싯달타냐! 내 너를 보지 못한 지 12년, 이 무슨 천행이냐."

아, 이 무슨 광경인가. 찬란한 만개(幔蓋)와 영락, 잘 차려 입은 대신들과 귀빈, 꽃향기 버드나무 가지와 같이 붉고 푸른 연지향분속에 금관을 쓴 흰 수염의 제왕이 맨발인 채 발우를 손에 들고 한 가닥 베옷을 걸쳐입은 삼계무비(三界無比)의 부처님과 서로 손을 잡고 눈물을 흘리고 있는 광경, 그러나 부처님의 눈에는 차라리 이 거추장스러운 성장(盛裝)이 사막과도 같이 보였을지 모릅니다.

이렇게 해서 부왕과 부처님은 서로 대하고 앉았습니다. 부왕의 가슴에는 천언만어(千言萬語), 일희일비(一喜一悲)가 구름처럼 떠올랐습니다. '네가 만일 나에게 돌아와 준다면 내 말년은 얼마나 행복해지겠느냐, 그러나 너는 도를 깨친 도인, 나와 같은 왕은 한낱 티끌에 지나지 않게 볼 것이 아닌가.' 부왕은 이와 같은 여러 가지 생각에 얽히어 부처님의 얼굴을 바라보니 단엄하고도 장려하여 자비와 지혜의 광명에 빛나 세속의 명예나 번뇌의 그림자는 털끝만큼도 찾아 볼 수 없었습니다. 부왕은 속으로만 이렇게 헤아릴 뿐 차마 말을 못하자 부처님은 부왕의 흉중을 살피고,

"저는 진실로 부왕의 마음을 위로해 드려야 함을 압니다. 자비로운 은정은 감당키 어렵습니다. 그러나 원컨대 저를 위한 생각은 하지 마

옵소서. 제 마음은 이미 세상의 영화를 떠난 지 오래되어 돌아오려 하여도 돌아올 수 없습니다. 원컨대 이 애절한 사랑을 만백성에게 돌려주십시요."

그리고 부처님은 그가 깨달은 여러 가지 도리를 낱낱이 사뢰니 부왕은 눈물을 흘리며 감개하였습니다.

"장하다. 내 아들아. 나는 이제야 출리(出離)의 도를 얻었다. 지금까지 내 마음을 괴롭게 했던 것은 씻은 듯이 없어졌다. 싯달타여, 네가 만일 없었다면 나는 영겁에 이 고뇌를 벗지 못했을 것이다."

■ 왕통(王統)과 법통(法統)

그날 부처님은 부왕을 하직하고 시외의 숲 사이에서 하룻밤을 지냈습니다. 이튿날 아침 법장을 끌고 발우를 손에 들고 거리에 나가 걸식을 하니 카필라 시민들은 매우 놀라고 슬퍼하였습니다. 이 소식이 궁중에 들어가자 왕은 크게 당황하여 몸소 달려나와 부처님에게 말했습니다.

"부처님께서는 어찌하여 우리를 부끄럽게 하십니까? 당신의 집에서는 이만한 사람들을 공양할 만한 힘이 없다고 생각하십니까?"

"아닙니다. 나는 다만 내 조상의 법을 지키고 있을 뿐입니다."

"무엇이라고, 당신의 조상은 마하삼마타왕 이래로 아무도 걸식을 한 사람이 없습니다."

"왕이시여, 그것은 당신의 왕통(王統)입니다 제 가계는 부처님의 법통(法統)입니다. 부처님의 법은 탁발로써 몸을 유지합니다."

그리하여 부처님은 부처님의 법이 방일을 떠나고 악을 피하여 마음을 바르게 하고 이 세상에서나 저 세상에서나 한결같이 안락한 것이 불자라고 말했습니다. 정반왕의 마음은 더욱 활짝 열렸습니다. 어제만

해도 왕가로서의 체통과 특히 샤카족 종성의 인종적 우월감 때문에 이처럼 무아의 경지에 들지는 못했던 것입니다. 왕은 비로소 부처님의 마음을 알고 부처님의 발우를 들고 비구들과 함께 궁중으로 모셔 그날 식사를 대접했습니다.

■ 야소다라비의 개안(開眼)

그러나 모든 사람들이 다 나와 인사를 하고 시중을 드는데 오직 야소다라비만은 나타나지 않았습니다. 부처님께서 야소다라의 거처를 물으니 한 궁녀가 말했습니다.

"비는 거실에 혼자 비탄에 싸여 있습니다. 태자의 돌아오심을 고해도 '만일 내가 필요하시다면 태자가 스스로 오실 것이다' 말씀하실 뿐입니다."

식사가 끝난 뒤 부처님은 사리풋다와 목갈라나를 데리고 비의 거실로 찾아 갔습니다. 비는 부처님께서 들어오심을 보고 참다 못해 만감의 비애가 한꺼번에 쏟아지는 것 같아 평상에서 급히 내려와 그의 발 아래 엎드려 큰 소리로 울었습니다. 실로 야소다라비의 애정(哀情)은 살피고 남음이 있었습니다. 몇 해 동안 비가 아침 저녁으로 비탄한 것은 부처님의 고행과도 비길 수가 없었습니다. 부처님께서 삭발했다는 말을 듣고 비는 한 자가 넘는 머리를 싹둑 잘라버렸고 연지분홍을 쓰지 않았으며 부처님께서 도복을 입고 맨발로 걷는다는 말을 듣고는 비도 또한 베옷을 입고 일체의 장식품을 대지 않았으며, 또 붓다가 발우를 들고 걸식한다는 말을 듣고는 비 역시 일체 좋은 음식을 폐하고 거치른 채소 음식을 먹었습니다. 비가 젊은 나이에 홀로 거처하는 것을 보고 불쌍히 여겨 재혼을 권하는 사람도 있었지만 그는 엄연히 싯달타의 비임을 자부하고 끝까지 12년 세월을 눈물로 밤낮을 지냈습니다.

그런데 지금 부처님의 칭호와 정각의 소유자로서 돌아온 태자와 서로 만나니 마음 실마리는 천 갈래 만 갈래 흐트러진 실과 같고 한없는 근심과 또 한없는 비탄이 부처님을 향해 쏟아졌으니 이 또한 무리는 아닙니다. 염정(染淨)이 둘이 아니고 은원(恩怨)에 걸림없는 부처님은 조용히 비의 등을 어루만지며 3세인과의 이치를 설해 그 마음을 위로 하였습니다.

"당신이 그렇게 약속하지 않았습니까? 옛날 옛적 내가 연등부처님께 꽃공양을 하기 위해 당신을 찾아 갔을 때 당신이 꽃을 주며 내세에 나와 부부의 연을 맺되 살아서 이별하는 한이 있더라도 원망하지 않겠다고 말입니다."

이 이야기는 본연설화(本緣說話) 가운데 있는 말입니다. 옛날 연등부처님이란 분이 계셨는데 항원왕의 초대를 받고 연화성에 오게 되었습니다. 항원왕은 모든 사람에게 사사로이 꽃을 판매하지 못하게 하고 국내에 있는 모든 꽃을 사서 연등 부처님께 공양하였습니다. 그 때 운동자가 기필코 자기도 그 부처님께 꽃을 사 바치겠다 맹세하고 사방으로 다니다가 마침 현(賢)이라 부르는 한 처녀가 병속에 일곱 송이의 우발라꽃을 가지고 있는 것을 보고 팔기를 요청하니 '내세에 나와 인연을 맺겠다 약속하면 팔겠다' 하였습니다. 그러나 운동자는 세세생생에 부처되기만을 원해온 처지였으므로 '약속은 어렵지 않으나 나는 미래세에 출가하여 부처가 될 것인데 그러면 살아서 영이별을 하게 됩니다. 그래도 좋다면 약속하겠습니다.'하자 그 여인은 '좋다'하고 다섯 송이의 꽃은 운동자를 위해서, 그리고 두 송이의 꽃은 자기를 위해서 바쳐달라 하였습니다. 그래서 운동자는 그 때 그 꽃을 가지고 연등부처님께 공양하고 내세에 '석가모니 부처님'이 될 것을 수기(授記 : 예언) 받고 현세에 그 약속에 의하여 야소다라와 결혼하고 또 출가하여 부처가 되었다는 것입니다.

그러니 이 이야기를 듣고난 야소다라비는 만감의 심중에 겹겹이 쌓인 안개가 하나하나 벗어져 나가듯 다생겁래의 업력이 소멸되고 새벽 하늘에 먼동이 떠오르듯 진리의 눈이 차츰 뜨이기 시작하였습니다.

② 난다와 라홀라의 출가

■ 난다의 출가

다음날은 부처님의 이모 아들이고 부처님의 이복 동생인 난다의 약혼식 날이었습니다. 학자들은 여인이 이미 난다와 동거 생활을 하고 있는 것으로 보아 약혼식 날이 아니고 어쩌면 결혼을 기념하는 날이 아닌가 생각하는 사람들도 있습니다. 어떻든 그것은 확실히 알 수 없는 일이고 난다라는 동생이 그저 미모의 여인에게 크게 마음을 빼앗기고 있는 사실만은 틀림없는 일로 생각됩니다.

그런데 부처님은 그 날따라 성중으로 들어갔다가 마중나온 난다에게 발우를 주고 그냥 궁전을 나와 성문을 거쳐 그가 임시 거처하던 니그로다 나무 숲으로 돌아 왔습니다. 인도의 풍습은 어떤 사람이든 유행자에게 발우를 받으면 그가 명령을 내릴 때까지는 마음대로 할 수 없게 되어 있습니다. 그래서 난다는 할 수 없이 발우를 손에 들고 부처님의 뒤를 따라 성문을 나와 부처님이 계신 곳으로 갔습니다. 그런데 부처님은 곧 그의 머리를 깎게 하고 승가리(僧伽梨·袈裟)를 입혀 중을 만들어 버렸습니다. 그러나 난다는 그가 스스로 원해서 출가한 것이 아니었기 때문에 매우 불만스러운 심경이었으나 그렇다고 과감하게 환속할 수도 없고 하여 난다는 세속의 욕심을 좇아 번민의 나날을 보내고 있었습니다.

경전에는 난다가 그 여자를 잊지 못하여 마음이 들떠 있자 부처님은

밖에 나갈 때마다 도량을 청소하게 하고 물을 깃도록 하였으며 정사
(精舍 : 절)의 문을 단속하도록 하기도 하였는데 난다가 맡은 바 임무
를 빨리 수행하고 그 여인을 만나러 가려고 서둘러 일을 하였으나 동
쪽뜰을 청소하면 서쪽에서 바람이 불어와 다시 어지러워지고 남쪽뜰을
청소하면 북쪽에서 바람이 불어와 종일토록 해도 끝이 나지 아니했다
합니다. 또 물을 길을 때도 이 통에 물을 채우면 저 통에 물이 비고
저 통에 물을 채우면 이 통에 물이 비어 끝을 마칠 수 없었으며 또 부
처님의 정사를 살피면 사리풋다의 방문이 열리고 사리풋다의 방문을
닫으면 목갈라나의 방문이 열리어 일이 끝이 없으므로 하루는 그만 모
든 일을 팽개치고 집으로 도망가다가 부처님을 만났습니다. 부처님을
만나는 것도 먼저 멀리서 보고 이 길로 가면 그 길에 부처님이 나타나
고 저 길로 가면 저 길에 부처님이 나타나 종일토록 길을 방황하다가
마침내 진짜 부처님을 만나 사실을 토로하니 부처님은 어느 산골짜기
로 그를 데리고 가 천상의 환락을 받는 수천의 여인들과 화탕지옥의
죄인들을 낱낱이 보이고, 환락의 여인들은 모두 장차 난다와 결혼할
여인들인데 마음을 잘못 먹음으로써 곧 화탕지옥에 떨어져 고통을 받
게된다고 하니 겁이 나서 마음을 개심하고 비로소 출가의 참된 목적을
이룩할 수 있었다고 합니다.

■ 라홀라의 출가

부처님은 카필라성에 돌아온 지 제 7 일이 되던 날 많은 비구들에게
애워싸여 카필라성으로 들어갔습니다. 야소다라는 그의 열두 살난 라
홀라를 데리고 높은 루에 올라 이 광경을 보고 있다가 말하였습니다.
"저기 저 분, 뭇별들 가운데 달처럼 빛나는 분, 저 분이 바로 네 아
버지다. 가서 유산을 상속받도록 하여라."

그래서 왕자는 그의 어머니의 말씀을 듣고 기뻐하며 급히 계단을 내려와 거리로 나와 비구들을 헤치고 부처님 앞에 다가가서 그의 소매를 잡고 유산을 상속시켜 달라 했습니다. 부처님은 이 말을 듣고

"이 아이는 아버지에게 세상의 재물을 요구하고 있으나 그 재물은 정처없고 고뇌를 일으키는 것이니 내가 보리도량에서 깨달은 최고의 법재를 상속시켜 주리라."

하고 사리풋다에게 부탁하여 사미(沙彌)를 만들었습니다.

'사미'란 사라마니라(saramanara)의 인도말을 한문으로 음역한 것인데 번뇌를 쉬고 자비를 기르는 자(息慈), 악을 그친 자(息惡), 자비를 행하는 자(行慈), 부지런히 계율을 닦는 자(勤策男)의 뜻으로 장차 사문(沙門)의 후보자입니다. 출가는 했지만 아직 비구가 될 만한 역량이 없으므로 예비사문으로 측정한 것인데 불교교단에서 이렇게 나이 어린 사미가 출가하기는 라훌라가 처음입니다.

■ 출가동의계(出家同意戒)

정반왕은 부처님께서 돌아온 후 아침에는 아들 난다를 빼앗기고 또 저녁에는 손자 라훌라를 빼앗기자 비통하기 짝이 없었습니다. 특히 그 어린 손자를 잃은 슬픔은 간장이 찢어지는 것 같아 견딜 수 없었습니다. 그리하여 왕은 부처님을 만나 앞으로는 부모의 허락없이는 자식들을 출가시키지 못하도록 금지해 주기를 간청하여 그로부터 출가자는 반드시 부모의 허락을 받도록 되었습니다.

사실 출가만이 불법수행의 필수조건은 아닙니다. 《유마경》의 말씀과 같이 속인이라도 사문의 청정한 율의를 받들어 가지고, 집에 있다 할지라도 3계에 집착하지 않으며, 처자와 함께 살더라도 항상 범행을 닦고, 권속이 있어도 멀리 떠나 있고, 보석으로 꾸민 옷을 입더라도

상호로써 몸을 단장하고, 또 음식을 취해도 선열(禪悅)로써 맛을 삼
고, 놀이하고 유희하는 데 끼어도 사람을 제도하고, 여러 가지 다른
도(道)와 함께 하여도 바른 믿음을 잃지 않고, 세속의 여러 학문을 익
혀도 불법으로 즐길 수만 있다면 구태어 출가할 필요가 없는 것입니
다. 그러나 욕망이란 악마의 함정과 같아서 한번 빠지면 헤어나기 어
려우므로 일체의 모든 것을 버리고, 세속의 모든 습관을 버리고 출세
간에 들면 욕망의 지배를 항거하기 쉽기 때문입니다. 그러므로 버리는
것은 얻기 위한 것이고 이탈하는 것은 포섭을 위한 것이지 결코 도피
가 아니고 은둔이 아닙니다. 만일 도피하고 은둔함을 일삼아 출가한다
면 이는 진실로 불법을 욕되게 하는 것입니다.

■ 사미계(沙彌戒)의 발생

아버지 부처님의 정신적 유산을 받기 위해 출가한 라훌라는 나이가
너무 어렸기 때문에 수행상 여러 가지 고통을 겪게 되었습니다. 나이
가 어려 하루에 한 끼만 먹고는 도저히 견딜 수가 없었고 또 집 없이
산림을 은거지로 하는 출가 스님들 사이에 끼어 때로는 부처님께서 사
용하는 화장실 안에서 밤을 새기도 하고 때로는 남의 방에 들어가 자
기도 하여 이로부터 일일이식계(一日二食戒)[1]와 사미와 함께 자지 말
라는 신사미동행계(愼沙彌同行戒)[2]가 생기게 되었다는 것입니다.

또 라훌라는 종종 장난삼아 거짓말을 잘 했는데 그 때문에 부처님을
만나러 왔다가 골탕을 먹는 사람들이 적지 않아 이로부터 거짓말을 하
지 말라는 망어계(妄語戒)가 생기게 되었다 합니다.

■ 자식을 교도한 위대한 아버지

한번은 부처님께서 죽림정사에 계셨는데 라훌라는 그 부근 온천 가까운 곳에 있었습니다. 어떤 사람이 부처님을 방문코자 부처님의 계신 곳을 물으니 엉뚱한 곳으로 가르쳐 주어 매우 피곤하게 하였습니다.

부처님께서 뒤에 이 사실을 알고 라훌라가 있는 온천장으로 갔습니다. 라훌라는 멀리서 부처님께서 오시는 것을 보고 쫓아나가 옷과 발우를 받고 물을 떠서 부처님의 발을 씻겨 드렸습니다. 부처님은 발을 씻고 자리에 단정히 앉아 라훌라에게 물었습니다.

"너 그 발 씻은 물을 마실 수 있겠느냐?"

"마실 수 없습니다. 이 물은 원래 깨끗한 물이었으나 발을 씻어 더러워졌으므로 마실 수 없습니다."

"라훌라야, 너도 꼭 그와 같다. 내 아들로 왕손으로 태어나 속세의 영화를 버리고 사문이 되었다고 하지만 정진해서 몸을 닦고 입을 지킬 생각을 않는구나. 그와 같이 3독의 더러움이 네 가슴에 충만한 것이 마치 이 물과 같아서 다시 쓸 수 없다."

부처님은 라훌라에게 다시 그 물을 버리게 했습니다. 그리고 물었습니다.

"너 이 그릇에 음식을 담을 수 있겠느냐?"

"담을 수 없습니다. 그릇이 벌써 부정한 물 때문에 더러워졌기 때문입니다."

"너도 또한 그와 같다. 사문이 되었다고 하지만 입에 진실함이 없고 마음에 경건함이 없으면 마치 그릇이 부정한 물로 더럽혀진 것 같다."

그리고 부처님은 발가락으로 대야를 밀었습니다. 그랬더니 대야가 땅으로 떨어져 굴러가다가 마침내 그냥 멎고 말았습니다. 부처님은 그 광경을 보고 있다가 다시 물었습니다.

"라훌라야, 너 그릇이 굴러가는 것을 보고 깨지지 않을까 걱정하지 않았느냐?"

"발을 씻는 그릇은 매우 값이 쌉니다. 마음속에 아까운 생각은 있었어도 깨지는 것을 그렇게 두려워 하지 않았습니다."

"너도 또한 그렇다. 설사 사문이 되었다 할지라도 몸 가짐을 닦지 않고 쓸데없이 거짓말을 잘 하고 세상 사람들을 괴롭히는 일이 많다면 사람들이 그를 좋아하지 않는다. 지혜있는 사람도 이것을 아끼지 않는다. 마치 그릇이 굴러가다가 그대로 깨지고 마는 것 같다. 미혹의 세계를 굴러가는 고뇌야말로 한이 없고 끝이 없는 것이다."

라훌라는 이 말씀을 듣고 깊이 느끼는 바가 있어 스스로 힘써 도를 잊지 않고 몸가짐을 엄격히 하고 또 잘 참는 마음을 가져 공부했기 때문에 후세에 부처님의 제자중 학족제일(學足第一) 아라한(阿羅漢・無學聖者)이 되었습니다.

③ 여러 샤카족들의 출가

■ 여러 샤카족들의 출가

부처님은 오래만에 고향에 돌아와 아버지 정반왕을 중심으로 많은 사람들을 교화한 뒤 10일 동안 성밖 숲속에 머물러 있다가 다시 왕사성으로 돌아가려고 말라(末羅)족이 사는 아누피야 근처로 갔습니다. 그런데 그 때 샤카족 중의 젊은 왕자들이 이 곳까지와 부처님의 제자가 되었습니다. 그 중에는 마하나마(摩訶那摩)와 아니룻다(阿那律) 형제를 중심으로 여러 샤카족 청년들이 있었는데 먼저 마하나마가 동생 아누룻다를 보고 "우리 종족에서 부처님이 출생하여 4해의 법왕(法王)이 되어 많은 사람들이 그를 따라 출가하는데 우리들도 출가하는 것이 어떠냐?"하고 물으니 아니릇다는 그 말에 느끼는 바가 있어 어머니께 여쭈었습니다. 어머니는 좀처럼 승락을 하시지 않으면서 "만약 밧디야칼리고다풋다(跋提王)가 출가한다면 허락하여 주겠다."하였습니다. 아니릇다는 당장 밧디야에게 가서 출가할 것을 애원하고 또 더 나아가 아난다(阿難 : 이들보다 훨씬 뒤에 출가함), 바구(跋提), 킴빌라(金毘羅), 데바닷다(提婆達多)의 출가를 권하고 또 이발사 우팔리(優波離)를 데리고 부처님 뒤를 쫓아 갔습니다. 국경을 넘어서자 그들은 몸에 달았던 금은 보석을 다 떼어 버리고 이것을 우팔리에게 주어 귀국케 했습니다. 그러나 이발사 우팔리는 "만약 내가 금은 보석을 혼자 가지고 나라에 돌아가면 이는 공자님들을 죽인 강도로 오인받아 혹 죽음을 당할지도 모르니 공자님들께서 허락만 하신다면 저도 따라 출가하고 싶습니다." 하여 모두 함께 부처님께 나아가 출가하였다는 것입니다.

■ 일미평등의 불법

그런데 어떤 경전에는 그 때 우팔리를 먼저 가라고 하여 우팔리는 부처님에게 바로 가 출가하고, 여섯 왕자는 그 보석을 팔아 일주일 동안 환락하고 놀다가 출가하였는데 여섯 왕자가 부처님에게 가니 벌써 우팔리가 출가하여 윗자리에 앉아 있었습니다. 부처님께서는 그에게 절을 하도록 명령하자, 왕자들은 옛날 하인에게 어떻게 절을 할 수 있느냐 하며, "저런 천인이 어떻게 우리의 상좌에 앉을 수 있습니까?"라고 물었습니다. 그러나 부처님께서는 너무나도 태연히 "4성(姓)이 출가하면 꼭같이 한가지 석씨(釋氏)가 된다." 하였습니다.

이렇게 해서 그들은 결국 이발사 우팔리 발 아래 절하고 붓다의 제자가 되었습니다. 부처님이 위대하다고 하는 것은 생사의 긴긴밤을 영원히 벗어나 열반 피안에 이르른 데도 있지만 수천년 동안 인도인이 간직해 온 종성사상(種姓思想)을 일시에 타파하고 인간평등의 절대적 휴머니즘을 선언한 데 더욱 의의가 깊다고 하겠습니다. 부처님께서 동방원림(東方園林) 녹모강당(鹿母講堂)에서 계실때 바아셋타와 브하라다이라 하는 두 바라문들이 견고한 신념을 가지고 출가해 있었습니다. 그들은 성실히 부처님의 법을 따라 수행하고 있었으나 많은 바라문들이 실없는 놈들이라고 욕을 했습니다.

"우리 바라문족 출신이 제일이고 다른 족은 야비하고 비천하다. 우리 종성은 청백하고 다른 종성은 검고 어둡다. 우리 바라문종성은 범천의 입으로 탄생하였기 때문에 이 세상에서 청정한 지혜를 얻었다. 그런데 너희들은 무엇 때문에 이처럼 청정한 종성을 버리고 고오타마의 이교도 속에 들어가느냐?"

이렇게 비난했습니다. 세존은 이 이야기를 듣고 말했습니다.

"지금 내 더할 나위 없이 바르고 진정한 도에는 종성을 문제삼지 않고 교만한 마음을 가지지 않는다. 왜냐하면 그러한 차별심을 가지면 내 법 가운데서는 증오를 얻지 못하게 되기 때문이다. 왕족 중에도 살생하고 도둑질하고 간음하고 거짓말하는 자가 있고 두 혀(兩舌)를 가진 자(한 입으로 두 말을 하는 자), 말 버릇이 나쁜 자, 쓸데없는 말을 많이 하는 자가 있으며, 또 인색하고 질투하고 삿된 견해를 가진 자가 있다. 마치 세상의 모든 강이 큰 바다에 모여들고 하늘에서 내리는 빗줄기가 큰 바다에 몰려들지만 그것 때문에 바다는 더 늘고 주는 일이 없듯, 모든 사람이 불법을 체득하여 니르바나(涅槃)에 들어간다 할지라도 그것 때문에 니르바나가 줄거나 불지 않는다. 마치 큰 바다가 한 맛밖에 없듯 부처님의 가르침엔 오직 해탈의 맛밖에 없다."

그러므로 부처님의 법에는 왕족이거나 바라문이거나 또는 상인, 노예이거나 사람에게 근본 차별이 없고 오직 거기에 기준이 있다면 그것은 깨달음의 경지인 니르바나의 한 맛뿐입니다. 대개 사람들은 이것을 일러 오하일미(五河一味)라 하는데 당시 인도에는 갠지스강, 야무나강, 사라부우강, 아티라바티이강, 마히니강 다섯 개가 있었는데 이 다섯 개 강물이 바다에 이르면 모두 한 맛으로 변하기 때문입니다.

그래서 처음 여섯 왕자는 우팔리를 꺼려 하여 약간 불평도 없지 않았지만 부지런히 공부하여 모든 출가인의 모범이 되었습니다.

밧디야(跋提)는 칼리고다라는 부인의 아들인 것을 이름을 통해 알 수 있지만 그러나 부처님과 어떤 관계였는지는 확실히 알 수 없으며 다만 불전에 '귀성제일(貴姓第一) 밧디야'라 한 것을 보면 샤카족 가운데서도 고귀한 신분의 사람이었던 것을 알 수 있습니다.

아니룻다는 천안제일(天眼第一)의 제자가 되었으며 부처님의 사촌동생으로 부처님께서 돌아가실 때도 머리맡에서 끝까지 잘 지켜본 위대한 아라한입니다. 그는 항시 잠이 많아 많은 사람들에게도 핀잔을 받았는데 언젠가 한번은 부처님께 법문을 듣다가 깜박 졸아 꾸짖음을 받고 나서는 줄곧 잠을 자지 않아 눈이 물러져 오랫동안 고생을 하였습니다. 그래도 끝까지 잠을 자지 않고 용맹정진하여 천안통을 얻어 항하의 모래알과 하늘에서 내리는 비를 헤아릴 정도로 뛰어난 눈(慧眼)을 얻었다 합니다.

킴빌라는 샤카족의 명문 출신으로 부처님과의 관계는 분명치 않으나 상당히 가까운 친척이었던 것만은 사실입니다. 아누룻다와 난디야(難提)는 의좋게 지내며 수행을 잘 하여 코오삼비(憍賞彌)국에서 비구들 사이에 쟁론이 있을 때도 이 세 사람만은 숲속에서 수행을 전념하였기 때문에 '고요한 곳에 단정히 앉아 오로지 수도에만 전념했다'는 부처님의 칭찬을 듣기도 하였습니다.

바구는 수행 중 자기가 태만한 것을 부끄럽게 여겨 방을 나가 높은 대상으로 올라 가려다가 넘어져 이를 부러뜨렸는데 이를 계기로 증오를 얻었다 하고, 아난다는 형 데바닷다와는 달리 마음씨가 곱고 사람들에게 친절하여 25년 동안이나 부처님을 가까이서 모셨습니다. 또 머리가 총명하고 기억력이 뛰어나 부처님의 말씀을 모조리 기억하여 뒤에 불전을 결집할 때 제1의 송출자가 되어 법장(法藏)이라 불렀습니다. 인정이 많고 인물이 출중하여 비난을 당한 이야기들이 불전에 많이 나오고 있으며 부처님이 돌아가신 뒤에는 부처님의 유골을 받들고 울면서 사위성을 나와 왕사성으로 돌아오자 제자 밧지 풋타(跋耆子)가 이성없이 매우 울고 다닌다고 크게 꾸짖어 그로부터 더욱 노력하여 증오를 얻었다 합니다. 부처님 입멸 후에는 마하카샤파와 더불어 교단의 중심인물로 활약하였으며 다문제일(多聞第一), 정념제일(正念第一), 행지제일(行持第一), 근시제일(近侍第一)의 칭호를 받았습니다.

데바닷다는 일반적으로 한역경전에서는 아난다의 형이라 하고 팔리경전에서는 야소다라비의 오빠라고 기록하고 있으나 어느 쪽이 사실인지 확실히 알 수 없습니다. 그러나 인물로서는 상당히 큰 인물이었던 것이 사실인 것 같습니다. 그는 긴요한 종교적 묘미를 얻지 못하고 세속적 명예와 일방적 사상에 잘못 빗나가 부처님은 매우 안타깝게 생각했으나 마침내 부처님을 반역하여 온갖 흉계를 꾸미다가 결국은 자멸하고 말았습니다.

끝으로 우팔리는 이발사에서 불제자가 된 뒤에도 늘 새로 출가하는 이들의 삭발사가 되어 부처님이 말하는 계율을 빠짐없이 잘 기억하여 제1결집 때는 지계제일(持戒第一)로 계율의 송출자가 되기도 하였습니다. 행이 맑고 깨끗하여 비록 천인 출신이긴 하지만 불교교단의 법률가로서 제1인자의 대접을 받았습니다.

④ 계율의 제정

■ 성자의 길

그러나 이와 같이 많은 출가중이 생기고 보니 자연히 그들의 생활규범이 생기지 않을 수 없게 되었습니다. 탁발을 할 때는 어떻게 해야 할 것인가, 부녀자들은 어떻게 대할 것인가, 설법은 어떻게 할 것인가 등 여러 가지 문제가 생겨났습니다. 처음에 부처님께서 가르친 생활상의 대원칙인 '모든 악을 짓지 말라. 뭇선을 받들어 행하라. 스스로 그 마음을 깨끗히 하라.'로만 족하던 것이 점차 외부적 구속적 계율로 발전해 갔습니다.

"내 너희들에게 성자의 길을 가르치리라. 비록 행하기, 어렵다 하더라도 잘 참고 견디라.

비구는 때 아닌 때 나아가 행각하지 말아라. 걸식을 하도록 정해진 때에만 나아가 걸식을 하라. 그렇지 아니하면 탐욕이 따르기 때문이다 비구는 적당한 때에 홀로 나무 그늘에 앉아 자신을 반성하며 조심성 있게 먹되 마음을 바깥 경계에 어지럽히지 말아라. 음식은 알맞게 정도를 알고 즐기기 위해 먹는 것이 아니라 도를 위해 먹는 것으로 관하라. 식사의 득실을 잘 알아 욕심을 적게 하여 탐욕하지 말아라. 그리하여야 비구는 욕심 없어 안락할 것이며 굶주림을 떠나 안락할 것이다. 숲속에 있으면서 화염의 불꽃처럼 여러 가지 것을 날카롭게 느끼라.

여인은 침묵을 지키더라도 유혹의 대상이 되기 쉽다. 비구는 마땅히 그 여인에게 유혹되어서는 안 된다.

크고 작은 동물에 대하여 남의 것이라 하여 미워하고 내것이라 하여 애착하지 말아라. 나는 마치 그들과 같고 그들은 마치 나와 같다. 스스로 죽이지 말며 남으로 하여금 죽이게 하지도 말아라.

비구는 만일 말할 일이 있으면 좋은 이치만을 말하라. 남을 비방하는 말은 하지 말아라. 도랑물은 소리를 내고 흐르고 강물은 소리없이 흐른다. 물이 적은 것은 소리를 내고 물이 가득한 것은 그냥 고요하기만 하다. 범부는 반쯤 물이든 병과 같고 지혜있는 사람은 가득한 병과 같다."

또 제자들을 받아들이는 의식도 처음에는 3보(불·법·승)에 대한 귀의를 선언하는 간단한 것이었으나 점차 복잡해 갔다. 많은 출가자들 가운데는 결심이 견고하지 않은 사람들을 미리 방지할 필요가 있었기 때문입니다.

또 새로 들어온 비구들은 각각 일상적으로 가르침을 받고 감독을 받을 수 있는 스승을 정할 것이 규정되었습니다.

그런데 그 후 얼마 있다가 수디나가 음행을 범하고 단니가가 도적질을 하였습니다.

■ 대망어계(大妄語戒)의 유래

언젠가 부처님께서 베살리성 미후 강변에서 법회를 가졌을 때 가란타촌 한 장자가 아들 수디나와 함께 와서 들었습니다. 수디나는 부처님의 설법을 듣고 크게 감명하여 출가할 것을 결심하였으나 독자인 탓으로 부모님의 허락 없이는 되지 않는다 하여 굳이 만류하는 부모님 앞에서 6일 동안 단식을 하여 차라리 생으로 죽이는 것보다는 출가시키는 것이 낫겠다 하여 허락함으로써 스님이 되었습니다. 그런데 그 뒤 얼마 있다가 부모님께서 사밧티를 떠나 베라냐 마을로 가셨습니다. 그 때 부처님께서는 네란자야 강변 만다라바 나무 아래서 쉬고 계실 때 이 소식을 들은 마을 사람들이 몰려와 법문을 들었습니다. 그 가운데 마을장노 베란야 바라문이 법문을 듣고 기쁨을 이기지 못하여 3개월 동안 그곳에 계시면서 법문해 주신다면 그 동안의 공양을 책임지고 해드리기로 약속한 후 집으로 돌아왔으나 여러 외도들의 교사로 인하여 그 약속을 이행하지 않았습니다. 마침 우기(雨期)가 되어 비는 끊임 없이 내리고 커다란 흉년까지 겹쳐 비구들은 모두 굶어 죽게 되자 생각다 못한 사리풋다가 부처님께 여쭈었습니다.

"지금 우리 교단에 많은 비구들이 아사지경에 놓여 있습니다. 신통력이 있는 비구들로 하여금 웃다라쿠루 같은 데 가서 자연산의 쌀을 가져오게 하면 어떻겠습니까?"

"신통력이 없는 비구들은 어찌하겠느냐?"

"그들은 제가 책임지고 데려가겠습니다."

"아서라, 그만두어라. 지금 너희 비구들 가운데 신통을 얻은 비구는 그럴 수 있다 하지만 미래의 비구들은 어떻게 할 것이냐? 비구에게는 생각해야 할 일과 생각해서는 안 될 일이 있고 반드시 해야 할 일과 해서는 안 될 일이 있다. 생각해야 하고 행동해야 할 일을 하면 바른 법이 이 세상에 오래 머물겠지만 생각해서는 안 될 일과 행하여서는 안 될 일을 하면 세상을 속이는 큰 거짓이 되어 바른 법이 오래 머무를 수 없게 된다."

이렇게 해서 '큰 거짓말을 하면 안 된다'는 대망어계(大妄語戒)가 생겼습니다.

■ 불음계(不婬戒)의 유래

수디나가 출가한 얼마 뒤 흉년이 들어 굶어 죽는 스님들이 많아지자, 그 때 수디나는 생각했습니다. '만일 이대로 가다가는 큰 일이 나겠다. 다만 몇 사람이라도 우리집 근처로 가면 우리집은 부자이니 이 흉년은 면할 수 있지 않겠는가.' 그리하여 수다나는 여러 스님들을 모시고 고향으로 갔습니다. 이 소식을 들은 수다나의 어머니는 기쁨을 감추지 못하고 스님을 공경하는 한편 아들에게 환속할 것을 종용했습니다. 그러나 워낙 수다나는 심신이 굳고 심행이 청정했으므로 말을 듣지 않았습니다. 어머니는 그 며느리를 데리고 와서 애원했습니다.

"수다나야, 너의 아버지는 이미 돌아가셨고 집 재산은 많은데 후계자가 없으니 이제 모든 재산은 국고로 넘어가게 되었다. 정히 네가 환속하기 싫다면 이 어미에게 뒤를 이을 자식이나 하나 다오."

이렇게 하여 수다나는 그것마저도 거역할 수 없어 여인을 데리고 숲속에 들어가 음행을 했습니다. 그 결과 9개월 만에 종자(種子)라는 총명한 아들을 낳기는 했으나 그로부터 수다나는 무엇인지 모르게 마음이 불안하고 평안치 못했습니다. 그리하여 수다나는 부끄러움을 무릅쓰고 부처님께 고백했습니다.

"부처님 저는 부정한 짓을 했습니다."

"비록 형세는 딱하나 옳은 일은 못 된다. 수다나야, 청정한 법을 닦아 애욕의 번뇌를 끊지 못하면 열반은 멀어진다. 그러니 다음부터 다시 이런 일이 있어서는 안 된다."

이렇게 해서 수다나는 다시 청정한 행을 닦게 되고 음행하지 말라는 불음계(不婬戒)가 생기게 된 것입니다.

■ 불투도계(不偸盜戒)의 유래

그 후 또 얼마 있다가 단니가란 비구가 왕실 재목을 빼어냈습니다. 초암(草庵) 생활이 지겨워 이왕이면 좀 좋은 집을 짓고 그 속에서 공부해 볼까 하는 생각으로 아는 목재 관리인에게 거짓말로 "내 사전에 제왕의 허락을 맡았으니 집 지을 재목을 주시오." 하니 단니가는 평소에 얌전하고 또 수행이 돈독하여 잘 아는 사이였으므로 재목을 주었습니다.

그런데 그것이 우사대신(雨舍大臣)에게 발각되어 꼭 사형을 당하게 되자 왕은 이 사실을 듣고 "세속사람 같으면 사형을 하는 것이 마땅하나 내가 부처님의 제자로서 어떻게 부처님의 제자를 죽이겠느냐? 그러니 그 자를 부처님께 돌려 불법대로 처리하는 것이 좋다." 하고 곧 놓아주었습니다. 부처는 단니가를 불러 꾸짖으신 다음 "세속에서는 얼마만한 도적질을 하면 사형에 처하느냐?"라고 물었습니다. 5푼이상이면 사형에 처한다 하자, "앞으로 5푼 이상의 물건을 훔치면 도계(盜戒)를 범한 것으로 하여 승중에서 물러나도록 하겠다."라고 선언하니 여기에서 도둑질에 관한 계율이 생겼습니다.

■ 계율의 제정

부처님은 모든 비구중을 모아놓고, 다음과 같이 말하였습니다.

"원래 불법은 선을 받들고 악을 그치며 제 마음을 밝히는 것이지만 이렇게 자주 선악을 구분 못 하고 죄악을 범하는 자가 생기면 승단의 규율이 문란하게 되므로 계율을 제정하여 꼭 지키도록 하겠다.

첫째는 교단의 질서를 잡기 위해서요, 둘째는 대중을 기쁘게 하기 위해서요, 셋째는 대중을 안락하게 하기 위해서요, 넷째는 믿음이 있는 이를 믿게 하기 위해서이고, 다섯째는 이미 믿는 이를 위하여 더 믿음을 굳세게 하기 위해서이다. 여섯째는 다루기 어려운 이를 잘 다루기 위해서이고 일곱째는 부끄러운 줄 알고 뉘우치는 이를 위하여 안락하게 하기 위해서요, 여덟째는 현재의 실수를 없애기 위해서이고 아홉째는 바른 법을 오래 가게 하기 위해서이다.

과거 모든 부처님들의 가르침을 보면 어떤 것은 오래 갔고 어떤 것은 오래 가지 못했다. 그 가르침이 오래 존속된 부처님들은 반드시 계율을 제정하여 제자들에게 실천하도록 가르쳤다. 계율을 받아 지님으로서 바른 법을 수행하는 데에 게으른 생각이 나지 않도록 했던 것이다. 이 일은 하고 저 일은 하지 말라, 이 일은 생각하고 저 일은 생각하지 말라, 이것은 끊고 저것은 마땅히 갖추어 지키라, 이와 같이 분명히 가르치지 아니 했어도 부처님이 살아있는 동안은 잘못 됨이 별로 없었다. 그러나 부처님들이 돌아가신 후에는 갖가지 이름과 서로 다른 성과 온갖 집안에서 출가하여 저마다 제 성질을 부리게 되니 바른 법이 빨리 멸하여 오래 머물 수 없었던 것이다. 마치 아름다운 꽃들을 책상위에 올려만 놓고 붙들어 매는 끈이 없으면 머지않아 바람에 날려 흩어져 버리는 것과 같기 때문이다."

부처님의 이와 같은 말씀이 있은 뒤로 법장(法藏)과 사리풋다는 다음과 같은 계율을 제정하여 부처님의 허락을 받은 뒤 대중 앞에 선언했습니다. 그러나 이 모든 계율도 수범수제(隨犯隨制)라 기독교의 계율과 같이 절대적인 것은 아닙니다. 마음이 청정하면 계가 저절로 이루어지고 마음에 어지러움이 없으면 스스로 그 마음이 열반에 들게 되기 때문입니다.

ㄱ. 네 가지 근본 계율(능엄경)
1. 음행하지 말라.
2. 살생하지 말라.
3. 훔치지 말라.
4. 거짓말 말라.

ㄴ. 신도 5계(우파샤카계경)[3]
1. 산 목숨을 죽이지 말라.

2. 주지 않는 것을 갖지 말라.

3. 사음하지 말라.

4. 거짓말 하지 말라.

5. 술 마시지 말라.

ㄷ. 사미 10계(사미십계법)[4]

1. 산 목숨을 죽이지 말라.

2. 훔치지 말라.

3. 음행하지 말라.

4. 거짓말 하지 말라.

5. 술 마시지 말라.

6. 꽃다발을 사용하거나 향을 바르지 말라.

7. 노래하고 춤추거나 악기를 사용하지 말고 그러한 것이 있는 곳에 가지도 말라.

8. 높고 넓은 큰 평상에 앉지 말라.

9. 때 아니면 먹지 말라.

10. 금은 보석을 가지지 말라.

ㄹ. 8관재계(佛說齋經)[5]

1. 산 목숨을 죽이지 말라.

2. 남의 것을 훔치지 말라.

3. 음행하지 말라.

4. 거짓말 하지 말라.

5. 술 마시지 말라.

6. 몸에 패물을 달거나 화장하지 말며 노래하고 춤추지 말라.

7. 높고 넓은 큰 평상에 앉지 말라.

8. 때 아니면 먹지 말라.

ㅁ. 10 중대계(十重大戒)[6]

1. 중생을 죽이지 말라.
2. 주지 않는 것은 훔치지 말라.
3. 음행하지 말라.
4. 거짓말 하지 말라.
5. 술을 팔지 말라.
6. 사부대중의 허물을 말하지 말라.
7. 자기를 칭찬하거나 남을 비방하지 말라.
8. 제것을 아끼려 남에게 욕하지 말라.
9. 성내지 말고 참회를 잘 받아라.
10. 3 보를 비방하지 말라.

ㅂ. 48 경계(輕戒)[7]

1. 스승과 벗을 공경하라.
2. 술 마시지 말라.
3. 고기를 먹지 말라.
4. 냄새나는 채소(五辛菜)를 먹지 말라.
5. 계를 범한 사람은 참회시키라.
6. 법사를 공양하고 법문을 청하라.
7. 설법하는 곳에 찾아가 들어라.
8. 대승법을 그릇되게 여기지 말라.
9. 환자를 잘 보살펴라.
10. 살생하는 도구를 가지고 있지 말라.
11. 국가의 사신(使臣)이 되지 말라.

12. 나쁜 마음으로 장사하지 말라.

13. 비방하지 말라.

14. 불을 놓지 말라.

15. 다른 법으로 교화하지 말라.

16. 이익을 탐내지 말고 바르게 가르치라.

17. 세력을 보고 무엇을 얻으려 하지 말라.

18. 아는 것 없이 스승이 되지 말라.

19. 두 가지 말 하지 말라.

20. 산 목숨을 놓아주고 죽게 된 목숨을 구해 주라.

21. 성내고 때려 원수 갚지 말라.

22. 교만한 생각을 버리고 법문을 청하라.

23. 교만한 생각으로 잘못 일러주지 말라.

24. 여래의 가르침을 잘 배우라.

25. 대중을 잘 통솔하라.

26. 혼자만 이양(利養)을 받지 말라.

27. 따로 초대받지 말라.

28. 스님들을 따로 초대하지 말라. 초대하려거든 먼저 절에 가서 일 보는 사람에게 미리 알리라.

29. 나쁜 업으로 살지 말라.

30. 재일(齋日)을 잘 지키라.

31. 재난을 보거든 구해내라.

32. 중생을 손해보게 하지 말라.

33. 나쁜 것을 보고 듣지 말라.

34. 잠시라도 마음을 놓지 말라.

35. 원을 일으키라.

36. 서원을 세우라.

37. 위험한 곳에 다니지 말라.
38. 높고 낮은 차례를 어기지 말라.
39. 복과 지혜를 닦아라.
40. 계를 가려서 일러주지 말라.
41. 이익을 위해 스승이 되지 말라.
42. 계를 받지 않은 이에게 포살하지 말라.
43. 계 범할 생각을 내지 말라.
44. 경전에 공양하라.
45. 중생을 항상 교화하라.
46. 법답게 설법하라.
47. 옳지 못한 법으로써 제한하지 말라.
48. 바른 법을 파괴하지 말라.

ㅅ. 열 가지 착한 계법(十善戒法)[8]
1. 살생하지 말라.
2. 도둑질 하지 말라.
3. 간음하지 말라.
4. 거짓말 하지 말라.
5. 이간질 하지 말라.
6. 두 가지 말 하지 말라.
7. 욕설하지 말라.
8. 탐내지 말라.
9. 진심내지 말라.
10. 어리석음이 없이 하라.

ㅇ. 일곱 부처님의 공통된 계율(七佛通戒)[9]

1. 모든 악한 짓을 하지 말라.
2. 뭇 선을 받들어 행하라.
3. 자신의 마음을 깨끗이 가지라.

---

1) 사미는 하루 두 끼 먹어도 된다는 계.
2) 사미와 함께 자면 안 된다는 계.
3) 우바샤카계경은 야사의 아버지에서부터 시작됨.
4) 사미계는 부처님의 아들 라홀라로부터 시작됨.
5) 이 계는 사밧티 동쪽 한 신도 유야가 여러 부인들과 함께 목욕제계하고 부처님께 설법하여 주실 것을 간청한 데서 비롯되었습니다. 출가스님들 같으면 평생을 지켜야 하지만 세속에 있는 신도로서는 그렇게 할 수 없으므로 삼장육일 (三長六日), 아니면 일년에 단 하루라도 지키면 16대국의 모든 보물을 한데 모아 놓은 것보다 더 큰 복덕을 얻고 모든 선신이 가호하여 일체 재앙이 물러가고 모든 소원이 이루어진다 함. 3장 6재일은 정월, 5월, 9월의 8, 14, 15, 23, 29, 그믐날입니다.
6) 10중대계는 부처님께서 도를 깨치시고 보리수 밑에 앉아서 시방 세계의 모든 보살들을 위하여 설한 것입니다. 부모와 스승, 3보를 잘 받들고 효양하는 길이므로 매달 보름마다 외우고 잘 실천하라 했습니다.
7) 48경계는 10중대계를 설할 때 함께 설했다 함.
8) 열가지 착한 계와 일곱 부처님의 공통된 계는 불교 도덕윤리의 기초가 되므로 언제 어느 곳에서든지 이러한 기본 아래 모든 법을 설했습니다.
9) 부처님이 공통되게 금계의 근본으로 삼은 계문. "나쁜 짓은 하지 말고 착한 일만 행하여서 내 마음이 깨끗하면 이를 일러 불교라네."

⑦ 부처님의 전법과 교훈 (3)

① 포살(布薩)과 안거, 화합의 법문

■ 포살의 유래

어느 날 부처님께서 기사굴 산중에 계실 때 빔비사라왕이 와서 청했습니다.

"저 보행외도(普行外道)[1]의 일파가 매 반달마다 제 8일, 14일, 15일 그믐날을 정기 집회일로 정하고 신도들이 모여 경전을 외우고 듣고 신념을 일으켜 신도가 되는 것을 보니 매우 잘 된 풍습인 것 같습니다. 우리 불자들도 그렇게 하면 어떻겠습니까?"

부처님은 원래 외도들이 행하는 바라 할지라도 정법에 응용할 만한 것이 있으면 서슴지 않고 본받아 응용하고 있었으므로 만일 그렇게 해서 좋겠다고 생각된다면 그렇게 하라고 허락하였습니다.

그런데 불교에서는 매달 15일과 29(또는 30일)일을 포살일로 정하고 신도들이 모여 성구를 외우고 그동안의 한 일을 반성하였습니다. '포살'은 범어 '우파바 소타'(Upavasotha)로서 공주(共住), 선숙(善宿), 근주(近住), 장양(長養), 정주(淨住)라 번역합니다. 출가한 스님들은 이 날 특히 계경(戒經)을 설하고 재가한 신도들에게는 보살계 등을 설하여 그 날만이라도 바르고 참된 진리를 몸소 실천하고 참회하여 안으로 몸과 마음을 맑게 하고 밖으로 사회를 정화하는 것입니다.

"제자들이여, 승가교단 비구들은 매월 15일과 그믐날을 포살일로 정한다. 교단은 이날에 대하여 포살을 행하고 바라제목차 (Paratimaksa·계율)를 외우라. 그리고 무엇을 교단이 최초에 행할 것 인가를 생각하라. 또 자신들의 그 동안 행을 돌아보고 청정을 고백하라. 내가 바라제목차(婆羅提木叉)[2]를 외울 것이니 너희들은 오로지 자세히 들어라. 누구든지 범죄한 일이 있거든 겉으로 드러나게(발로·發露) 참회하고 범죄가 없는 자는 침묵하라. 제자의 침묵으로부터 청정하다는 것을 우리가 입증할 것이다. 그리고 또 각각 질문에 대하여 대답하라. 이러한 집회에서는 세 번까지 제창하되 세 번까지 제창하여도 범죄한 사람이 범죄한 사실을 고백하지 아니하면 그것은 고의로 거짓말을 하게 된 것이 되니 계율에 저촉된다. 고의로 하는 거짓말은 도를 장애한 것이 되니 범죄를 가지고 있는 자는 서슴없이 겉으로 드러나게 참회하라. 그러하면 몸과 마음이 함께 깨끗해 질 것이다."

■ 안거의 유래

또 인도에는 매년 열(熱) 한(寒) 우(雨)의 세 계절이 있어 한번 비가 오기 시작하면 근 3개월이 계속된다. 그 때에는 풀, 벌레가 성하고 온갖 잡충들이 일어나 사람들이 다니기 곤란하므로 바라문교에서는 일찍부터 이 우기를 안거기(安居期)로 정하고 오직 공부에만 열중할 뿐 바깥 출입을 금했습니다.

그런데 부처님께서도 이 제도가 퍽 잘 되었다 하여 불교교단도 이를 실행토록 하였습니다. 안거는 아사타월(阿沙陀月=6, 7월) 만월일(滿月日=보름날)로부터 카제월(迦提月=9, 10월) 만월일까지 약 4개월에 걸쳐 시행했습니다.

■ 화합의 법문

불교교단을 상카(Samgha·僧伽)라 부르는 것은 옛날 인도 대상들이 쓰는 가나(Gana) 제도에서 따온 것인데 '가나'란 화합이라는 뜻으로 몸과 입과 뜻이 화합하여 오직 평화만을 상징하기 때문입니다.

그런데 이렇듯 가나의 화합정신을 선두로 하여 만든 불교교단이지만 때로는 계율에 대한 시비가 생겨 불화를 자초한 일도 없지 않았습니다. 부처님께서 코삼비에 계실 때 어떤 비구가 제 생각에는 계를 범한 것이 아닌데 다른 비구들의 주장은 계를 범했다 하여, 범했느니 범하지 않았느니 한참 시비를 하다가 결국은 대중의 뜻을 따라 쫓겨나고 말았습니다. 이 억울한 비구는 오랫동안 수행하여 왔기 때문에 아는 스님들도 많고 신도들도 많아 그들에게 호소하여 결국은 큰 패싸움이 벌어지게 되었습니다. 그래서 부처님께서 이 때 유명한 장수왕의 설화를 이야기하여 이 두 비구승을 화합시키고 6 화합의 법문을 하셨습니다.

옛날 쿠살라국에 장수왕이란 어진 임금이 있었다. 오로지 자비 인의로써 정치를 하여 만 백성이 우러러 받들고 태평성대를 이루고 있었는데 이웃 가구국(加救國) 범예왕(梵預王)이 탐을 내어 침범했다. 국토와 재보를 탐내어 일거에 군대를 일으켜 침범해 왔으나 장수왕은 곧 그를 사로잡아 좋은 말로 타일렀다.

"너의 생사는 우리의 손 가운데 있으나 이번만은 용서해 줄 터이니, 다시는 그렇게 말라."

그리하여 범예왕은 백배사죄하고 물러갔으나 대중 가운데에서 모욕을 당하고 죽음을 면한 일을 생각하면 기가 차고 화가 나서 잠이 오지 않았다. 그후 몇 해를 벼르고 별러 또 침범하였다. 장수왕은 이 소식을 듣고 '가련한 왕이로다. 주권을 누가 가지면 무엇하나, 다만 시달리는 것은 국민뿐이니 생 사람들의 피를 흘리게 하는 것보다는 차라리 내가 그에게 자리를 물려 주리라.' 하고 곧 부인과 함께 몰래 왕궁을 빠져 나갔다. 그리하여 범예왕은 무혈전쟁으로 쿠살라국을 얻었다. 그러나 장수왕의 소식을 모르니 마음이 편안치 못해 하루도 다리를 펴고 자지 못했다. 그래서 범예왕은 장수왕을 잡아오는 사람에겐 국토의 반을 주고 큰 상을 내린다고 선언하였다.

한편 장수왕은 왕궁을 나온 이후로 거리의 은둔자가 되어 곳곳으로 돌아다니며 외롭고 괴로운 국민들에게 아름다운 노래를 들려 주며 국태민안만을 기원했다. 다행히 늦게 자식을 하나 얻으니 이름을 장수태자라 하여 이웃 나라로 보내 길렀다. 이렇게 세월이 흘러 십육 년이 되었는데 하루는 지나가는 걸인이 그의 앞에 나타났다. 장수왕이 "어디서 오십니까?"하고 물으니 그 걸인이 대답하기를 "나는 아무곳에 사는 사람인데 장수왕의 명성을 듣고 이 곳에 왔다가 범예왕에게 모든 가산과 가문까지 모두 빼앗기고 이렇게 거지가 되어 돌아 다닙니다. 장수왕은 어디가서 이 마음을 이렇게 알아주지 못하는지……"하고 흐느껴 울었다.

장수왕은 그를 불쌍히 여겨 '저 오직 나 때문에 거지가 된 사람이구나. 내 저 사람을 위하여 재생의 길잡이가 되리라.' 생각하였다.

"여보, 내가 바로 장수왕입니다. 당신은 나 때문에 이런 신세가 되었구려, 그러나 내 나이, 늙어 이제 내가 새로운 정치를 한다는 것은 어렵습니다. 다만 범예왕이 나를 잡아오는 자에게는 국토의 반을 주고 큰 상을 내린다 하였으니 당신은 나와 같이 범예왕을 찾아 갑시다."

이 말을 듣고 걸인은 너무나도 놀라 한참이나 껴안고 울었다.

"어찌 그럴 수가 있겠습니까? 내 이제 왕을 위해 음식을 구해 오는 시자가 되겠습니다."

"아닙니다. 내가 살아 당신을 괴롭히다 죽으면 한 줌 흙 덩이밖에 더 되겠소. 그러니 내가 당신을 위해 몸을 버린다면 당신은 그 돈으로 많은 생명을 구할 수 있을 것입니다."

이렇게 말하고 억지로 그를 끌고 범예왕께 갔다. 범예왕은 장수왕을 보고 '이제야 내가 발 뻗고 편히 잘 수 있게 됐다.' 하면서 코를 뚫어 온 나라 전체를 돌아다니게 조리를 돌리고 그 걸인에겐 약속한 상금을 내렸다.

한편 이웃 나라에 가서 학문과 무술을 익히던 장수왕의 태자는 이 소식을 듣고 몇 사람의 특공대와 함께 국경을 넘어 아버지를 구하려 오자 범예왕은 장수왕을 감옥에 가두고 사형 날을 정하고 그 날은 온 국민이 모여 구경하도록 명령했다. 장수태자는 아무도 몰래 감옥에 들어가 아버지를 만나보고 기필코 범예왕을 죽이고 아버지를 구할 것을 맹세하였으나 장수왕은 그래서는 안 된다고 타이르고 원수를 갚으면 또 원수의 갚음을 받아 끝없이 보복을 당하게 되는 것이니 오직 참을 인(忍) 하나만을 나의 유산으로 알고 도리어 범예왕을 도와 태평성대를 이루라고 부탁했다. 눈물로 아버지를 하직한 장수태자는 아버지가 세상을 떠난 뒤 범예왕의 신하가 되었다. 그후 너무나도 마음씨가 곱고 착한 장수 태자를 본 범예왕은 곧 사위를 삼고 일등 공신을 만들어 어디를 가든지 꼭 데리고 다녔다.

그런데 하루는 사냥을 가게 되어 모든 신하들을 뒤로 하고 범예왕과 장수태자는 오직 둘이서 깊은 산까지 들어갔다. 오후가 되어 피곤한 범예왕은 장수태자의 무릎을 베고 깊은 잠에 빠지자, 장수태자는 이 때다 하고 옆구리에 찼던 칼을 빼 범예왕의 가슴에 대었으나 아버지의 유훈인 참을 인자가 눈 앞에 어른거려 벌벌 떠는 손을 억지로 가라 앉혔다. 그런데 범예왕이 깜짝 놀라 일어나며 "장수태자! 장수태자!"

하고 소리를 지르자, "장수태자라니요." "아니 방금 장수왕의 아들 장
수태자가 칼을 빼어 내 가슴에 대는 꿈을 꾸었다."하고 눈이 휘둥그레
보았다. 태자는 비로소 고백하면서 "내가 장수태자인데 아버지의 유훈
때문에 성사를 못 했으니 죽여 달라"고 애원했다." 범예왕은 놀라면서
"그 아버지에 그 아들. 내가 어찌 그렇게도 어리석단 말이냐?"하고
장수태자의 손을 잡고 흐느껴 울었다. 이튿날 범예왕은 모든 군신들을
모아 놓고 그 동안의 제 잘못을 낱낱이 고백하고 원래의 땅은 물론 가
구국까지도 모두 장수태자에게 물려 주었다.

　"비구들아, 이 얼마나 성스러운 행사냐, 사람들이 화합하지 못하는
것은 계율과 계율이 아닌 것, 법과 법이 아닌 것, 범하고 범하지 않는
것, 가볍고 무거운 것, 여지가 있고 여지가 없는 것, 추악하고 추악하
지 않는 것, 할 것과 하지 않을 것. 이 여덟 가지를 바로 못하는 까닭
이다. 그러니 너희들은 이제부터 어떠한 불화가 있을지라도 양편의 말
을 잘 참작하여 이 법답고 법답지 못한 사실들을 잘 알아보라. 그리고
설사 쟁론을 다스리게 되는 일이 있을지라도 본인이 앞에 있을 때 범
죄를 결정하라. 또 본인이 스스로 자백하도록 하되 여러 사람의 증거
로 죄상을 다스리라. 한 사람의 증거만으로는 죄상을 다스릴 수 없다.
혹 패싸움이 되어 오래도록 해결하기 어려울 때는 양쪽 대표가 나와
일체를 불문에 붙이고 풀로 진흙 땅을 쓸어 덮은 것과 같이 하라.

　그리고 꼭 기억하고 사랑하고 존중해야 할 여섯 가지 화합에 대한
법을 다음과 같이 선언했습니다.
　1. 같은 계율은 같이 지키라.
　2. 의견을 같이 맞추라.
　3. 받은 공양을 똑같이 나누어서 살라.
　4. 한 장소에 같이 모여 살라.

5. 항상 서로 자비롭게 말하라.

6. 남의 뜻을 존중하라.

또 어느 날 부처님은 기원정사에서 이런 말씀을 하셨습니다.

"나는 세간과 싸우지 않는다. 다만 세간이 나와 싸우는 것이다. 왜냐하면 비구들아, 진리를 진리라고 말하는 사람은 세간과 싸우지 않기 때문이다. 너희들은 부모도 형제도 자매도 없다. 또 그 밖의 어떤 권속도 있지 않다. 그러므로 서로 보살펴야 한다. 각각 뿔뿔이 흩어지는 것은 잘한 일이 못 된다. 외도이학(外道異學) 바라문들의 웃음거리에 불과하다. 너희가 만약 그렇게 된다면 그들에게 너희는 굴복하는 것이 된다.

이제부터 제자가 스승을 모시기를 어버이같이 하고 스승이 제자보기를 나를 보듯 하되 죽을 때까지 그치지 말라. 모든 물건을 평등하게 나누어 쓰고 만약 가진 물건이 없으면 보시를 할 만한 사람에게 가서 시(施)를 받으라. 좋은 것은 병자에게 주고 나쁜 것은 스스로 먹어라. 이웃이 병들어 있음을 보살피는 자는 곧 나를 보살피는 것같이 하라.

화살을 맞고 참는 전쟁터의 코끼리처럼 나는 사람들의 비방을 잘 참는다. 세상 사람들은 실로 계를 지키지 않는다. 모두가 칼을 두려워하고 모두가 죽음을 무서워 한다. 자기를 좋은 예로 삼고 남을 해치며 또 손상케 하지 말라.

사람은 가만히 앉아 있어도 비방하고 말을 많이 해도 비방하고 적게 말을 해도 비방한다. 그래서 이 세상에서 비방을 받지 아니한 사람은 아무도 없다. 그냥 비방만 받고 그냥 칭찬만 받는 사람, 지난 날에도 없었고 지금도 없으며 또 앞으로도 없으리라. 큰 바위는 바람이 불어도 흔들리지 않는 것같이 마음이 있는 자는 비방과 칭찬 사이에서 동요하지 않는다."

② 경전(耕田) 바라문과 비란야(毘蘭若)의 회의

■ 나는 농부이다

불교교단이 대형화 되어 비구 수가 불어나 얻어먹는 사람이 많게 되자 이에 대해 불만을 품는 사람이 없지 않았습니다. 부처님께서 마가다국에 계실 때 남산바라문 촌에 사는 한 바라문이 이에 대단한 불평을 가지고 부처님을 한번 골려 주려고 벼르고 있었습니다. 그 때 마침 부처님께서 탁발을 가자 바라문이 말했습니다.

"사문이여, 나는 밭갈이 하고 씨를 뿌리고 나서 먹었습니다. 당신도 밭갈이를 하고 씨를 뿌리고 먹으시오."

"바라문이여, 나도 또한 밭을 갈고 씨를 뿌리고 나서 먹었다."

"그러나 우리는 당신의 모습도 쇠스랑도 보지 못했습니다. 그런데 어떻게 밭을 갈고 씨를 뿌리고 먹는다 합니까?"

"바라문이여, 믿음은 씨요, 마음을 가다듬는 것은 비요, 지혜는 보습이고 삽이요, 부끄러움은 멍에요. 의사(意思)는 밧줄이요, 깊은 생각은 자침(刺針)이다. 몸을 막고 , 말을 막고, 음식의 종류를 제한하고 먹는 것에 불과하다. 진실로 풀베기를 하고 유화(柔和)는 내 멍에이다. 내 일손은 근심없는 곳에 이르러 다시 돌아옴이 없다. 내 밭갈이는 이렇게 진행되고 내 감로의 결실은 맺는다. 모든 사람들이 농부의 일을 하면서도 진짜 이렇게 마음의 밭을 갈 줄 안다면 모든 고통에서 벗어날 것이다."

이 때 밭갈이를 하던 바라문은 황금의 바리에 우유죽을 가득 채워 부처님께 바치고 "당신은 진짜 밭갈이 하는 사람입니다. 참으로 감로의 열매를 맺는 훌륭한 농부입니다."하고 그의 제자가 되었습니다. 실로 노동이란 꼭 근육 노동만이 아닙니다.

밭에 나가 밭을 갈고 씨를 뿌린다 할지라도 진실로 마음의 밭을 갈 줄 모르는 사람이라면 그는 이미 동물에 지나지 않기 때문입니다. 그런데 부처님은 언제 어디서나 먼저 경의를 표하는 일이 없었고 모든 사람들로부터 깊은 존경을 받았습니다. 그런데 이 광경을 본 바라문이 그것을 이상하게 생각하여 물었습니다.

"세존이시여, 당신은 어찌하여 바라문 장로에게도 경의를 표하지 않습니까?"

"그들은 신을 숭배하기 때문이다. 그들이 신앙하는 범천도 오히려 내 앞에 무릎을 꿇거늘 어떻게 그를 믿는 자에게 경의를 표하겠는가. 천상 세계나 인간 세상 가운데 내가 경의를 표할 자는 없다."

"세존이시여, 내가 들으니 세존께서는 바라문들이 지내는 제사와 고행을 모두 더러운 짓 잘못 된 짓이라 하여 배척하신다 하는데 사실입니까?"

"그렇다. 바라문이여, 그러나 만일 고타마 사문은 모든 제사와 고행을 무조건 배척한다 하면 그것은 잘못 전해진 것이다. 왜냐하면 제사를 일삼는 사람 고행을 일삼는 사람을 잘 못했다 꾸짖은 것이다. 제사를 일삼는 사람, 고행을 일삼는 사람도 죽으면 지옥에도 떨어지고 천상에도 나고 하는 것을 보기 때문에 그렇게 말한 것이다."

부처님은 무슨 일에나 절대적으로 좋고 절대적으로 나쁜 그런 일방적인 견해를 가지지 않았습니다. 이미 그는 일체의 시비를 초월한 중도 속에 안주하고 있었기 때문입니다. 그러나 교단의 규율을 잡고 잘못 물든 수행자들의 비행을 막기 위해 만들어진 계율이 상당한 금욕적 염세적 사상을 배태하여 일반에서는 부처님의 가르침을 '건조 무미하고, 향락이 없고 활동을 부정한 단멸주의고, 무슨 물건이고 싫어하므로 도피주의고, 금염(禁厭)주의며 여자의 수태를 반대하는 이태주의(離胎主義)'라고 비난했습니다. 여기에 대해서도 부처님은 "빛, 소리,

냄새, 맛, 감촉의 5진을 싫어하기 때문에 무미한 설법이라 하고 빛, 소리, 냄새, 맛, 감촉의 향락을 버렸기 때문에 향락이 없다 하며, 몸과 입과 뜻으로 일어나는 일체의 악업을 행하지 않고 싫어하기 때문에 부작(不作) 염이주의(厭離主義)라 하고 참 진리의 악업을 극복했기 때문에 금범(禁犯), 몸과 입과 뜻을 버리려고 무한히 노력하기 때문에 곤고(困苦)라 하며, 후생에 다시 부모의 태속에 들어가기를 피하기 때문에 이태(離胎)라 한다."고 하였습니다.

그러므로 그 고행은 고행을 위한 고행이 아니고 일시적인 향락을 위한 고행이 아니며 영원한, 해탈 영원한 자재를 위한 무락, 염이, 금욕주의였던 것입니다.

③ 중도와 실상

불교를 공부한다는 것은 행에 있어서는 중도를 얻고 종교적으로는 실상을 증오하는 데 목적이 있습니다. 그러나 이 중도와 실상은 막연한 노력과 철저한 지식으로 얻어지는 것이 아니라 마음에 지혜의 눈이 트여야 얻어지는 것입니다. 그런데도 어떤 사람은 억지로 마음 밖에 진리가 있는 것같이 마냥 진리를 구하고 찾다가 아무리 노력하여도 나타나지 아니하면 우리 같은 사람은 얻을 수 없다 자포자기 하기도 하고 스스로 어리석음을 꾸짖어 인생을 저주하기도 합니다. 부처님 당시 츄울라 판타카나 소나코티 칸나 같은 사람은 모두 이 같은 부류들입니다.

■ 지혜의 빗자루로 마음의 먼지를 쓸다

츄울라 판타카는 너무나도 어리석어 부처님의 제자 5백 명 가운데 제일 우둔한 사람으로 알려졌습니다.

3년 동안 글을 배워도 시 한 수를 제대로 외우지 못하여 그의 형 마하판타카는 화가 나서 "불도를 닦아 그렇게 진전이 없으면 무엇에 쓰겠니? 절을 떠나 집으로 가라." 하였습니다. 츄울라 판타카는 형님의 책망을 듣고 홀로 기원정사의 문 밖에 나와 울고 섰었습니다. 그 때 마침 세존이 이 광경을 보시고 거실에서 나와 우는 이유를 물었습니다. 우는 까닭을 아신 부처님께서는 "츄울라 판타카야, 너는 너의 어리석음을 두려워 하고 슬퍼하지 말라. 내가 도달한 깊은 깨달음의 길은 네 형의 가르친 바와는 다르다." 하시고 그를 데리고 고요한 곳으로 가 빗자루 하나를 주시며 말했습니다.

"이 빗자루를 가지고 먼지와 때를 쓸되, 쓸 때마다 '먼지를 털고 때를 없애리라' 하라."

그리하여 츄울라 판타카는 비가 오나 눈이 오나 그 빗자루만 가지고 청소하면서 '먼지를 털고 때를 없애리라' 하였습니다. 얼마쯤 하니 입 버릇처럼 말이 외어져 비만 들면 그 말이 저절로 나왔습니다. 그러던 어느날 하루는 비를 들고 쓸려 하다가 문득 의심이 났습니다. '부처님께서 말씀하신 먼지란 무엇인가 또 때란 무엇인가? 과연 그 먼지와 때는 털어 없앨 수 있는 것일까?' 이렇게 생각하다가 갑자기 한 생각이 툭 터졌습니다. '아 그 먼지, 마음의 먼지 그 때, 마음의 때, 사람마다 각자의 마음에 더러움이 있다. 내 마음의 먼지를 털고 내 마음에 때를 없애는 일 이것이 불도의 수행이 아니냐? 인간 세상의 미혹은 때요 지혜는 바로 마음의 빗자루다. 내가 지금 지혜의 빗자루로 어리석은 마음의 미혹을 쓸어 버리리라.'하고 곧 부처님께 뛰어가 "부처님 부처님, 제가 지금 지혜의 빗자루로 마음의 먼지를 쓸겠나이다." 하였습니다. 부처님은 이 말을 듣고 판타카의 손을 잡고 "착하다. 나의 제자여. 네 말과 같다. 지혜는 능히 사람 세상의 미혹을 없앤다. 내 제자가 닦는 것은 오직 이 길뿐이다." 하였습니다.

그리하여 츄울라 판타카는 어리석음 덕분에 깨달음을 얻고 누구도 교화하러 가기 어려운 여성교단의 지도 교수가 되었습니다.

■ 고·락 2변을 떠난 중도

또 소나코티 칸나는 원래 부유한 집의 아들로 발을 땅에 딛지 않아 발에서 털이 머리카락처럼 자란 아이인데 나라의 임금이 그의 기이한 모습을 보고자 데려 왔다가 부처님을 뵙고 중이 되었습니다. 그런데 스승이 가르치는 대로 밤낮을 가리지 않고 열심히 공부를 해도 전혀 진도가 없고 또 가시밭, 자갈밭 길을 걸식하다보니 그 부드러운 발이 모두 긁히고 터져 차마 눈으로 볼 수 없게 되어 있었습니다. 칸나는 홀로 생각했습니다.

"내 재간으로 부처님의 법을 감당할 수 없고 또 깨닫기도 어려우니 차라리 집으로 돌아가 보시 공덕이나 닦는 것이 좋겠다."

그 때 부처님은 칸나의 생각하는 바를 미리 아시고 그 곳에 나와 물었습니다.

"칸나야, 너는 집에서 무엇을 잘 했느냐?"

"거문고를 잘 탔습니다."

"그러면 그 거문고를 탈 때 거문고 줄이 너무 늘어지면 소리가 나더냐?"

"나지 않았습니다."

"너무 조이면?"

"너무 조여도 나지 않습니다. 너무 늘이지도 않고 조이지도 않아야 소리가 잘 납니다."

"그렇다. 칸나야, 불도를 닦는 것도 꼭 그렇다. 생각이 너무 급하면 초조한 마음이 생기고 정진하는 마음이 없으면 태만에 흐른다. 그러므로 너는 치우쳐 생각하지 말고 중도에 처해서 도를 행하면 머지않아 속세의 미혹을 없애고 법의 실상을 얻어 볼 것이다."

그는 붓다의 가르침을 받고 깊이 반성한 뒤 그와 같이 공부하여 머지않아 속세의 미혹을 없애고 진리를 증득하였습니다. 레바타란 장자도 비록 오랫동안 고생하다가 중도를 얻고 부처님의 법을 잘 깨달아 다음과 같은 시를 지었습니다.

"나 재가로부터 출가의 신분이 된 이래 야비하고 또한 그릇된 생각이 일어난 일이 있음을 알지 못한다.

생명있는 것들을 치고 죽이고 괴롭히려는 이 오랜 기간에 나에게 그런 생각이 생긴 일이 없노라.

한량없는 자비가 잘 수련되어 부처님의 가르치심을 따라 점차로 쌓여 모여진 것을 내 아노라.

모든 생명있는 것들을 불쌍히 여겨 언제나 성내는 마음 없기를 좋아하고 자비를 닦아 나 스스로 동요하지 않는 마음을 기뻐하노라.

나는 착한 사람들이 행한 맑고 깨끗한 행위를 본받아 닦으니 마치 바위 산이 우뚝 솟아 동하지 않는 것같이 비구는 우리를 다 없애므로 더럽혀지지 않는 산과 같다.

나는 죽음을 두려워 하지도 않고 삶을 즐겨 하지도 않으며 생각을 바로 하여 또한 때가 옴을 기다린다.

내 스승을 받들어 섬기고 부처님의 가르침을 이룩하고 무거운 짐을 풀어 다시 태어나는 모든 원인을 없애노라.

집착없이 항상 청정을 바라는 자에게는 티끌만한 사악도 허공처럼 크게 보이는 것이니 나는 죽음을 좋아하지 않고 또 삶을 싫어하지도 않아 마치 일을 끝낸 종처럼 때를 기다리노라."

④ 우란분재(盂蘭盆齋)와 목갈라나(目犍蓮)의 효도

앞서 산자야의 제자로서 제자가 된 사람이 250명이 있다 말했습니다. 그 가운데서 사리풋다와 목갈라나는 부처님의 10대 제자 가운데 한 사람으로 불교교단을 대표할 만한 훌륭한 제자가 되었습니다.

목갈라나는 원래 왕사성 부상(傅相) 장자의 아들로 어머니 청제(青帝)부인이 죄를 짓고 지옥에 있는 것을 구제하기 위하여 산자야의 제자가 되었다고 합니다. 불설대목련경(佛說大目蓮經)에 의하면 왕사성 부상장자는 굉장한 부자였는데 외아들 하나만을 남겨 놓고 죽어 그의 어머니가 아들 나복이를 데리고 외롭게 살았습니다. 그런데 나복이 생각해 보니 이 많은 종들을 데리고 버는 것 없이 먹기만 하면 아버지 재산이 머지않아 바닥이 날 것 같아 어머님과 의논하여 전재산을 3분, 1부는 어머니의 의식비로 제공하고 일부는 아버지를 위해 공양비로 공제하고 나머지는 자기가 가지고 장사를 나갔습니다. 나복은 떠나면서 "이 재산이면 10년 동안은 걱정없이 5백승재(매일 5백명 스님을 대접하는 것)를 지내고도 남을 것이니 성심껏 모셔달라."하고 어머니에게 부탁하고 떠났습니다.

그런데 청제부인은 나복이가 떠나자마자 못된 잡탕배들과 어울려 매일 점을 치고 굿을 하며 장안의 뭇 잡인들과 놀아나 하루에도 몇번씩 소 돼지 죽는 소리가 온 동네를 시끄럽게 하고 청정도량에는 핏방울이 낭자했습니다. 수도승의 공양은 커녕 밥을 얻으러 오는 수도승들의 발우를 빼앗아 깨트려 버리고 반항하면 몽둥이로 쳐서 상처를 입고 가는 자가 그 수를 헤아릴 수 없었습니다.

한편 나복은 향료 약재 등 귀한 물품을 중국과 무역하고 집을 나간지 10년 만에 아버지 재산의 30배를 늘려 돌아오게 되었습니다. 나복은 그 동안 홀로 계시면서 아버지를 위해 백숭재를 모시고 여러 가지 고통을 겪고 계실 어머님을 생각하니 가슴이 메어지는 것 같아 집을 얼마 앞두고는 한 발짝 걷고 합장하고 '어머니 감사합니다.' 또 한 발짝 걷고 합장하고 '어머니 감사합니다.' 하며 오고 있었습니다.

그런데 그 광경을 본 마을 사람들이 물었습니다.

"왜 그렇게 절을 하고 있는가?"

"그 동안 고생하신 우리 어머님을 생각하여 감사하고 있습니다"

이 말을 들은 마을 사람들은 '나복이도 미쳤다' 하며 그 동안 집안 사정을 상세히 일러 주었습니다. 기가 찬 나복은 그 자리에 쓰러져 돌로 머리를 찍으며 통곡했습니다. 마침 옆에 시중하던 종이 어머니께 이 소식을 알리자 어머니는 부랴부랴 도량을 정비하고 큰 재를 지내는 것같이 꾸며 놓고 나복에게 와서 통사정을 하였습니다.

"나복아, 사람들이 나를 시기하여 너를 속였구나. 그 동안 5 백숭재는 잘 모셔 아버지는 생천했다. 내 말이 거짓말이라면 집에 가서 보면 알 것 아니냐? 만일 내가 너를 속였다면 나는 오늘부터 일주일내에 천벌을 받아 피를 토하고 죽을 것이다. 33천 앞에 맹세한다."

나복은 어머님의 무서운 맹세를 듣고 일어나 집으로 갔습니다. 과연 집에는 당개번채가 나부끼고 향내가 그윽하여 재를 지내는 것 같았습니다. 그런데 이 어찌된 일입니까? 그처럼 건장하시던 어머니가 집에 돌아온 지 제 4일이 되던 날 그만 피를 토하고 죽었습니다. 나복은 어머니의 맹세가 허사가 아니라 생각하고 재래 풍습을 따라 자리거지도 하고 살풀이도 하고 또 어머니를 위해 여러 가지 숭재도 지냈습니다.

그런데 하루는 어머니가 꿈에 나타나 '나는 너에게 거짓말을 하고 그 동안 악을 행한 죄로 무간지옥에 들어가 온갖 고통을 겪고 있으니

빨리 구해 달라'고 애원했습니다. 나복은 곧 왕사성에서 가장 점을 잘치는 산신 할아버지께 가서 점을 치니 '어머니는 염라국에 빠져 오도 가도 못하고 있으니 염라왕을 달래는 굿을 하고 위령제를 크게 지내면 된다.' 하였습니다. 나복은 곧 거금을 내어 그가 이야기한 대로 재를 지냈습니다. 그런데 그 날 밤 한 거룩한 성자께서 꿈에 나타나 '나는 염라국을 주재하는 왕인데 그대의 정성이 지극하여 내 여기 왔도다'하며 '그대 어머니는 여기 명단이 없으니 다른 곳에 가 찾아보라' 하였습니다.

기가 찬 나복은 스스로 자신의 우치함을 원망하고 유명한 산자야를 찾아 갔습니다. 그 때 산자야는 정통 바라문의 일원으로 250명의 제자를 거느리고 있었는데 '만일 어머니를 구제하고 싶거든 너의 일체 모든 것을 교단에 들여놓고 바라문교의 중이 되어라.' 하였습니다. 그래서 나복은 어머니를 위해 그렇게 하기로 결심하고 곧 바라문교의 중이 되었습니다. 그러나 그가 하는 행사는 신도들을 접대하는 일 밖에 새로운 법도가 한 가지도 없었습니다. 그래서 그의 스승이자 친구인 사리풋다와 약속하기를 만일 훌륭한 스승이 있으면 우리 꼭 같이 가서 배우자 하였습니다.

그런데 그 때 사리풋다가 시중에 나갔다가 부처님의 제자 앗사지(馬勝)가 정중한 모습으로 걸식하는 것을 보고 크게 감화를 받아 스승을 물으니, '우리 스승은 큰 사문이신데 항상 인연법을 설하신다.' 하였습니다. 인연이란 말은 일찍이 들어본 일이 없으므로 그는 곧 정사에 이르러 그의 제자 목갈라나와 함께 죽림정사에 나아가 부처님의 위대한 상호를 뵙고 또 그의 설법을 듣고 곧 불교로 개종하였습니다. 불제자가 된 나복은 이름을 '목갈라나라' 하였습니다.

비록 불제자가 되기는 하였어도 애초부터 원망(願望)하던 어머님의 거처를 알 수 없어 부처님께 물었습니다.

"우리 어머님의 거처를 알고 싶습니다."

"네가 스스로 눈이 뜨이면 어머니를 반드시 구제할 수 있다."

그래서 목갈라나는 조용한 은둔처에 들어가 선정(禪定)을 하니 바로 천안(天眼)이 열려 온 세계 모든 것이 훤히 비쳐 아버지 부상장자는 화락천(化樂天)에 태어나 무진한 복락을 수용하고 있는 것을 보았으나 어머니만은 만날 수가 없었습니다. 나복이 다시 부처님께 사뢰니 부처님께서는 친히 쓰시는 발우와 법장을 주시며 '지옥에 들어가 보라' 하였습니다. 목갈라나는 그것을 가지고 지옥문전을 전전하다가 마침내 무간지옥에 이르러 어머니를 만나니 어머니의 얼굴은 숯처럼 검게 타 있었고 머리는 흐트러지고 온 몸에 흉터 투성이라 차마 눈으로 볼 수가 없었습니다. 입에서는 불기둥이 솟아나 무엇이나 먹기만 하면 불이 되었습니다. 목갈라나는 마지막 붓다의 발우에 물을 떠서 대접하니 간신히 그것만은 불로 변하지 않아 목을 축여 드릴 수가 있었습니다. 목마름이 가시자 청제부인은 목잘라나를 보고 통사정을 하였습니다.

"죄업은 내 잘못이지만 나를 구해다오. 나를 구해다오."

라고 애처럽게 흐느끼는 소리가 온 지옥에 메아리 쳐 차마 볼 수 없었습니다. 견디다 못한 목갈라나는 옥졸 대장을 붙들고 자신이 대신 고통을 받을 수 있도록 해 달라고 통 사정을 했으나 누구도 죄는 대신할 수 없는지라 어머니는 무서운 쇠갈구렁이에 가슴을 찔린 채 옥중으로 들어가 버렸습니다. 비로소 목갈라나는 '내 힘만으로는 어쩔 수 없다.' 탄식하고 나와 부처님께 사뢰니 붓다는 7월 백중 해제 날을 택하여 7천 승려를 대접하고 우란분재를 지내면 어머니를 구제할 수 있다 하였습니다. 우란분(Ullambana)이란 한역 구도현(救倒懸), 해현(解懸)으로서 돌아가신 부모나 일가 친척 내지 모든 잘못 된 영혼이 거꾸로 쳐박혀 받던 온갖 고통을 풀고 좋은 곳에 나게 한다는 말입니다.

목갈라나는 여러 가지 음식을 장만하고 7천 스님을 추대하여 대접한 뒤 어머니를 위하여 부처님의 경전을 읽게 하였습니다. 그러니 그 소리를 들은 어머니는 물론 같은 곳에 빠져 있던 모든 중생과 상세 선 망부모가 한 날 한 시에 모든 고통을 벗어나 상천함을 받게 되었습니다. 부처님은 이로 인해 보부모은중경(報父母恩重經)을 설하고 다음과 같이 말씀하셨습니다.

"비구들아, 세상에는 갚기 어려운 두 가지 은혜가 있다. 하나는 어머니 은혜이고 하나는 아버지 은혜이다. 부모님에게는 다음과 같은 열 가지의 큰 은혜가 있다.

① 열 달 동안 태 안에 안고 보호하여 주신 은혜.

② 해산할 때 큰 고통을 받은 은혜.

③ 낳고 난 다음 그 어린애의 귀여움을 보고 모든 고통을 잊은 은혜.

④ 쓴 것은 자기가 먹고 단 것은 뱉어 아기에게 먹이는 은혜.

⑤ 아기는 마른 곳에 눕히고 자기는 젖은 곳에 눕는 은혜.

⑥ 젖을 먹여 길러준 은혜

⑦ 아기 똥 오줌과 같은 모든 부정한 것을 씻어준 은혜.

⑧ 먼 곳의 자녀를 항상 생각하고 그 안위를 염려해 주시는 은혜.

⑨ 자녀를 위해서 어떤 궂은 일일지라도 하시는 은혜.

⑩ 세상을 떠날 때까지 자녀를 어여삐 여기는 은혜.

그러므로 비구들아, 한 어깨에 어머니를 지고 한 어깨에 아버지를 지고 백세 장수를 하도록 수미산을 돌아 다니며 음식, 의복, 의약을 공급하고 안마와 목욕을 해 드리며 온갖 효성을 다할지라도 부모의 지극한 은혜는 갚기 어렵다. 비구들아, 대지에 가득한 칠보를 싸서 부모를 왕위에 서게 하더라도 그 은혜를 갚기 어렵다. 그러니 비구들아, 너희들이 부모의 은혜를 갚으려 하거든 물질적 공양도 끊임없이 하여야 하지만 부모님의 잘못 된 신앙을 바로 해 주고 덕 없는 자는 덕 있게 해 주며 탐욕한 자는 청정행으로 바꾸고 무지한 자는 지혜로 이끌어 편안히 살게 하면 큰 은혜의 만분의 일이라도 갚게 될 것이다. 자기 부모의 은혜를 모르는 자는 남의 은혜도 모른다. 은혜를 알고 갚는 자는 은혜를 받지만 은혜를 모르는 자는 원망을 받는다."

⑤ 5백 군적(五百群賊)의 제도

사위성으로 가려고 하던 한 스님이 길가에서 도적들을 만났습니다. 마침 그 때 왕의 관리가 나타나 5백 명의 도적을 붙잡고 머리에 적갈색 띠를 둘러 표시한 다음 북을 치며 방울을 흔들면서 네거리로 끌고 나와 이를 죽이려 하니 도적들이 너무도 슬퍼 크게 통곡하였습니다.

부처님께서는 조용히 숲속에 앉아 선정하다가 이 소리를 듣고 아난다에게 물었습니다.

"어디서 무슨 소리가 이렇듯 소란하느냐?"

"지금 거리에서 5백 군적들을 사형시키고자 합니다."

"네가 임금님께 가서 여쭈어라. '당신은 나라의 임금입니다. 백성 대하기를 아들 대하는 것같이 하여야 하는데 어찌하여 일시에 5백 명의 백성들을 한꺼번에 죽이려 합니까?'하고"

아난다는 왕에게 가서 부처님의 말씀을 그대로 전했습니다. 왕이 말했습니다.

"존자여, 그런 것은 나도 잘 알고 있습니다. 만약에 사람 1명을 죽인다 해도 내 죄는 매우 크다 하겠습니다. 그런데 하물며 5백 명을 죽이는 것이겠습니까? 그러나 이 도적들은 자주 와서 우리 마을을 파괴하고 백성들의 재산을 약탈해 갔습니다. 만약 부처님께서 이들에게 다시 도적질을 하지 못하게 하겠다고 말씀하신다면 풀어 놓아 주겠습니다."

아난다가 부처님께 사뢰니 다시 부처님은 "만일 놓아 주기만 한다면 다시 도적질을 하지 않도록 할 것이다."하였습니다. 그래서 아난다는 먼저 형장에 이르러 도둑들에게 물었습니다.

"너희가 전과를 뉘우치고 출가하여 도를 닦겠느냐?"

"존자여, 우리들이 처음부터 출가해 있었다면 이런 고통은 받지 않았을 것입니다."

아난다는 곧 왕께로 가서 부처님의 대답과 도적들의 서원을 각각 전하며 "만일 놓아 주신다면 오늘부터 도적이 안 되도록 저희가 잘 알아 지도하겠습니다." 하였습니다.

왕은 곧 관리에게 명령했습니다.

"생명은 구해 주라. 그러나 아직 포승을 풀지 말라. 다만 부처님께 보내어 맡기라."

5백 명의 도적들이 떼를 지어 부처님이 계신 곳으로 갔습니다. 부처님은 그들을 구제하기 위하여 밖에 나와 앉아 계셨습니다. 도적들이 멀리서 부처님의 위대한 모습을 보고 고마운 마음과 부끄러운 마음으로 우러러 보았을 때 포승줄은 저절로 풀어지고 그들의 이마는 벌써 부처님의 발 아래 부벼졌습니다. 부처님은 모두 그들이 자리에 앉기를 기다려 업보의 무거움을 설하고 보시·지계·인욕 정진·선정·지혜 등 여섯 가지 훌륭한 완덕의 길을 설한 다음 물었습니다.

"너희들이 과거의 모든 죄를 뉘우치고 참회하느냐?"

"예, 진실로 뉘우치고 참회합니다."

"그러면 다시 출가하여 거룩한 도 닦기를 원하느냐?"

"예, 출가하여 거룩한 도 닦기를 원합니다."

이 말이 끝나자 그들의 머리는 저절로 깎아지고 입었던 옷은 곧 비구의 법의로 변하여 그들 마음 속으로부터 우러나온 진실한 모습이 다른 모든 청정한 수행승과 조금도 다름이 없이 변했습니다.

⑥ 육방예경(六方禮敬)

부처님께서 왕사성 죽림정사에 계실 때 성 안에 사는 싱갈로 바다야는 한 부유한 거사의 아들이 매일 이른 아침이 되면 옷과 머리를 깨끗이 하고 성 밖에 나아가 목욕하고 동·서·남·북·상·하를 향하여 예배를 하였습니다.

부처님께서 하루는 탁발하러 갔다가 우연히 그것을 보고 물었습니다.

"무엇 때문에 그렇게 하느냐?"

"부처님, 저의 아버지께서 임종시에 그렇게 하라고 유언했기 때문입니다."

"성자의 율에서는 그렇게 의미없는 것은 없다."

"그럼 어떻게 하면 좋겠습니까?"

"성자의 길을 가는 자는 마땅히 네 가지 업구를 떠나고 네 가지 이유 때문에 악업을 하지 않고 재물을 상실하는 여섯 가지 원인을 행하지 아니하면 열 가지 죄악에서 벗어나 6방을 잘 지킨 것이 된다. 그러면 네 가지 업구란 무엇인가?

첫째, 생명 있는 것을 해치는 것이고,

둘째, 도적질 하는 것이고,

셋째, 천한 욕정을 쫓는 것이고,

넷째, 거짓된 말을 하는 것이다.

그리고 다시 네 가지 이유는 ① 탐욕 ② 진애 ③ 우치 ④ 공포이며, 여섯 가지 원인은,

① 음주에 빠져 방일에 흐르는 것.

② 길가에서 장난치고 목적없이 돌아다니는 것.

③ 남의 제사집에 가서 도박하고
④ 저급한 일에 만족하고
⑤ 나쁜 동무와 사귀고
⑥ 게으른 것이 그것이다.

싱갈로 바다야, 술에 빠져 방일하면 저축을 잃고 싸움만 늘어나게 하고 병의 원인을 낳고 명예를 손상시키며 숨겨야 할 곳을 나타내고 지혜를 경감시키는 여섯가지 화가 있다.

또 때 아닌 때 길가에서 장난하고 목적없이 돌아다니면 자신에게나 그의 처자에게 재산에 대한 보호가 없게 되고 나쁜 일이 있으면 의심을 받게 되고 실제 그렇지 않은 말썽이 그에게 생기고 많은 피로움의 법이 그를 둘러싸게 되는 등 여섯가지 화가 있게 된다.

싱갈로 바다야, 제예의 객석에 들어가 시간가는 줄 모르고 지내면 어디에 춤이 있나, 어디에 노래가 있나, 어디에 먹을 것이 있나 그런 것을 구하기 위해 헤매며 재물과 시간을 잃고 또 도박에 정신이 빠지면 이길때는 원한을 만들고 얻은 재물을 잃을까 두려워 마음에 근심이 생기고, 실질적 저축을 잃고, 법당에 들어가면 그의 말을 믿는 사람이 없고, 벗은 그를 업신여기며, 혼인을 거절당하여, 도박군은 아내를 얻을 자격이 없다 비난 받는다.

또 나쁜 친구와 사귀면 자신도 악에 물들어 교활하고 남의 것을 탐하여 속이고 포악한 나쁜 친구들과 같이 되고, 게으름에 젖으면 사사건건 구실을 만들어 추우면 춥다, 더우면 덥다, 이르면 이르다, 늦으면 늦다, 혹은 배고프다 배부르다 하여 업무에 등한하여 마침내 이익이 떨어져 간다. 그러므로 이러한 화를 입는 사람은 마땅히 의로움을 잃어 행복을 도둑맞게 된다.

그러나 싱갈로 바다야, 다음과 같은 사람은 사실은 원수지만 벗과 비슷한 자임을 알라. ① 무엇이든지 가지고 가는 자 ② 말이 교만한 자 ③ 감언이설이 많은 자 ④ 방탕의 반려가 되는 자이다.

첫째, 무엇이든지 가져가는 사람은 종류를 가리지 않고 가져가고 작은 것을 주고, 큰 것을 얻으려 하고 두려움에서 일을 하고 사리사욕만 위해서 일한다.

둘째, 말이 교묘한 자는 과거 미래에 우정이 있는 듯이 가장하고 무의미한 애교를 부리면서 일단 해야 할 일이 눈 앞에 닥쳐오면 곧 모양이 변한다.

셋째, 감언이설이 많은 자는 다만 상대방의 나쁜 일에만 보조를 맞추고 좋은 일에는 동의하지 않고 그 사람 앞에서는 칭찬하고 돌아서면 비웃는다.

넷째, 방탕의 길동무가 되는 자는 술에 빠져 헤어나지 못하고 돌아다닐 때 좋은 벗이 되며, 때 아닌 때 거리에 돌아다니고 제예 수용의 객석에 들어가 시간가는 줄 모르며 도박장에서 가까운 벗이 된다. 이러한 네 가지 사람들을 어진 사람들은 적이라 미리 알고 그들을 멀리 피한다.

그러나 싱갈로 바다야, 다음의 네 종류는 마음씨가 착한사람들이다. ① 힘센 후원자 ② 즐거우나 괴로우나 항상 변하지 않는 자 ③ 착한 말만 하는 자 ④ 동정이 있는 자이다.

첫째, 힘센 후원자가 되는 자는 친구가 곤경에 처했을 때 그의 재산을 지켜주고 두려워 할 때 비호자가 되어 주며, 필요할 때는 내가 필요로 하는 두 배 이상의 재산이라도 줄 것이다.

둘째, 즐거우나 괴로우나 변하지 않는 벗이란 자기의 비밀을 말해주고 그가 간직한 비밀을 숨겨 주고 궁핍할 때도 버리지 않고 친구의 이익을 위해서는 목숨까지도 버릴 수 있는 벗이다.

셋째, 착한 말만 하는 벗이란 죄가 생기는 것을 막고 선한 일을 행하게 하고 아직 듣지 못한 것을 듣게 하고 하늘나라 길을 가르친다.

넷째, 동정 있는 벗은 친구가 쇠약했을 때 기뻐하지 않고 그의 융성을 기뻐하며 비방하는 사람을 막아내고 찬양하는 사람을 칭찬한다.

이와같은 네 가지 벗은 실로 내 벗이라고 어진 사람은 미리 알고 이러한 벗들에게 봉사한다.

싱갈로 바다야, 성자의 율로서 6방이라 함은 동방은 부모, 남방은 스승, 서방은 처자, 북방은 붕우, 하방은 노예, 상방은 사문이라 이해된다.

동방의 아버지는 자식들에 의해 부양된다. 양육을 맡은 우리는 양친을 부양하고 양친을 위해서 일하고 집안에서 가축들을 상속함과 더불어 그 상속을 바로 하고 또 모든 돌아가신 선조의 영에 대하여 때에 따라 공물을 바친다. 그렇게 아이들에 의하여 봉양받는 부모는 자식들을 사랑하는 까닭에 그 자식들을 죄악으로부터 멀리하고 착한 일을 행하게 하고 기능을 훈련시키며 적당한 배우자를 맞아 시기를 알아 양도시킨다. 이와 같이 하여 동방은 수호되고 안온하여 포외(怖畏)가 있을 수 없다.

남방의 스승은 제자에 의하여 봉사된다. 서서 절하고 가까이 섬겨 순종과 급사(給事)를 받는다. 또 스승은 좋은 훈련법으로 제자를 가르치고 지켜지고 있는 것을 잘 지켜지게 하며, 모든 학예를 습득케 하여 친구들과 아는 사람들 사이에서 칭찬을 받으므로 남방은 수호되며 안온하고 두려움이 없이 된다.

서방의 처자는 남편에 의해서 봉사된다. 남편은 경의와 예의와 불사(不邪)함과 권위를 주고 또 장식품을 준다. 반대로 아내는 가정을 잘 정돈하고 일꾼들에게 친절하고 정숙하며 재산을 잘 지키고 모든 일에 대해 교묘하며 또 근면하다.

북방의 붕우는 좋은 집안의 자제들에 의해서 봉사된다. 보시에 의하여, 좋은 말에 의하여, 좋은 행에 의하여, 협동 정신에 의해서 서로서로 봉사된다. 따라서 그는 좋은 가문의 자제들을 사랑하여야 한다. 곤경에 처했을 때 재산을 지켜주고 두려워 할 때 비호자가 되며 곤궁할 때 버리지 않고 그 밖의 동족도 함께 존중한다.

하방의 노예는 주인에 의하여 봉사된다. 힘에 따라 적당한 일을 주고 양식과 급부를 주며 병이 났을 때는 약을 주어 위로하고 맛있는 음식을 주고 휴식을 주어 편히 쉬게 하되 마음에 불안함이 없도록 해야 한다. 반대로 노예는 주인을 존경해야 한다. 아침이면 주인보다 먼저 일어나고 밤에는 나중에 자리에 누우며 주어진 물건만 받고 그 일을 잘 하고 그 주인의 명예와 칭찬을 제고해 주어야 한다.

끝으로 상방의 사문은 모든 사람들에 의해서 봉사된다. 친절한 행동, 친절한 마음에 의하여 문호를 닫지 않고 음식물을 준다. 반대로 사문은 모든 선을 행하게 하고 착한 마음으로 사랑하고 확실하게 하고 또 천상에 나는 길을 인도한다.

이와같이 해서 상방은 수호되고 안온하고 두려움이 없다.”

싱갈로 바다야는 생전 처음 듣는 이 거룩한 성자의 말씀을 진심으로 받들고 다음부터는 그러한 형식적인 예의보다는 진실한 행동으로써 6방을 지켜 모두 안온하고 두려움이 없게 하였습니다.

⑦ 승만(勝鬘)부인의 서원

중인도 사바티성의 파세나디왕은 일찍이 북인도 덕차시라국(德叉尸羅國)에 가서 공부를 하였는데 왕이 된 이후로 선정을 베풀어 가시국(迦尸國)까지도 그의 지배하에 있었습니다. 그의 아들 기타태자가 거느리고 있는 신하 수자타 장자에 의하여 기원정사가 지어진 이후부터 왕도 불법을 독실하게 믿어 충실한 외호자가 되었는데 특히 그는 나이와 생일이 부처님과 같고 또 부처님이 성도하던 해(BC 589)에 왕위에 올라 부처님과는 특별한 친분이 있었습니다.

그런데 하루는 그의 부인 말리와 함께 부처님의 설법을 듣고 기쁨에
차 딸 승만을 생각했습니다. '우리 딸 승만은 슬기롭고 생각이 깊으니
부처님을 뵙기만 하면 곧 법을 깨닫게 될 것이다.' 하고 곧 궁녀 찬디
하를 승만의 시가에 보냈습니다. 승만의 시가인 아요다국의 궁궐은 이
소식을 듣고 매우 기뻐하였으며 특히 승만은 일찍부터 부처님의 공덕
을 들어 보기는 했지만 이처럼 친 어머니로부터 칭찬을 들어 보기는
처음이라 갑자기 뵙고 싶은 마음에 견딜 수가 없어서 사밧티성을 향하
여 합장하고 우러러 뵙기를 원했습니다. 부처님은 밝은 지혜의 눈으로
이승만 부인의 간절한 소망을 보고 곧 여러 비구들과 함께 아요다국으
로 갔습니다. 승만 부인은 뜻밖에 자기의 소망이 이루어지자 부처님과
그의 제자들을 거국적으로 환영하고 찬탄한 뒤 세세생생에 버림없는
제자가 되기를 애원했습니다. 부처님은 전생에도 바른 법을 깨닫도록
교법을 일러 주신 인연을 말씀하시고 다음과 같이 수기하셨습니다.

"여래의 참된 공덕을 찬탄한 인연으로 부인은 한량없는 미덕에 천상
과 인간에서 자유자재한 몸이 될 것이다. 어느 때 어떤 곳에 있더라도
늘 여래를 볼 것이며 2만 아승지겁 후에는 보광(普光)이란 부처님이
될 것이다. 이 부인이 성불할 때는 그 세계에 나쁜 일이 없고 늙고 병
들고 죽는 일도 없으며, 마음에 맞지 않는 일을 겪는 괴로움이 없고
몸과 목숨이 갖추어진 온갖 즐거움이 가득할 것이다. 또 그 세계에는
대승보살들과 선근을 익히고 닦은 사람들만 태어나게 될 것이다."

승만부인은 부처님의 이 같은 수기를 받고 열 가지 서원과 세 가지
큰 서원을 발했습니다.

"부처님 저는 오늘부터 보리를 이룰 때까지 다음 열가지 서원을 지
키겠습니다.

① 받은 율에 대하여 범할 생각을 내지 않겠습니다.

② 어른들에게 교만한 생각을 내지 않겠습니다.

③ 중생들에게 성내는 마음을 일으키지 않겠습니다.

④ 남의 잘 생긴 용모를 시기하거나 값진 패물에 대해서 부러워하는 마음을 내지 않겠습니다.

⑤ 제 몸이나 제 소유에 대하여 아끼는 마음을 내지 않겠습니다.

⑥ 제 자신을 위해서는 재산을 모으지 않고 가난하고 외로운 중생들을 구제하기 위해서만 모으겠습니다.

⑦ 보시와 부드러운 말과 이로운 행과 처지를 같이하는 일로 중생을 거두어 주고, 항상 때묻지 않고 싫어하지 않고 거리낌이 없는 마음으로 중생을 대하겠습니다.

⑧ 외로워 의지할 때 없거나 구금을 당했거나 병을 앓거나 여러 가지 고난을 만난 중생들을 보게 되면 그들을 도와 편안하게 하고 고통에서 벗어나게 한 다음 떠나겠습니다.

⑨ 살아있는 짐승을 붙잡거나 가두어 기르거나 계율을 범하게 되는 것을 보게 되면 제 힘이 닿는 데까지 그들을 타이르고 거두어 나쁜 일을 고치도록 하겠습니다. 왜냐하면 타이르고 거두어 줌으로써 바른 법이 오래 머물고 나쁜 일이 점점 줄어들어 부처님의 가르침이 세상에 널리 펼쳐질 것이기 때문입니다.

⑩ 바른 법을 깊이 새겨 잊어버리지 않겠습니다. 바른 법을 잊어버리면 대승을 잊게 되고 대승을 잊어버리면 열반에 이르는 길도 잊어버리고 맙니다. 만약 보살이 대승의 가르침을 잊어버린다면 바른 법을 거두어 지니지 못할 것이며, 스스로 그릇된 길에 떨어져 영원히 범부의 세계에서 벗어나지 못할 것입니다. 저는 이런 일을 큰 죄악이라고 생각합니다. 바른 법을 몸에 지님으로써 도리어 미래의 보살들은 헤아릴 수 없는 복덕을 누릴 것입니다. 부처님, 저는 이렇게 열 가지 서원을 맹세하오니 법왕이신 부처님께서 증인이 되어 주십시오."

그리고 다시 세가지 큰 원을 세웠습니다.

"첫째, 부처님 저는 이 진실한 서원으로 끝없는 중생들을 안락하게 하겠습니다. 이 선근의 인연으로 태어날 때마다 바른 법의 지혜를 얻겠습니다.

둘째, 제가 바른 법의 지혜를 얻은 뒤에는 게으르거나 싫어함이 없이 중생들에게 널리 알리겠습니다.

셋째, 제가 바른 법을 말할 때는 몸과 목숨을 돌보지 않고 잘 지키겠습니다."

부처님은 승만부인의 이 같은 서원을 듣고 다음과 같이 말씀하셨습니다.

"모든 물건이 공간 속에 들어 있는 것처럼, 보살의 무수한 원도 모두 부인이 세운 세 가지 원 속에 들어있습니다. 부인의 지혜와 방편은 깊고 훌륭합니다. 부인은 이제까지 많은 선근을 심어 북돋아 왔습니다. 다음 세상 사람들도 선근을 얻은 사람이면 부인의 말을 잘 알아듣고 필경 불과를 얻을 것입니다."《승만경》

---

1) 바라문교의 한 종파, 무엇이든 좋은 일이라 생각되면 널리 행하기 때문에 그렇게 이름을 붙인 것임.
2) 바라제목차는 몸과 입과 뜻으로 범한 계율을 따로따로 청정하게 하여 해탈을 얻게 되므로 별해탈(別解脫)이라 한다.

⑧ 부처님의 전법과 교훈(4)

① 니승교단의 성립

■ 정반왕의 입멸

부처님 나이 40세 되던 해 아버지 정반왕이 병들었습니다. 그 때 부처님은 베살리성 대림정사에 계셨는데 아버지 정반왕이 병이 들어 있다는 말을 듣고 급히 달려가 아버지 머리맡에 서니 부처님의 광명에 노왕의 병은 한결 부드러워졌습니다. 나이 97세에 당하도록 세상의 영화와 온갖 희노애락을 다 겪었지만 50이 훨씬 넘어 낳은 아들 싯달타가 부처님이 되므로 비로소 세속법인 탐착으로부터 모든 애착을 멀리 떠나 성스러운 죽음을 맞이할 수 있었습니다.

"아버지 정반왕이시여, 모든 근심을 다 놓으시고 오직 진리만을 생각하옵소서."

이렇게 하여 정반왕은 7일 동안 병석에 누웠다가 큰 고통 없이 아들 부처님의 자비스런 간호 속에 한 많은 세상을 떠나고 말았습니다. 장송날 부처님은 아버지의 관을 들고 나무 위에 올려 놓고 손수 불을 붙여 화장했습니다.

■ 니승교단의 성립

그 후 잠시 카필라성 니그로다 동산에 머무르고 있으면서 마하파자바티 부인과 여러 일족들에게 불법을 가르쳐 지혜의 눈이 뜨이게 하였습니다. 이미 남편을 잃고 아들 난다를 출가시키고 또 불법을 들어 눈이 뜨인 파자바티 부인은 부처님께 출가하여 수도할 것을 간청했습니다. 부처님은 세 차례나 탄원을 받고도 허락하지 않고 카필라성을 떠나 베살리성으로 돌아가 대림정사 중각강당(重閣講堂)에 들어갔습니다. 경전에 의하면 여성이 출가하면 정법이 감하기 때문이라 하였습니다.

그러나 여자는 생리적으로 복잡한 점이 많고 감정이 단순하여 번뇌가 많을 뿐 아니라 몸이 연약하여 산림벌판에 집도 없이 산재하여 사는 출가생활을 감당하기 어렵기 때문이 아닌가 생각됩니다.

그럼에도 불구하고 마하파자바티는 결단코 출가할 의사를 버리지 않고 여자의 몸이지만 먼지를 뒤집어 쓰고 뒤를 따라 대림의 강당 앞에 섰습니다. 야소다라비를 비롯한 그 밖에 5백여 명의 샤카족 귀부인들이 열을 지어 따라왔습니다. 아난다는 이 광경을 보고 매우 안타깝게 생각하여 두 차례나 부처님께 거듭 허락하여 주실 것을 간청했으나 듣지 않았습니다.

"부처님 아무리 몸은 약하고 번뇌가 많은 여자라고 할지라도 부처님의 가르침을 따라 수행만 잘 한다면 깨달음을 얻을 수 있지 않겠습니까 ? "

"그렇다."

"그렇다면 왜 출가를 허락하지 않으십니까 ? "

"잡초가 우거진 밭에는 곡식이 잘 자라지 못한다. 비구는 청정한 계율을 닦고 세속의 애착을 떠나야 하는 것인데 여자를 가까이 하면 염애의 정이 두터워진다. 그러나 굳이 출가를 고집한다면 여덟 가지 공경법과 여덟 가지 버려야 할 법(棄法)을 전제하여 출가시키라."

■ 니승의 8경법과 8기법

니승의 여덟 가지 공경법이란 다음과 같습니다.

① 아무리 법랍이 많은 백세 비구니라도 당일 계를 받은 비구에게 합장 예배하고 존경하지 않으면 안 된다.

② 비구니는 비구없는 곳에서 안거하면 안 된다.

③ 반달 마다 비구니는 비구교단으로부터 포살을 하고 설법을 청해 듣는다.

④ 안거가 끝나면 비구니는 비구교단으로 가서 그 동안 범한 죄가 있으면 발로 참회한다.

⑤ 죄를 범한 비구니는 비구, 비구니로부터 반달 동안 별거하며 발로 참회하여야 한다.

⑥ 식차마나(式叉摩那)로서 2년 동안 예비지식을 익히고 나서 비구 비구니 두 승가에게서 계를 받아야 한다.

⑦ 비구니는 비구의 죄를 들추어 내서는 안 된다. 비구가 비구니의 죄를 들추는 것은 허락한다.

다음 여덟 가지 버려야 할 법은 살·도·음·망의 근본 4계에 ⑤ 남자와 부딪쳐 음욕심을 내지 말아라. ⑥ 음욕심이 있는 남자와 손이나 옷자락을 잡거나 그와 같이 으슥한 곳으로 들어가거나 같이 말하거나 같이 동거하거나 서로 몸을 기대거나 기약을 주어 만나거나 하지 말아라. ⑦ 비구의 죄상을 덮어주고 알지라도 대중에 알리지 말아라. ⑧ 승중의 엄격한 규율을 지키지 않고 남승과 함께 살면 안 된다는 것이 더해집니다.

그러므로 이 여덟 가지 공경법과 여덟 가지 버려야 할 법은 곧 비구니는 교단에 종속된 단체로 그의 감독 밑에 있음을 규정한 것입니다. 그러나 불교의 근본 사상은 불성론(佛性論)에 비추어 본다면 성평등(性平等) 무차별(無差別)이라 불교를 믿고 행하는 데는 하등의 구별이 있을 수 없고 또 우열도 있을 수 없습니다. 다만 누가 더 밝은 지혜를 가지고 똑바로 불법을 이해하고 잘 실현할 수 있는가가 문제될 뿐입니다. 사실 이 비구니 8경법은 8기법에 비해 훨씬 후대에 비구들이 자기 권위를 높이고 확보해 가고 있던 시기에 조직적으로 권위주의적 입장에서 만든 것이 아닌가 생각됩니다.

8경법 가운데 제6 식차마나는 정학녀(正學女)로서 비구의 경우 사미가 된 후 만 20세 이상이 되므로서 비구계를 받는 것이 허락되듯 비구니는 사미니와 비구니 사이에 2년 동안 식차마나의 기간을 두고 예비 비구니 노릇을 하게 한 것인데 이것은 출가 후 얼마 있다가 어린 애를 난 여인이 있어 한 때 물의를 일으킴으로부터 비롯된 것입니다.[1]

■ 니승들의 활약과 이름난 비구니들

어떻든 이러한 복잡한 절차와 계율에 앞서 니승교단의 성립은 부처님의 입장에 있어서 매우 부자연스러운 존재였음은 틀림없습니다. 그러나 만일 당시 이들을 구제하지 않으면 또 다른 사회 문제가 제기될 우려도 있고 하여 불가피 성립된 것이기는 하지만, 후대에 있어서 비구들의 타락과는 정 반대로 그들의 청정한 계율이 비구를 능가하여 사회적 선망을 얻음으로써 불교교단을 비호하는 데 적지 않은 영향을 발휘하였습니다. 부처님 당시 비구니로서 오늘날까지 알려진 비구니는 총 103명이나 되는데 그 가운데에도 게마아(差摩尼)는 지혜가 제일이었고, 웁팔라반나(蓮花色尼)는 신통이 제일이었으며, 파타찰라니(波吒

遮羅尼)는 지계 제일이고 담마딘니(法興尼)는 설법 제일, 키샤고타미
(機舍喬答彌)는 범행 제일이었으며, 샤카족 출신의 궁녀였던 바사카
(毘舍去)를 합하여 니승교단의 7대 상속자라 불렀습니다.

② 광녀 바사타와 악녀 옥야의 구도

■ 광녀 바사타의 구도

사위성중에 바사타란 바라문녀가 있었습니다. 일찍이 남편을 여의고
오직 아들 하나를 사랑스럽게 길러 왔는데 그 애가 갑자기 병이 들어
죽었습니다. 충격을 받은 여인은 갑자기 발광이 나 온몸에 실오라기
하나 걸치지 않고 거리로 뛰어 다니며 '내 아들을 살려 달라'고 아우성
쳤습니다. 모든 사람들이 보고는 불쌍하고 안타깝게 여겼지만 보기가
민망하여 그녀만 나타나면 머리를 돌리고 모두 도망쳤습니다. 마침 그
때 한 불교신자가 보고 '저 여자는 부처님만이 치료할 수 있을 것이
다.' 하고 그를 부처님께 인도했습니다. 바사타는 역시 부처님을 뵙자
마자 '내아들을 살려 달라'고 애원했습니다. 부처님이 타일렀습니다.

"가련한 여인아, 네 아들을 꼭 살리고 싶으냐?"

"네 꼭 살리고 싶습니다. 저는 그 아이 하나만을 위해서 살아 왔습
니다."

"그렇다면 네 마을에 내려가서 조상 때부터 한 번도 죽은 사람이 없
는 집에 가서 겨자씨 조금만 얻어 오너라."

여인은 마을로 내려갔습니다.

"겨자씨 조금만 주세요."

"겨자씨는 여기 있습니다만 무엇에 쓰시렵니까?"

"단지 조상 때부터 사람이 죽지 않은 집이어야 합니다."

"애끼 이 미친 여인아. 조상 때부터 사람이 죽지 않은 집이 어디 있어? 몇 년전에 어머니가 돌아가시고 며칠 일전에 3대독자 외아들까지 잃어 마음이 환장할 지경인데."

사람들은 모두 이렇게 자기 사정을 이야기 하며 끝없이 슬퍼하였습니다. 바사타는 종일도록 돌아다니다가 저녁 밝은 달이 동틀 무렵에야 제 정신이 났습니다.

"아, 세상엔 사람이 죽지 않은 곳이 없구나. 그런데 나는 언젠가는 죽지 않으면 아니 될 그 자식의 병사 때문에 내 정신을 잃었구나. 내가 미쳤지 미쳤어."

하고 곧 집으로 돌아가 죽은 자식을 화장터에 갖다 버리고 기원정사로 돌아왔습니다. 부처님은 여인이 오는 것을 보시고 자비스러운 눈으로 물었습니다.

"바사타여, 겨자씨를 가져 왔느냐?"

"부처님 이제 저에겐 겨자씨가 필요없게 되었습니다."

그리하여 바사타는 제 정신을 찾고 불제자가 되어 뒤에 니승교단의 훌륭한 지도자가 되었던 키샤고타미가 바로 그 분입니다.

경전에는 이 바사타의 이야기가 여러 군데 나오는데 어떤 데에서는 '훌륭한 가문 출신으로 일찍이 남편을 잃은 3대독자의 어머니'였다고 하고 어떤 데서는 '가난하고 천한 가정에 태어나 부자집 아들에게 매수되어 시집왔는데 늦게까지 자식을 낳지 못하여 극심한 시집살이를 하다가 늦게야 아들 하나를 얻어 호강을 누리다가 갑자기 병이 들어 죽으니 큰 충격을 받고 미쳤다.' 하기도 하였습니다.

■ 옥야의 구도

또 기원정사를 지어 바친 수자타 장자의 며느리 옥야는 인물이 훌륭하여 누가 보아도 '아름답다' 하지 않는 사람이 없었습니다. 그런데 옥야는 그 아름다운 겉 모양에만 팔려 심술이 많고 교만심이 차서 남편을 우습게 보고 또 시부모의 말도 잘 듣지 않고 하인들을 축생 부리듯 하였습니다. 수닷타 장자는 견디다 못하여 하루는 부처님을 찾아 뵙고 '어떤 방법을 써서라도 악한 며느리를 구해 달라'고 사정하였습니다.

부처님은 수닷타의 말을 듣고 수닷타 장자의 집을 방문하였으나 과연 모든 권속이 나와 부처님을 뵙고 공경하는데도 옥야만은 나올 생각도 않고 있었습니다. 그 후 얼마 있다가 또 부처님께서 그의 집에 들렀는데 마침 그 때는 옥야가 옆구리에 종기가 나서 심한 고통을 겪고 있었습니다. 아무리 종들이 입으로 빨고 손으로 짜도 종기가 터지지 않아 화가난 옥야는 '그것도 하나 짜지 못한다'고 오히려 종들을 개패 듯 하고 있었습니다.

부처님은 평상에 올라 앉아 옥야를 불렀습니다. 많은 사람들이 덩달아 나와 앉았습니다. 옥야는 부처님을 '누데기 옷을 입은 거지 중에서도 상거지'라고만 생각하였는데 그 날따라 부처님의 존안을 우러러 보니 어딘지 모르게 숭고하면서도 위엄을 갖추어 얼굴에서는 자비가 흘러 내리는 것만 같아 새삼스럽게 친근감을 느꼈습니다.

사실 옥야는 너무나도 극성을 부리다 보니 집안의 종들까지도 모두 두려워 하여 이 세상 모든 사람들이 다 자기로부터 멀리 떨어져 나가 버린 것 같아 진실로 인생의 고독을 마음 속으로부터 절감하고 있던 때인데 마침 그 자비스럽고 위엄에 찬 부처님이 오셔 자기를 부르는 소리가 친 어머니, 비밀을 터 놓은 벗과 같이 느껴져 오직 이 세상에서 제 편은 이 부처님 밖에 없는 것같이 생각되었습니다.

"부처님 황송합니다."

"옥야야, 내 말을 들으라. 여자는 제 얼굴 잘난 것만으로 자랑삼아 교만하면 못 쓴다. 사람의 아름다움은 얼굴에 있지 않고 마음에 있다.

이 마음이 아름다와야 모든 소행이 아름다워져서 타인으로부터 참된 존경도 받고 남편의 사랑도 받는 법이다. 만일 마음이 삐뚤어진 자가 얼굴만 믿고 그 얼굴에 팔려 여자 노릇을 못하게 되면 사람뿐 아니라 하인까지도 모두 싫어하여 이 세상에서 노리개감이 되고 만다. 그렇지 않아도 여자에겐 3 장(障) 10 악(惡)이 있다. 3 장이란,

① 어려서는 부모를 따라야 하고

② 커서는 남편을 따라야 하고

③ 늙어서는 자손을 따르는, 여러 가지 속박과 장애를 받는 것이다.

10 악이란,

① 나면서부터 부모의 기쁨을 못 받고

② 남자처럼 교육을 못 받고

③ 혼인 때 부모님께 걱정을 끼치며

④ 마음이 항상 남을 겁내게 하고

⑤ 부모님과 헤어져 살아야 하며

⑥ 몸을 남의 집에 맡기게 되고

⑦ 임신의 고통을 겪어야 하고

⑧ 출산의 고통을 받으며

⑨ 항상 남편을 섬겨야 하며

⑩ 안정된 생활을 하기 어려운 것이다.

그런데 너는 그 가운데 얼굴 잘난 것만 믿고 거만을 부려 남편도 잘 섬기지 않고 부모도 잘 섬기지 않으며 종들도 학대하여 모두 너를 두려워 하니 어찌 너에게 악의 종기가 생기지 않겠는가. "

이 말을 들은 옥야는 큰 뉘우침과 부끄러움 때문에 견디지 못하고 울음을 터뜨리고 말았는데 너무나도 크게 흐느껴 우는 바람에 조금 전까지만 하여도 아무리 빨고 짜도 터지지 않던 종기가 확 터져 쏟아져 나왔다. 부처님은 달래듯 꾸짖듯 조용조용 타일렀습니다.

"옥야야, 슬퍼마라. 이제 너의 마음 가운데 쌓이고 쌓였던 모든 부정이 그 고름처럼 다 쏟아져 나왔으니 너에게 적은 없다."

비로소 옥야는 울음을 그치고 부처님께 재배한 뒤

"부처님 제가 참으로 잘못 했습니다. 이제부터서는 공손한 마음으로 시부모와 남편, 종들을 내 몸 살피듯 하겠습니다. 그러니 어질고, 착한 여인의 길잡이가 될 만한 교훈을 일러 주십시오. 거울 삼아 실현하겠습니다."

"착하다. 옥야야, 내 너를 위하여 말하리라. 남의 아내로서 행할 길에 다섯 가지가 있다.

① 어머니와 같은 아내니 남편 사랑하기를 마치 어머니가 자식 사랑하듯 하는 것이고

② 신하와 같은 아내니 남편 섬기기를 신하가 임금을 섬기듯 하는 것이며

③ 누이와 같은 아내니 남편 생각하기를 친오빠와 같이 하는 것이고

④ 노비와 같은 아내니 남편 섬기기를 종이 주인을 섬기듯 하는 것이며

⑤ 아내와 같은 아내니 비록 몸은 서로 다를지라도 한 마음이 되어 집안을 잘 다스리는 것이다.

옥야야, 또 시부모와 남편을 섬기는데 세 가지 악한 길과 다섯 가지 착한 길이 있으니 세 가지 악한 길은,

① 해가 저물기도 전에 먼저 잠자리에 들거나 날이 밝아도 일어날 줄 모르고 남편이 꾸중하면 도리어 반발하는 것이고

② 맛있는 음식은 남보다 먼저 먹고 시부모나 남편에게는 아무렇게나 대접하고 요사한 생각을 일으키는 것이며,

③ 가정은 다스리지 않고 유흥 잡기에만 빠져 탐하고, 남의 허물을 들어 비방하고, 말을 삼가지 않고 함부로 지껄이고 남과 다투기를 즐

기며 친척들의 눈밖에 나서 그들에게 멸시를 받는 것이니 이것은 마땅히 버려야 할 것이다.

다음 다섯 가지 착한 길이란,

① 밤에는 늦게 자고 아침에는 먼저 일어나고 여자의 범절을 갖추어 단정하고 공손해야 하고 또 좋은 음식을 시부모와 남편에게 먼저 받드는 것이고,

② 시부모나 남편으로부터 꾸중을 듣고 잘 참을 줄 알고 그에 대하여 원한을 갖지 않는 것이고,

③ 한 마음 한 뜻으로 남편을 지키고 자신의 보살핌이 미치치 못하는 것을 뉘우칠지언정 삿된 마음으로 죽었으면 좋겠다는 생각을 가지면 못 쓰고,

④ 항상 시부모와 남편의 건강을 빌고 남편이 먼 길을 나가면 두 마음을 먹지 않는 것이다.

⑤ 남편의 잘못을 생각하지 말고 그 착함을 생각하며 집안 친척들과 화목을 도와 사람들의 사랑을 받도록 힘써야 하는 것이니, 이 다섯 가지는 마땅히 실천해야 할 것이다.

옥야야, 여자가 남의 아내로서 이 다섯 가지 행을 잘 알아 행하면 사람들의 존경과 사랑을 받고 그 집의 가족이 모두 번영하여 천신이 수호하므로 모든 재앙이 소멸되고 자손에게까지 그 덕이 미치지만 만일 그렇지 못하고 만일 남의 아내가 되어 세 가지 악을 범하게 되면 항상 남에게 미움을 받고 몸이 편안치 못하며 그로 말미암아 귀신의 무리들이 삿된 독으로 침범하여 재앙이 쉴 사이 없고 만사가 낭패로 되고 마침내는 몸을 의지할 곳조차 없게 된다. 옥야야, 사람은 누구나 다 허물이 있다. 그러나 뉘우치고 다시 범하지 아니하면 그는 마침내 청정을 얻나니 그러므로 옥야야, 지난 날을 후회하며 비탄에만 빠지지 말고 새 사람이 되어라."

옥야의 두 눈에는 감사의 이슬이 맺혔습니다. 그 동안 구박을 받고 저주스럽게만 생각하던 모든 종들도 이제 옥야의 흐느낌을 보고 불쌍하게 생각했으며, 그의 마음으로부터 멀리 떨어져 갔던 시부모와 남편도 측은히 여겨 처음 결혼했을 때와 같이 진실로 사랑하니 옥야는 그 후 3년 있다가 아들을 낳고 또 3년 있다가 아들을 낳아 집안은 온통 천상의 낙원을 연상하게 되었습니다.

③ 운명의 여인 웁팔라반나(蓮華尼)

■ 운명은 물결처럼

북인도 탁카실라성 밑에 대대로 큰 장자의 외딸로서 얼굴이 매우 아름다운 여자가 있었습니다. 그녀는 이름을 웁팔라반다 즉 연꽃이라 불렀는데 아버지는 이 딸을 일찍이 출가시킨 뒤 세상을 떠났습니다. 그녀는 결혼 후 매우 행복한 나날을 보내고 있었습니다. 그런데 과부가 된 어머니가 아직 젊은 나이에 빈 방의 고적함을 견디지 못하여 남몰래 사위와 관계를 맺었습니다. 이 사실을 안 연꽃 여인은 '짐승만도 못한 년 놈'이라 꾸짖고 어린 딸을 남편에게 내던져 머리가 깨어졌습니다. 젖먹이 딸은 다행히 죽지는 않고 머리에 큰 상처만 입고 살아났으나 연꽃 여인은 도저히 참고 견딜 수 없어 집을 나갔습니다. 4방으로 돌아다니다가 중인도 바라나성에 이르러 어떤 상인의 후처로 들어 갔습니다. 다행히 남편에게 사랑을 받아 10년 동안을 평화롭게 잘 살았으나 다만 슬하에 자식이 없어 쓸쓸했습니다. 그러던 어느 날 남편이 말했습니다.

"여보, 우리 양녀를 하나 들이면 어떻겠소?"

"좋습니다. 나도 매우 쓸쓸하던 참인데 당신이 원한다면 저도 좋게 여기겠습니다."

그래서 그 상인은 장사를 나갈 때 마다 양녀를 찾아 구했습니다. 그러던 어느 날 탁카실라성에 갔다가 아름다운 소녀를 발견했습니다. 들리는 말에 의하면 그녀는 어릴 때부터 양친을 떠나 남의 집 하녀로 있었다는 것입니다. 그는 그녀의 주인에게 사정하여 그녀를 데리고 왔습니다. 연꽃 여인도 퍽 좋아 하였습니다. 그런데 하루는 연꽃 여인이 그 소녀의 머리를 빗기다가 큰 상처가 있는 것을 발견하고 물었습니다.

"어떻게 이런 큰 상처가 생겼지?"

"나는 잘 기억하지 못하나 들으니 옛날 우리 아버지가 부부 싸움을 하다가 나를 메어쳐 이렇게 상처가 났다고 합니다."

"그러면 너의 고향이 어디지?"

"그것도 확실히는 모르지만 탁카실라성이라 들었습니다."

"그러면 너의 부모가 어디 있는 줄도 모르겠구나."

"그러면요. 어머니는 일찍이 집을 나가 아버지와 외할머니와 함께 살았는데 그 뒤 나는 어느 부자집으로 팔려가 소식이 끊기고 말았습니다."

가련한 여인, 연꽃 연인은 차마 그 말을 하지 못하고 '네가 바로 내 딸이로구나' 불행중 다행이라 생각되었습니다. 그런데 그 아이는 종종 아버지를 따라 장사 뒷일을 거들기도 하고 심부름도 하였습니다. 나이가 성숙할수록 얼굴이 수려해지자 아버지 장사군은 자식도 없고 하니 '차라리 이 애를 건드려 자식이나 하나 나 볼까' 하는 생각으로 건드렸습니다.

이 사실을 안 어머니는 미칠 것만 같았습니다. 예전에는 자기를 낳아준 어머니에게 남편을 빼앗기고 이번에는 또 자기가 낳은 딸에게 남편을 빼앗기니 세상에 이럴 수가 있겠습니까? 그는 차라리 죽어버리는 게 낫겠다 하여 미친 듯이 뛰어 나가 얼마쯤 가다가 큰 나무에 목을 맸습니다. 그런데 죽음도 마음대로 할 수 없는 것이 운명인가 봅니다. 그 때 산에서 풀을 베고 있던 나무꾼이 이 광경을 보고 뛰어 내려와 여인을 구했습니다.

"무엇 때문에 이런 어리석은 짓을 하십니까?"

여인은 말을 잊은 채 오랫동안 입을 열지 않다가 그 남자의 따뜻한 말씨에 겨우 입을 떼고 그 동안 겪은 일들을 사실대로 털어 놓았습니다. 나무꾼도 가엾다는 듯 한숨을 쉬고 함께 눈물을 흘리다가,

"인연은 인연을 부르는 것입니다. 나도 사실은 3년전에 아내를 잃고 어린 자식 하나만을 데리고 고생하고 있습니다."

"아내를 잃다니요?"

"구차한 나무꾼보다는 호화로운 장사꾼의 집이 좋다 하여 정부와 도망쳐 버렸습니다. 하도 기가 막혀 나도 목을 매었으나 자식들을 생각하고 차마 죽지를 못했습니다."

이렇게 이야기를 주고 받던 남녀는 서로의 입장을 불쌍히 여기고 부부간이 되기로 약속했습니다. 비록 집은 가난하지만 마음씨가 곱고 착해 자식 하나 있는 것을 친아들처럼 잘 길렀습니다. 10년을 넘어 살고 나니 가정도 퍽 부유해져 그리운 것이 없었습니다. 남편은 집안이 불어난 것이 연꽃 여인의 덕이라 감사하고 애들을 출가시킨 뒤에는 더욱 평화스럽게 잘 살리라 마음 먹었습니다. 그리하여 사방으로 사람을 놓아 처녀를 구했습니다. 다행히 어느 무역상의 딸이 배우자로 나타났습니다. 선을 본 아버지는 아내에게,

"그의 어머니는 마치 당신을 닮아 퍽 아름답고 또 그 딸도 꼭 자기 어머니를 닮았습니다."

하고 칭찬했습니다. 그러나 이 말을 듣고 연꽃 여인은 또 가슴이 철컥 내려 앉았습니다. 그러나 보지 않고는 알 수 없는 일이라 그대로 결혼

식만을 기다리고 있었습니다. 마침 날이 되어 딸의 아버지가 딸을 데리고 오는데 뒤뜰에서 보니 과연 자기의 예측이 적중했습니다. 딸의 아버지는 지난번 자기의 남편이고 딸은 곧 자기 딸의 딸이었습니다. 여인은 또 말없이 집을 나갔습니다. 며칠을 울며 가고 울며 가다가 마침내 지쳐 아무것도 눈에 보이는 것이 없었습니다. 길가 어느 빈 들집 속에 들어가 쓰러져 잤습니다. 눈을 떠 보니 한 남자가 자기 옆에 앉아 빙글빙글 웃고 있었습니다. 연꽃 여인이 기겁을 하며 놀라자,

"놀랄 것은 없습니다. 놀란 사람은 바로 납니다. 이 집은 내 집인데 식 때가 되어 밥을 얻어 먹고 오니 바로 당신이 와 여기서 자고 있지 않습니까? 하늘이 준 보배라 생각하고 오직 잠이 깨기만을 기다렸습니다."

이제 모든 것은 다 버려졌습니다. 윤리니 도덕이니 하는 관념은 그에게는 남은 것이 없고 될 대로 돼라는 식이었습니다. 그래서 여인은 아름다운 몸을 그 남자에게 맡겨 버렸습니다. 그러나 그것도 오래 갈 수 있는 것이 아니었습니다. 남편은 거지이면서도 일종의 노름꾼이라 때로 돈이 없을 때는 그 여인을 저당하기도 했습니다. 이렇게 해서 이 남자 저 남자에게 팔려 창녀가 되어 돌아다니던 연꽃 여인은 남편이 집을 나간 틈을 타서 또 한 번 도망질을 하였습니다. 뛰다 걷다 한없이 가다가 눈물이 말라버릴 무렵 어느 숲가에 앉아 지난날을 회고했습니다. '내가 그 때 그 남편에 대하여 더럽다고 싸운 것이 잘못이다. 그리고 그 아이를 들어 메친 것도 잘못이다. 사실 이것이 발단이 되어 오늘 나는 이렇게 되지 않았는가. 죄가 많은 나는 이제 죽을래야 죽을 수도 없으니 어떻게 할 것인가?'

그는 마지막 자신을 저주하면서 깊이 자기의 한 일에 대해서 무서운 회개를 하고 있을 그 때 어디선가 소리가 들려 왔습니다.

"부처님이다 부처님, 우리의 스승이시며, 3계의 도사이시고 사생의

자부이신 부처님이시다. "

사람들은 그 거룩한 부처님을 보고 모두 땅에 엎드려 예배했습니다. 그녀도 따라서 절을 했습니다. 무엇인가 마음이 풀리는 것 같고 또 신성해지는 것 같았습니다. 부처님은 한번 엎드려 흐느끼며 일어나지 못하는 그 여인을 목갈라나에게 부탁했습니다.

"목갈라나여, 저 여인을 구하라. "

한참 동안 그녀의 옆에 섰다가 그녀가 이미 과거에 무서운 체험을 한 여인인 것을 알았습니다.

"존자여, 저는 무서운 인과에 휘말려 있는 죄많은 여인입니다. "

"실망하지 말라. 아무리 더러운 때도 냇물로 씻어내듯, 아무리 탁한 강도 바다에 들어가면 맑아지듯 불법의 물로 씻고 불법의 바다에 들어가면 깨끗해 지지 않는 것이 없다. "

그는 마침 목갈라나의 안내로 여승교단에 들어가 비구니가 되었습니다. 그리하여 전날 잘못 된 인연에 휩쓸려 들어간 모든 친족들을 남김 없이 제도하고 또 많은 사람들을 구제하여 비구니 교단에서는 지혜제일 웁팔라반나가 되었습니다.

④ 식인종 귀자모의 구제

또 부처님은 일찍이 야만족이 사는 대도국(大兜國)에 갔다가 사람을 잡아먹는 여인을 구제한 일이 있습니다. 여인은 대도국 추장의 아내로 자기 아이는 애지중지 기르면서도 남의 아이들을 잡아다 먹어 사람들은 귀자모(鬼子母)[2]의 후신이라 하여 귀자모라 부르며 매우 두려워 하였습니다.

부처님의 제자들이 탁발을 하러 갔다가 많은 군중들이 모여서 그 여자를 규탄하는 것을 보고 부처님께 아뢰었습니다.

"사람들은 분노에 차 있습니다. 그러나 그의 남편이 추장이기 때문에 억울하고 분한 사정을 그 어느 곳에도 호소할 길이 없었습니다."

"그렇다면 내가 그들을 구해 주리라."

하고 부처님은 아무도 몰래 그 귀자모의 자식들 가운데 그가 가장 사랑하는 아들 빈가라(嬪伽羅)를 데려오라 하였습니다. 아난은 그녀의 집으로 가서 그녀가 나들이 가고 없는 틈을 타서 빈가라를 데려왔습니다. 부처님은 그 애를 아무 눈에도 띄지 않게 깊숙히 보호하고 있었습니다. 귀자모는 집에 돌아와 자식이 없어진 것을 알고 사방으로 뛰며 울고 찾아 다녔습니다. 부처님은 마침 그 때 탁발을 나가셨다가 물었습니다.

"귀자모야, 너는 어찌하여 울고 다니느냐?"

"내 아들 빈가라를 잃어 버렸습니다."

"거참, 안 되었구나, 그러나 너는 남의 자식을 마음대로 잡아다 먹는다면서 내 자식은 아깝게 생각하느냐?"

"남의 자식이야 내가 낳지 않았으니 알 바 없습니다. 마치 그것은 산 짐승이나 물고기를 잡아 먹는 것과 조금도 다름이 없습니다."

"그러나 여인아, 그것을 바꾸어 생각해 보라, 자식을 잃은 사람은 모두 지금의 네 마음과 같다."

그러나 귀자모는 그런 것과는 아랑곳 없다는 듯 제 자식 잃은 것에만 불이 나 있었습니다.

"부처님 저의 자식 있는 곳을 가르쳐 주십시오."

"귀자모야, 네 자식은 아직 살아 있다. 그러나 네 마음이 고쳐지지 않는 한 나머지 일곱 자식도 모두 잡아갈 것이다."

귀자모는 이 말을 듣고 더욱 펄펄 뛰면서 '어떻게 하면 좋으냐'고 부처님께 사정하였습니다.

"너의 마음을 고치어 다시는 남의 애들을 잡아 먹지 않는다고 약속하면 내가 찾아 주겠다."

"그렇다면 제가 부처님께 참회하고 다시는 그런 악행을 저지르지 않겠습니다."

"그러면 나를 따라 오너라."

부처님은 아이가 있는 곳으로 가서 곧 아이를 내어주고 그 아이와 함께 3귀 5계를 가르쳤습니다. 이로 인해 대도국의 식인종은 없어지고 모든 백성들은 안심하고 자식을 기를 수 있었습니다.

⑤ 아난다의 여난

아난은 성질이 여자처럼 부드럽고 순박 자애하며 청백 단아하여 많은 사람들로부터 친근감을 주고 또 두뇌가 뛰어나 한번 들으면 잘 잊어버리지 아니하여 부처님의 시봉자가 되었습니다. 원래 큰 스님 시봉은 말이 많기 때문에 성도 후 20년 동안은 나가존자(那迦尊者), 나기다대덕(那耆多大德), 미기야(邇耆耶), 우파바(優波婆), 사가다(沙迦多), 이차족(離車族), 수나하다(須那多) 등이 서로 번갈아 가며 하다가 성도후 27년 만에 부처님을 시봉하는 이는 "① 부처님께서 입던 옷을 물려 입지 않는다. ② 부처님께서 남기신 음식을 먹지 않는다. ③ 부처님의 별청에 따라가지 않는다는 조건을 전제로 아난존자가 계속하여 하기로 되었습니다. 그러나 아난다는 인물이 뛰어나 종종 여자들의 유혹을 받아 교단에 물의를 일으켰습니다.

어느 여름 날 탁발하러 갔다가 목이 말라 우물에서 물을 긷는 처녀에게 물을 청했습니다. 그는 아주 신분이 얕은 찬달라(旃陀羅)[3] 집안의 딸이라 신분이 높은 사람들과는 거래를 할 수 없었으므로 물을 청하는 사람을 우러러 보며 물었습니다.

"스님은 부처님의 제자가 아닙니까?"

"그렇습니다."

"그렇다면 어떻게 우리 같은 찬달라가 물을 드릴 수 있겠습니까?"

"출가인에게는 계급이 없습니다."

처녀는 그 상냥한 음성에 달빛처럼 고운 아난다를 보고 연모의 정을 일으켰습니다. 더구나 이 세상 모든 사람들이 계급이 낮다 하여 심한 천대를 해 왔는데 저렇게 훌륭하신 분이 물을 구한다는 것은 보통 인연이 아니다 생각하고 곧 정결히 물을 떠 존자의 발 밑에 붓고 손을 씻은 뒤 다시 한 그릇을 떠서 대접했습니다. 아난은 '고맙다' 인사하고 점잖게 돌아서서 갔습니다. 그런데 그 처녀는 어쩐지 그를 잊을 수가 없었습니다. 다시 또 물을 청하러 올까 하여 여러 날 동안 우물가에 나가 기다렸으나 종내 오지 않았습니다. 그리하여 이 여인은 그로 인해 병이 나고 말았습니다.

어머니는 사정을 알고 '그렇게 높은 분이 이렇게 너 같은 것을 거들떠 보겠느냐?'라고 꾸짖었지만 소용 없었습니다. 하는 수 없이 그의 어머니는 생각했습니다. '어렵게 기른 귀한 딸을 구해야지'하고 그들이 전통적으로 내려오는 마토키야신의 주술로서 아난다를 집으로 불러 들이기 위해 깨끗이 목욕 재개한 후 단을 차리고 주위에는 소똥을 바르고 향기 좋은 향을 사다 뿌리고 맑은 물을 떠다 놓고 화단(火壇)을 차려 불을 붙인 뒤 정성스레 주문을 외웠습니다. 그 때 마침 걸식나왔던 아난다가 몽유병 환자처럼 멍청하니 그의 집으로 뛰어 들어왔습니다. 어머니 옆에 앉아 있던 찬달라의 딸은 어쩔 줄 모르고 뛰어 나와 아난다의 손목을 잡고 그의 침실로 들어갔습니다. 그리고 아난다를 자리에 눕히고 온갖 수단과 방법으로 홍분시켰습니다. 정신을 잃었던 아난이 눈을 떠 자세히 보니 이는 기원정사가 아니고 마을 집 처녀의 방이라 깜짝 놀라 일어나며 기원정사를 향해 합장하고 부처님을 생각하니 곧 마토키야신주의 힘이 없어지고 곧 부처님의 지혜 광명이 솟아나와 기원정사로 돌아올 수 있었습니다.

아난존자를 놓친 찬달라의 딸은 더욱 미친 사람처럼 날 뛰었습니다. 이튿날 절문 앞에 숨어 있다가 아난존자가 밥을 빌러 나오자 그의 뒤를 따라 다녔습니다. 이를 안 아난다가 곧 행걸을 중지하고 절로 들어오자 그도 따라 절로 들어와 부끄러운 줄도 모르고 부처님께 사뢰었습니다.

"부처님 나를 아난다스님의 아내가 되게 하여 주십시오. 죽어도 소원입니다."

부처님은 사랑을 하는 사람이나 사랑을 받는 사람이나 모두 불쌍하게 생각했습니다.

"찬달라의 딸이여, 꼭 그대는 아난다의 아내가 되고 싶은가? 어떠한 고행이 있더라도"

"예, 부처님 어떠한 고행이 있어도 잘 참고 견디겠습니다."

"그렇다면 너의 부모에게 가서 출가를 해도 좋다는 허락을 받아 오너라."

찬달라는 기뻐 날뛰며 집에 돌아와 부모님의 허락을 받았습니다.

그래서 그는 마침내 니승교단에 들어가 하다이 비구니 밑에서 공부하였습니다.

부처님은 어느 날 그의 공부가 어지간히 익은 것을 보아 대중 앞에 부르고 물었습니다.

"너는 지금도 아난다를 사랑하느냐?"

"사랑합니다."

"아난다의 어느 것을 사랑하느냐?"

"눈도 사랑하고 귀도 사랑하고 입도 사랑하고 아난다의 마음 생각 뜻 등 모든 것을 다 사랑합니다. 그러나 이제 그 아난다는 아홉 구멍에서 구정물이 흐르고 궂은 냄새가 나고 마음과 생기와 뜻은 시시각각으로 변하여 잠시도 영원성이 없는 것을 알고 오직 도반으로 스승으로서 존경하며 사랑할 뿐입니다. "

"장하다. 찬달라녀여, 진실로 너는 부처님의 제자로다. "

한편 아난다는 '내가 부처님을 항상 가깝게 모시고 있으면서도 부처님의 행을 잘 익히지 못한 까닭에 이런 불상사가 생겼다. '하고 대중앞에 참회하고 더욱 정진하여 훌륭한 법제자가 되었고 찬달라녀도 전날의 욕정이 얼마나 어리석고 추잡한 것이었던가를 깨닫고 부지런히 공부하여 범행 제일의 비구니가 되었습니다.

⑥ 가난한 여인의 등불

사밧티(舍術城)에 한 가난한 여인이 살고 있었습니다. 여인은 너무 가난했기 때문에 이집 저집 다니면서 밥을 빌어 겨우 목숨을 이어 갔습니다. 어느 날 온 성안이 떠들석한 것을 보고 지나가는 사람에게 물었더니, '프라세나짓왕이 석 달 동안 부처님과 그의 제자들에게 옷과 음식과 침구와 약을 공양하고 오늘밤에는 또 수만 개의 등불을 켜 연등회(燃燈會)를 연다'고 하였습니다.

이 말을 들은 여인은 혼자 생각했습니다. '프라세나짓 왕은 많은 복을 짓는구나. 그런데 나는 아무것도 가진 것이 없으니 어떻게 할까, 나도 등불을 하나 켜서 부처님께 공양하리라'하고 여인은 지나가는 사람에게 겨우 동전 두 닢을 얻어 기름집으로 갔습니다. 기름집 주인은 '그까짓 것을 가지고 어디에 쓸거냐'고 물었습니다.

"이 세상에서 부처님을 만나 뵙기란 참으로 어려운 일입니다. 이제 그 부처님을 뵙게 되니 얼마나 다행한 일입니까. 나는 가난하여 아무 것도 공양할 것이 없으니 등불이라도 하나 켜 부처님께 공양할까 합니다. "

주인은 여인의 말에 감동하여 기름을 곱절이나 주었습니다. 여인은 그것을 가지고 불을 켜 부처님이 다니시는 길목에다 밝히고 속으로 빌었습니다.

"보잘 것 없는 등불이지만 이 공덕으로 내생에 나도 부처가 되게 하옵소서."

밤이 깊어 다른 등불은 다 꺼졌습니다. 그러나 그 등불만은 유독 홀로 빛나고 있었습니다. 등불이 다 꺼지기 전에 부처님께서 주무시지 않았으므로 아난다는 손으로 불을 끄려 하였습니다. 그러나 꺼지지 않았습니다. 부처님은 그것을 보고 아난다에게 말씀하셨습니다.

"아난다여, 부질없이 애쓰지 말라. 그것은 가난하지만 마음이 착한 여인의 넓고 큰 서원과 정성으로 켠 등불이다. 그러니 결코 꺼지지 않을 것이다. 그 등불의 공덕으로 그 여인은 오는 세상에 반드시 성불하리라."

이 말을 전해 들은 프라새나짓왕은 부처님께 나아가 여쭈었습니다.

"부처님 저는 석 달 동안이나 부처님과 스님들께 큰 보시를 하고 수천 개의 등불을 켰습니다. 그런데 어찌하여 등 하나만을 켠 그 여인에겐 수기하고 저에겐 수기를 주시지 않습니까? 저에게도 수기를 주십시오."

"불도란 그 뜻이 매우 깊어 헤아리기 어렵고 알기 어려우며 깨치기도 어렵습니다. 그것은 하나의 보시로써 얻을 수 없는 것이기도 하지만 백천의 보시를 얻기 위해서는 먼저 여러 가지로 복을 짓고 좋은 벗을 사귀어 많이 배우며, 스스로 겸손하고 남을 존경해야 합니다. 자기가 쌓은 공덕을 내 세우거나 자랑해서는 안 됩니다. 이와 같이 하면 뒷 날에 임금님께서도 반드시 불도를 이루시게 될 것입니다."

왕은 속으로 부끄러워 하면서 물러갔습니다.

⑦ 독전(毒箭)의 비유와 병상의 설법

■ 독전의 비유

부처님께서 기원정사에 계실 때 어느 날 마룬캬푸타 비구가 홀로 고요한 곳에 있으면서 생각하였습니다.

"이 세계는 항상 존재하는 것인가, 세계는 한이 있는 것인가 없는 것인가. 영혼이 육체와 같은 것인가 다른 것인가. 중생은 죽은 뒤에 존재하는가 않는가. 이러한 문제를 세존께서는 말씀해 주시지 않으니 답답해서 견딜 수 없다. 다시 한·번 가서 물어 보아 그래도 대답해 주시지 않는다면 차라리 나는 중 노릇을 그만 두고 퇴속하겠다."

이렇게 생각한 마룬캬푸타는 곧 부처님께 가서 그와 같이 물었습니다.

"마룬캬푸타여, 내가 언제 네가 출가할 때 그런 문제를 대답해 줄 것을 약속하였느냐?"

"그렇게 약속하지 않았습니다."

"그런데 너는 어찌하여 중이 되고 되지 않는 것에 결부시켜 생각하느냐? 마룬캬푸타여, 만약 네가 그와 같은 생각만 하고 수행하지 않는다면 너는 그 생각 속에 죽고 말 것이다. 마치 어떤 사람이 독한 화살을 맞았는데 그의 친척이나 친구들이 와서 보고 의사를 불러 빼어달라고 하는데 의사는 그 화살을 먼저 빼주지 않고 '이것은 누가 쏜 화살일까. 얼굴은 어떻게 생겼을까. 둥글까. 모날까. 또 그 활은 큰 활일까. 작은 활일까. 활 줄은 칡덩굴일까. 실끈일까. 짐승의 힘줄일까. 또 화살 끝에 달린 털은 독수리 털일까. 공작새 털인가. 해오라기 털일까. 화살은 말발굽 모양으로 생겼을까. 쇠뿔 모양으로 생겼을까. 내 이것들을 알기 전에는 빼주지 않으리라.' 생각하고 있다면 그 사람은 곧 죽고 마는 것과 같다.

마룬캬푸타여, 세계가 항상 존재한다는 견해를 갖더라도 청정한 수행이 될 리가 없고 다만 닥쳐오는 것은 생·노·병·사와 우비·고뇌의 핍박뿐이다. 나는 당장 이것을 제거하기 위하여 법을 설한다. 마룬캬푸타여, 그런 까닭으로 나는 설할 것은 설하고, 설하지 아니할 것은 설하지 않는다. 왜냐하면 이러한 문제는 아무리 설한다 할지라도 현실적으로 아무런 이익이 없고 청정한 수행이 되지 못하는 까닭이다. 만일 내가 말한 모든 법을 먼저 터득하면 훌륭한 지혜가 열리어 열반의 즐거움을 맛볼 수 있다. 그러니 너는 내 앞에서 공부를 하든지 아니면 다른 곳으로 가든지 오직 이것을 연구하고 탐색할지언정 쓸데없는 공상은 하지 말라."

마룬캬푸타는 부처님의 이와 같은 말씀을 듣고 곧 지혜의 눈이 열리어 다시는 그런 생각을 하지 않고 오직 생·노·병·사만을 정복하여 현세에 열반을 증했습니다.

■ 병상의 설법

몸이 있는 자는 누구나 병이 있기 마련입니다. 그러나 병의 근원을 깨닫지 못하고 세속적인 원증(怨憎)과 탐욕, 진애, 우치만 가지고 병을 치료하면 병은 더욱 잘 낫지 않습니다. 그렇기 때문에 병자일수록 스스로 자신을 반성하고 은혜를 생각해서 실처럼 맺힌 마음을 다 풀어 버려야 합니다.

부처님께서 사위성에 있을 때 여러 승방을 두루 살피시다가 병든 비구를 발견했습니다. 오랫동안 먹지도 못하고 똥 오줌도 그대로 싸 썩은 냄새가 지독한 그런 곳에 그냥 누워 고통을 받고 있었습니다. 부처님께서는 가엾게 여겨 물었습니다.

"어찌하여 그대는 여기 혼자 이렇게 누워있는가? 돌보아 주는 사람
이 없는가?"

"예, 없습니다."

"어찌하여 없는가?"

"제가 앓지 않았을 때 남이 병든 것을 보고 돌보아 주지 않았더니
지금 저를 아무도 돌보아 주는 사람이 없습니다."

"그대들이 서로 돌보아 주고 간호해 주지 않으면 누가 그것을 하겠
는가?"

꾸짖으시고 부처님은 비구를 일으켜 세우고 옷을 벗겨 깨끗이 빨아
주시고 또 자리도 모두 닦아 마른 풀로 바꾸어 깔아주었습니다. 그리
고 곧 처소로 돌아가 모든 비구들을 모아 놓고 말씀했습니다.

"만일 나에게 공양하고저 원하는 자가 있거든 바로 병자에게 공양하
라. 병든 자를 보살피는 것은 곧 나를 보살핌이다. 이 세상 모든 수행
자의 베품 가운데 이보다 더 나은 베품은 없다. 병자에게 베푸는 자는
곧 과보를 얻고 큰 공덕을 얻어 영광이 두루 미치고 감로의 법미를 맛
볼 수 있다.

은혜를 알고 은혜를 보답할 줄 아는 사람 그런 사람을 존경하라. 설
사 나로부터 천 리 만 리나 멀리 떨어져 있다 할지라도 그것은 나에게
서 멀리 떨어져 있는 것이 아니다. 그는 언제나 내 옆에 있는 것과 같
다. 왜냐하면 나는 항상 은혜를 갚을 줄 아는 사람을 칭찬하기 때문이
다."

우리는 이 말씀 가운데서 오늘 종교인들이 실천해야 할 것이 무엇인
가를 알 수 있습니다. 부처님 시대나 현대의 차이는 규모와 정도의 차
이뿐, 우리는 그 때 그 사람들에 비해 오히려 더 무거운 짐을 지고 있
다는 사실을 자각해야 합니다.

병자의 살핌은 그 무엇보다도 중요합니다. 병자는 그 누구보다도 마

음이 약하기 때문에 말 한 마디에도 병의 경중을 현저히 나타내기 때문입니다.

부처님께서는 기원정사에 계실 때 수자타 장자의 병환이 위중했습니다. 부처님께서는 사리풋타를 보내 병 문안을 드리게 했습니다. 사리풋타는 가서 그의 식은 손을 붙잡고 이렇게 말했습니다.

"외로운 사람들의 보호자인 장자 수자타가 안은하고 쾌락하시기를 우리 부처님께서 바라고 계십니다."

그러나 수자타 장자는 병환이 매우 심하여 괴롭고 식욕이 없었으며 아픔이 더욱 더할 뿐이었습니다. 사리풋다는 오직 부처님의 진리로써 그를 위로하면서 설법했습니다.

"장자여, 두려워 하지 마십시오. 만약 사람이 믿음이 없으면 나쁜 곳에 날 것이지만 장자는 오늘 최상의 믿음을 가졌으니 고통은 사라지고 경쾌감이 생길 것입니다. 사람에게 만일 윤리상 좋지 않는 것이 있다면 나쁜 곳에 태어날 것이지만 장자에게는 다만 선한 일만 하였으므로 고통은 사라지고 낙이 올 것입니다. 장자여, 만약 사람이 많이 듣지 못하면 나쁜 곳에 태어날 것이지만 장자는 이 세상 최상의 법을 많이 들었으니 고통은 줄고 즐거움이 늘어날 것입니다. 사람은 욕심 많고 인색하므로 나쁜 곳에 태어납니다. 그러나 장자는 그런 마음이 없고 다만 은혜로운 보시만을 했으니 아픔은 덜하고 경쾌함이 올 것입니다. 장자여, 두려워 마십시오. 그대에게는 밝은 지혜가 있고 바른 견해가 있으며 바른 뜻이 있고 바른 해탈이 있으니 이로써 고통은 점차 가시고 쾌락이 올 것입니다."

이 설법을 듣자 장자는 곧 자리에서 일어나 앉으며 말했습니다.

"착하십니다. 사리풋타 존자님, 병을 위해 진리를 설함이 몹시 기특합니다. 존자여, 제가 교화의 요법을 듣자 금방 병이 다 나은 것 같습니다. 나의 병은 다 고쳐졌으니 걱정 마시고 안심하십시오."

⑧ 전도자의 의지

재간이 뛰어나고 특히 말재주가 좋아 설법 제일의 명성이 높았던 푼나가 어느 날 부처님께 와서 서방 수나파란타국으로 진리를 전하러 가겠다고 허락을 맡으러 왔습니다. 그때 부처님께서는 전도하는 일이 얼마나 어렵다는 것을 가르쳤습니다.

"내가 듣건대 그 나라 사람들은 심성이 사납고 성질이 흉악하여 사람을 업신여기고 수치를 주는 일이 많다고 하는데 만일 그들이 너에게 욕설을 퍼붓고 너를 망신시킨다면 어떻게 하겠느냐?"

"설사 그 나라 사람들이 나를 업신여기고 수치스럽게 한다 할지라도 그들의 성질이 그래도 착하고 지혜가 있다면 주먹을 쥐고 나를 때리는 일은 없을 것입니다."

"푼나야, 만일 그들이 주먹을 쥐고 때린다면 어찌 하겠느냐?"

"부처님, 설사 그 나라 사람들이 주먹으로 우리를 때린다 할지라도 그들은 그래도 칼이나 막대기를 들고 덤벼들지 않는 것을 다행으로 알겠습니다."

"만약 그들이 칼이나 막대기로 너를 해친다면?"

"설사 저를 막대기와 칼로 해친다 할지라도 죽이지 않는 것을 다행으로 알겠습니다."

"만약에 그들이 너의 생명을 빼앗는다면?"

"부처님, 만약 그들이 제 생명을 빼앗는다면 그 때 저는 이런 생각을 하겠습니다. 도를 닦는 세존의 제자로서 한 많은 육신을 싫어하여 스스로 생명을 끊는 자도 있는데 그 나라 사람들은 그 본바닥이 착하고 지혜가 있어서 제 보잘 것 없는 이 늙은 육신을 죽여 능히 이 세상의 고뇌에서 벗어나게 해 주었다고 생각하겠습니다."

"착하다. 내 제자여, 너는 도를 잘 닦아 참고 견디는 마음을 배웠구
나, 너야말로 서방 수나파란타국의 사람들에게서 능히 견디어 낼 수가
있을 것이다. 너는 이제부터 가서 아직 안온을 얻지 못한 자를 위하여
깨달음에 들도록 가르치라."

그리하여 따뜻한 스승의 격려를 받은 푼나는 서방으로 길을 떠났습
니다. 그는 수나파란타에 가서 한 여름을 보내고 진리의 씨를 뿌려 5
백의 신도를 얻고 많은 절을 지었으나 그 해에 드디어 그 곳에서 죽고
말았습니다.

---

1) 율전에 수덕이 뛰어난 한 여인이 일찍이 발심하여 출가할 것을 고집했으나
   부모님이 듣지 않아 억지로 결혼하여 두어 달 가량 살다가 남편의 허락을
   받고 출가하였던 일이 있었다. 그런데 그 때는 이미 데바닷다가 불교교단
   을 반역하고 나와 새로운 교단을 형성하고 있었으므로 여인은 먼저 데바의
   교단에 출가했는데 출가 후 차차 몸이 불어 임신이 확인되자 데바는 곧 그
   를 파계자라고 쫓아버렸다. 다시 집으로 갈 수도 없고 하여 부처님께 나아
   가 사정하니 부처님은 먼저 아이를 낳게 하고 뒤에 사람을 시켜 신상조사
   를 해오게 하였습니다. 그 결과 그 여인은 출가하기 전에 밴 아이임이 밝
   혀져 파계자의 낙인을 벗고 청정한 교단원의 한 사람이 되었던 것입니다.
2) 대야차여신, 환희모(歡喜母), 애자모(愛子母), 공덕천(功德天), 천모(天
   母)라 부르기도 함. 세상에서는 해산과 양육의 신으로 모시고 있다. 사람
   의 피를 빨아 먹는 귀신이 야차이므로 그 여인을 처음에는 그의 후예라 하
   여 그렇게 불렀으나 나중에는 야차여신이 환희모로 불려지듯 성모로 추앙
   하게 되었다.
3) 작악업(作惡業)이라 번역하는데 길거리를 청소하는 비천한 계급의 사람들,
   마등가(Matanga · 摩登伽)라 이르기도 한다.

⑨ 부처님의 말년과 입멸 ⑴

① 친챠(旃遮)의 비방

■ 3층 인간

부처님의 전도생활은 매우 순조롭게 진행되었다. 모든 강물이 모두 하나의 바다로 흘러가듯 차별 많은 모든 사람, 생각 많은 모든 사람들 이 오직 한 맛 불교의 바다로 몰려들고 있었습니다. 어떤 때는 '내 아 들을 빼앗아 간다' 또 어떤 때는 '내 제자를 빼앗아 간다'하여 비방도 받았지만 부처님께서는 자기가 창설한 불교단을 키우기 위해서가 아니 라 오직 진리의 자명성(自明性)만을 주장하여 일체의 삿된 생각들을 물리쳤으므로 그는 마치 큰 산의 바위가 바람에 움직이는 일이 없듯 어떠한 세상의 시비에도 동요되는 일이 없었습니다.

그러나 세상은 그렇지가 않았습니다. 명예와 이익을 위해서 아귀다 툼하는 것이 세상입니다. 인도에서는 전래로 매년 3·4·5월이 되면 일반 수행자를 위하여 거국적으로 공양하는 시기입니다. 이 3개월 동 안은 일체 결혼까지도 금지되고 오직 수행자들을 위해 봉사하는 달인 데 사람들은 자기가 다니는 교회나 절 이외에도 어느 곳이나 수행자가 있는 곳을 찾아 다니며 공양했습니다. 따라서 그 때가 되면 특히 거짓 행자들이 머리를 풀어 늘어 뜨리고 오랜 수행자처럼 깊은 산 동굴 속에 정좌하여 공양거리가 오기를 기다렸습니다.

그런데 불교가 성행되면서 그러한 시주인들이 대부분 불사(佛寺)만을 찾게 되므로 그 옛날 거짓 행자들은 화가 났습니다. 그래서 자기의 공양거리가 적어진 거짓 행자들은 귀신들린 것처럼 무서운 마력을 가지고 부처님을 비방하기 시작했습니다.

어떤 날 부처님께서 새로 들어온 비구들을 데리고 제타동산 뜰을 걷고 있었는데 술에 취한 거짓 행자 세 사람이 나타나 폭악했습니다. 첫번 행자는 부처님을 보고 자기도 모르는 사이에 "앗, 죄송합니다." 하고 옆 길로 달아났으나 둘째 행자는 "아아 기분좋다" 하고 콧노래를 부르며 지나갔습니다. 그런데 셋째 사람은 붓다를 보고도 본척 만척하며 "저게 다, 뭐야. 야비한 자식들, 도대체 부처가 무엇하는 것이난 말이야, 고타다마면 고타마지. 나는 큰 술꾼이다. 누구 돈을 훔쳐가지고 먹는 것도 아니고 무엇이 잘못이야. 핫 핫 핫 기분좋다." 하고 덩실덩실 춤을 추었습니다.

부처님은 그들이 지나간 뒤 맑은 햇살이 내려쪼이는 봄 뜰 아름답고 보드라운 잔디가 깔려있는 곳에 앉아 말했습니다.

"비구들아, 세상엔 상품·중품·하품의 물건들이 있듯 사람에게도 상품·중품·하품이 있다. 여기 지나간 세 주정꾼 가운데 첫번째 사람과 두번째 사람은 그래도 쉽게 깨달을 수 있으니 상품과 중품에 속한다. 그러나 세번째 사람은 전혀 부끄러움이 없으니 어느 때에 깨달을 것인가? 깨달음이 늦고 어리석음이 많으므로 이는 하품 사람이다. 비구들아, 부끄러움을 아는 것은 수행의 제 1 보다. 누구나 인간으로서 부끄러움이 없는 사람처럼 가련한 인간은 없다."

비구들은 그 말씀을 따라 부끄러움 없는 생활로 제타 동산의 봄빛 속에 평화스럽게 잘 지냈습니다.

■ 친챠의 모략

그런데 또 이들 사행자(邪行者)들이 부처님을 비방하고자 모의했습니다. 일찍 부호의 집에 시집왔으나 아이를 낳지 못하여 고민하는 친챠라는 여인을 꾀어서 부처님을 망신시키도록 하였습니다.

3·4·5월 공양기가 되어 모든 시주들이 공양거리를 이고 절로 올라올 때 이 여인은 꼭꼭 절에서 내려오고 또 다른 사람들이 절에서 내려올 때면 반대로 그는 절로 올라갔습니다. 그리고 '나는 부처의 향실(香室＝부처님의 안방)에서 자고 온다.'고 자랑했습니다. 그런데 이상하게도 여지껏 애 하나 나보지 못하던 친챠의 배가 차차 불러졌습니다.

그러던 어느 날 절에서는 큰 법회가 열렸습니다. 많은 관리와 일반 신도들이 모인 자리에서 부처님께서 설법하시는데 그 아래서 듣고 있던 친챠가 당돌히 일어섰습니다.

"부처님, 부처님은 모든 사람들에게 착한 일 많이 하라 말씀하시면서 부처님의 아이를 가진 이 친챠는 왜 그리도 불선하고 계십니까? 아이가 날 달이 되어도 산실(産室) 하나 마련해 주시지 않고……"
하고 그 툭 튀어 나온 배를 쑥 내밀며 말했습니다.

모든 사람들이 그 말을 듣고 퍽 의아했습니다. 옆에 앉았던 같은 단체의 사람들이 깔깔거리고 웃으며 "이 위선자 고타마야"하고 소리쳤습니다. 그런데 갑자기 회오리 바람이 불어 친챠의 치마를 거꾸로 뒤집었습니다. 솜과 바가지로 가장한 임신이 백일하에 들어 났습니다. 친챠는 '아이 부끄러워'하고 치마를 내리며 어찌할 바를 몰랐으나 옆에 있던 관리들이 그것을 보고 모두 잡아 의법처단했습니다.

누구도 이 세상에서 비방을 받지 아니하는 사람은 없습니다. 그러나 사람들은 자기에게 비방이 올 때 그를 참지 못하고 대항하는 까닭에

'가는 방망이 오는 홍두깨' 식으로 세상의 시비는 가시지 않는 것입니다. 그러나 부처님은 이러한 시비에 조금도 동요되지 않고 대중을 가라 앉히고 점잖게 설명했습니다.

이와 비슷한 사건으로 손타리(孫陀利)라는 비구니가 외도들의 꼬임에 넘어가 부처님과 관계했다고 하여 그들을 이롭게 하려 했으나 그것은 결국 날조된 사실이었으므로 얼마가지 않아서 사라지고 말았습니다.

② 데바닷다의 반역

데바닷다는 앞서도 말한 바와 같이 부처님의 종제라고도 하고 처남이라고도 하는 설이 있습니다. 대개 남방 소전에는 처남설이 유력하나 북방 소전에는 거의 다 종제로 되어 있습니다. 하여간 그는 샤카족 명문 출신으로 어려서부터 총명하고 또 힘이 세고 생김새도 뛰어나서 위풍이 당당한 위인으로 나타나고 있었습니다. 부처님께서 재세시 여러 학동들과 무예를 습득할 때 최후까지 부처님의 상대자는 데바닷다였다고 기록되어 있고, 또 야소다라비를 놓고 결혼을 위한 최후의 경쟁자도 데바닷다였다고 기록되어 있습니다.

그런데 그는 누구보다도 세속적인 욕심이 강하여 출가 후에도 종종 부처님을 괴롭힌 일이 많았습니다.

"부처님, 이제 부처님께서는 나이도 많고 오랫동안의 교화생할로 몸이 지쳤으니 이제 그 법주(法主)의 지위를 저에게 넘겨 주십시요."

"데바야, 고맙다. 그러나 법은 누구의 것이 아니다. 그것은 누구나 깨달아야 할 진리일 뿐 그것을 주고 받을 주인과 객이 따로 없다. 다만 이 법을 깨닫지 못한 너에게 어떻게 법을 물려줄 수 있겠느냐?"

부처님의 이 같은 대답에 데바는 매우 불쾌했습니다. 온 세상의 주인이 되는 부처님의 자리, 뭇 성현 중생들이 마지막 돌아가 의지하는 부처님의 자리는 이미 국경을 초월하고 종족을 초월하여 법왕이 된 이 자리라 데바가 보기에는 세상에 이 자리보다 더 높은 자리가 없었습니다. 그러나 부처님은 3계의 도사(導師)요 4생의 어진 아버지이지 세속적인 욕망이나 명예 속에 권력의 쟁취자가 아님을 분명히 하고 또 그것은 오직 깨달은 자들에 의해서만 계승될 뿐이지 세속적인 명예나 권력으로서 계승되는 것이 아님을 분명히 가르쳐 주신 것입니다. 그런데 데바닷다는 부처님의 이 같은 답변을 듣고 그 자리를 나에게 물려 주지 않는가 하여 매우 불쾌하게 생각하고 마침내는 '이 놈 두고 보자'는 식으로 자리를 물러나왔습니다. 그리고 그 후 또 얼마 있다가 그를 추종하는 몇몇 사람들과 의논한 뒤, 다음과 같이 건의했습니다.

"세존이시여, 진리를 구한다는 것은 욕심을 적게 하고 만족함을 알아 생에 자유를 얻는 것이니, 다음 계목은 다 같이 그러한 목적을 달성하는 방편이라 생각됩니다. 모든 비구들에게 선포하여 시행하게 하면 어떻겠습니까?

첫째, 죽을 때까지 숲속에 살 것.

둘째, 죽을 때까지 탁발하며, 초대를 받고 배불리 먹지 말 것.

셋째, 죽을 때까지 누더기를 기워 입고 남이 베푸는 시주의 옷을 입지 말 것.

넷째, 죽을 때까지 나무 밑에서 살며 지붕 밑으로 들어가지 말 것.

다섯째, 죽을 때까지 고기를 먹지 말 것."

이것은 곧 불교교단에 대한 일종의 반역의 표시입니다. 이 중의 첫째와 넷째는 본래 같은 것이고 첫째와 둘째, 셋째는 현재의 비구들이 다 같이 지키고 있는 율문이었으나 단지 부처님이나 부처님의 제자의 초대가 있으면 그 곳에 나가 부드러운 음식을 받아 먹고 주는 옷을 받았으며, 때로는 치병설약(治病設藥)을 위해선 오정육(五淨肉)[1]의 복용을 허락하고 있었기 때문입니다.

사실 부처님의 계율은 자비정신이 근본 바탕이 되어 모든 생명을 존중하므로 서로 화합하고 상호부조적 정신을 길러 뒷날 업의 굴레에 매이지 않게 하는 데 목적이 있었으므로 계율을 지키는 것이 목적이 아니고 오직 그것은 마음에 자유를 얻는 한 가지 방편에 불과한 것이었으므로 절대적인 것은 아니었습니다. 그래서 부처님은 좋게 타이르듯 말씀하셨습니다.

"데바여, 부처님은 극단적인 향락과 고행, 이 두 변은 불교인이 마땅히 버려야 할 길이라고 생각한다. 비구가 걸식하고, 숲속에서 선(禪)을 닦으며 고기를 먹지 않고 분소의(糞掃衣)를 입는 것이 원칙이지만 때를 따라서는 촌가에도 들어갈 수 있으며 시주의 초대를 받을 수도 있고 시주가 주는 옷을 받을 수도 있다. 수행을 위해 나무 밑에 있는 것도 좋지만 정사가 있으면 그 속에 들어가서 도를 닦는 것도 해로울 것이 없다. 사람이 병이나서 고통을 겪을 때는 고기를 약으로 쓸 수도 있으며 다만 자리(自利)만을 구해서 탐욕으로 얻는 옷과 음식이 아니면 받아 먹고 써도 괜찮다."

데바는 더욱 화가 났습니다. 그래서 밖으로 나와 그의 동료들을 총동원했습니다.

"고타마는 욕심장이다. 모든 사람들의 공양과 귀의를 자기 혼자만 받으려 한다. 이런 사람을 따라 가다가는 우리도 그렇게 되고 말 것이니 가자."

이렇게 하여 그의 충실한 부하 코칼리카(瞿伽利), 카타모라카티샤카(伽留羅提舍), 칸다데바풋다(騫陀達多), 사문닷타(三聞達多) 등과 함께 상두산(象頭山)으로 들어갔습니다. 당시 인도에는 수행상 부처님과 같이 중도적인 행을 하는 것보다도 율법 주의적 고행주의 풍습에 크게 물들어 있었으므로 오히려 그런 것을 좋아하는 사람들이 많았습니다.

데바의 반역에 동조하는 사람은 이상의 세 사문 외에도 5백 명이나 되는 비구가 동조하여 그들과 함께 상두산에 모였습니다.

③ 빔비사라왕의 왕위 찬탈

한편 데바는 자기의 세력이 강대해지자 거만한 생각이 날로 충천하여 '어떻게 하면 부처님의 세력을 완전히 부셔버리고 데바 천하를 구축해 볼까' 하는 생각으로 꽉 차 있었습니다. 그 때 데바는 생각했습니다. '고타마가 가장 외호를 받고 있는 빔비사라왕을 제거하면 된다. 그렇게 하려면 먼저 그의 아들 아잣타삿투 왕자를 사귀어야 한다.'하고 온갖 계교를 다부려 아잣타삿투 태자를 사귀었습니다.

하루는 아잣타삿투가 높은 루에 올라 앉아 무예를 익히고 있었는데 그 때 마침 데바가 그 옆을 지나며 여러 가지 신묘한 기교를 그에게 보여 주었습니다. 나이 어린 왕자는 그가 미처 배우지 못한 여러 가지 기교를 가진 데바를 보고 스승이 되어 가르쳐 달라 했습니다. 데바는 못이기는 척 하면서도 만족한 표정으로 그를 지도하여 말타고 활쏘고 창던지고 말하는 법으로부터 부모를 섬기고 신하를 다루며 나라를 다스리는 일에 이르기까지 여러 가지 기예를 모두 가르쳤습니다. 빔비사라왕은 이 말을 듣고 매우 걱정하였으나 태자가 좋아하는 일이라 어찌할 수 없었습니다.

그런데 그 어린 왕자의 마음을 완전히 빼앗아버린 데바는 그의 후원을 받아 커다란 정사를 짓고 나서 이렇게 말했습니다.

"태자님, 요즈음 소문에 의하면 고타마는 사교를 퍼뜨려 민심을 유혹하고 있다고 합니다. 당신의 아버지 빔비사라왕도 그 고타마에게 미혹되어 나라의 재산이 기울 만큼 큰 재물을 보시하고 있습니다. 이대로 가다가는 나라의 정치가 문란해서 외세의 침입을 받지 않을까 걱정입니다. 그리고 이대로 가다가는 태자님은 임금노릇 한번 못하고 헛세월만 보낼까 걱정됩니다. ”

“그러나 데바부처님, 아버지의 은혜는 수미산보다도 높고 어머님의 은혜는 바다보다도 더 깊다 하지 않았습니까 ? ”

“그렇습니다. 그러나 요즈음 들으니 태자님은 고타마를 섬기는 빔비사라왕의 반대되는 나를 섬긴다 하여 태자님의 생명을 노리고 있다는 소문을 들었습니다. ”

아잣타삿투 태자는 이 말을 듣더니 갑자기 얼굴빛이 변했습니다. 데바는 다시 기회를 놓치지 않고 그의 결심을 깊숙이 충동했습니다.

“태자님, 이렇게 어름어름하고 있을 때가 아닙니다. 속히 결행을 하십시요. 그리하여 태자님은 마가다국의 새로운 왕이 되고 나는 온 천하의 새로운 부처님이 되어 금륜(金輪)의 태평성국을 이루어 봅시다. ”

태자는 이 말을 듣자 곧 흥분하여 칼을 쥐고 왕궁으로 갔습니다.

“빔비사라왕을 체포하라, 그렇지 않으면 내 생명이 위험하다. ”

명령이 떨어지자 데바의 무리들이 벌써 왕궁을 빙 둘러 쌌습니다. 빔비사라왕은 태자가 칼을 들고 들어온다는 소문을 듣고 순수히 왕위를 물려 주며 “다만 삿된 스승에게 유혹되어 나라 일을 그르치지 않도록 하라”고 부탁했습니다. 갑자기 금륜보관을 머리에 쓰고 7 보의 장검을 허리에 찬 태자는 새 왕이 되어 형용할 수 없는 기쁜 마음이었습니다. 그래서 자기가 지어준 데바의 절에 가 대보시회를 베풀고 사은회를 했습니다. 그 때 데바는 또 충동을 했습니다.

“오늘 왕관을 쓰고 허리에 보검을 찼다 해서 결코 안심할 수는 없습니다. 언제 어떻게 될지 모르는 이 현실 속에서 대왕은 만족한 웃음이 나오십니까 ? 하루빨리 빔비사라왕을 체포해 없애야 합니다. ”

“데바부처님, 아무리 권력이 좋다 하더라도 아버지를 죽일 수야 있겠습니까 ? ”

"그렇지만 아버지에게 도리어 죽는 것보다는 낫지 않습니까?"

태자는 곧 집으로 돌아와 일곱 겹으로 둘러싸인 감옥 속에 아버지를 잡아넣고 일체 음식을 주지 못하도록 하였습니다.

그런데 그 때 우요대신이 지나가는 말로 홀로 중얼거렸습니다.

"인과란 결코 헛된 것이 아니로구나."

데바가 듣고 물었습니다.

"인과가 헛되지 않다니 무슨 말씀입니까?"

"사실은 아잣타샷투 태자를 가지기 전 대왕께서 자식이 없어 어떤 선인에게 점을 쳤는데 가야산 꼭대기에 있는 선인이 죽어 아들로 태어날 터이니 3년만 기다리라 하자, 왕이 너무 조급하여 사요와 저를 시켜 그를 죽여달라 하였습니다. 그리하여 사요와 함께 가서 그를 죽였는데 그 후 사요는 갑자기 병들어 죽었습니다. 그런데 다행히도 왕후께서 태기가 있어 아이를 낳게 되었는데 이상하게도 아이를 배면서부터 그리 착하던 왕후가 질투심이 많아지고 성질이 폭악해져 대왕을 물어 뜯고 피를 빠는 못된 습관이 생겼습니다. 이상히 여겨 점쟁이에게 다시 물으니 아직 명이 남은 선인을 죽여 원한심을 가진 탓이라 하고 장차 아이를 낳으면 반드시 아버지를 죽이고 왕위를 찬탈할 것이라 예언했습니다. 그래서 위데히 부인은 그 말을 듣고 아이를 낳자마자 죽여버리고자 높은 누에 산실을 만들고 그 아래다가 날쌘 칼을 꽂아 놓았는데 이상하게도 태자는 그 높은 루에서 떨어졌으나 목숨은 상하지 않고 오직 왼쪽 손가락 하나만 절단되고 말았습니다. 루에서 내려와 본 왕후는 너무나도 아이가 잘 생겨 차마 죽일 수가 없어 길렀더니 오늘 이러한 현상이 생기는구료. 옛말에 '공부하는 선인을 죽이면 일곱 겹의 옥에 갇혀 죽는다' 하지 않았습니까?"

이 말을 들은 데바는 쾌재를 부르며 아잣타샷투왕께 가서 우요대신의 이야기를 전했습니다. 왕은 비로소 자기 손가락 하나가 없어진 이유를 알았다는 듯 이를 갈며 문지기에게 나아가 일체 음식을 투여하지 못하게 하고 굶겨 죽이도록 명령했습니다. 그런데 20일 후 '이젠 죽었겠지' 하고 문지기에게 문을 열어 보게 하였더니 아무런 이상이 없다는 문지기의 말을 들은 태자는 깜짝 놀랐습니다.

사실은 어머니 위데히 부인이 깨끗이 목욕하고 온 몸에 꿀과 밀가루를 바르고 쪽도리 속에 떡을 넣어 그 동안 공양했으며, 한편 부처님은 그 동안 사리풋다를 보내 위로하고 이 세계 밖에 아미타불의 정토인 극락세계가 있다 하여 정신적으로 많은 선열미(禪悅味)를 맛보게 하였던 탓으로 그렇게 되었던 것으로, 이에 화가 난 왕은 우요대신의 이야기를 하면서 어머니 위데히 부인까지도 방안에 연금하고 일체 출입을 하지 못하게 했습니다.

그러던 어느 날 식 때가 되었는데도 아잣투삿투왕은 그의 아들 우다야 왕자가 보이지 않는 것을 보고 이상하게 생각하고 물었습니다.

"우다야가 어디 갔느냐?"

"강아지를 너무 좋아해 강아지와 같이 밥을 먹지 않으면 밥을 먹지 않겠다고 합니다."

"그럼 강아지와 함께 들어와 먹으라고 하여라."

밥을 먹고 난 왕은 '아들을 사랑하는 까닭에 강아지와 같이 한 자리에서 밥을 먹는다는구나' 하고 핀잔섞인 말을 하였습니다. 그 때 옆에서 같이 밥을 먹고 있던 어머니 위데히가 눈물을 흘리며 말했습니다.

"대왕의 아버지는 강아지가 문제가 아닙니다. 대왕은 어려서 손가락에 종기가 나서 빨아 주었더니 고이 잠이 들었습니다. 만일 빨던 손가락에서 입을 떼면 다시 잠이 깨지 않을까 하여 부왕은 피고름이 섞인 분비물을 그대로 삼키며 대왕이 깨지 않도록 하였습니다. 그런데 강아지와 같이 밥을 먹는 것이 문제입니까?"

아잣타삿투왕은 갑자기 양심에 가책을 느끼는 것같이 심한 경련을 일으켰습니다. 그리고 옆에 있는 북을 치고 나서 명령했습니다.

"아바마마를 구하라."

그러자 아버지 빔비사라왕은 그의 종자들이 환호성을 올리며 자기 앞으로 뛰어 오는 소리를 듣고 '나는 이제 꼭 죽었구나'하고 그대로 기절하여 한 많은 이 세상을 마치고 말았습니다.

④ 데바의 음모와 아잣타삿투왕의 참회

■ 데바의 흉계

이렇게 해서 왕위를 빼앗게 한 데바는 이제 정법의 왕 고타마부처를 어떻게 죽이느냐가 문제가 되었습니다.

"아잣타삿투 대왕님, 이제 세상은 당신의 세상이 되었습니다. 단지 사마(邪魔) 고타마만 처치하면 일은 끝날 것 같습니다."

"어떻게 그를 처치하면 좋겠습니까?"

"활 잘 쏘는 명수를 시켜 탁발 나올 때 죽림정사 부근에서 쏘아 죽이면 되지요."

왕은 그렇게 하라고 명령했습니다. 왕의 군데 가운데에서 가장 활을 잘 쏘는 두 사람을 선출해 보냈습니다. 그러나 그들은 일찍부터 부처님의 명성을 잘 듣고 있었고 또 베다를 공부하여 '죄 없는 선인을 죽이는 자는 무간지옥에 떨어져 한량없는 고통을 받는다'는 사실을 철저히 믿고 있었기 때문에 그들은 차마 부처님을 보고도 활을 쏘지 못하고 망설이고 있었습니다.

부처님은 이 사실을 미리 아시고 그들이 있는 곳으로 나가 그들을 불렀습니다.

"청년들아, 이리 나오너라. 두려워 할 것 없다."

부처님의 이 자비하신 말씀에 그들은 크게 감화되어 활을 버리고 부처님께 귀의하여 제자가 되었습니다. 화가 난 데바는 이번에는 자기 교단원들을 출동하여 몽둥이를 들고 길 주위에 있다가 붓다가 나오면 그대로 쳐 죽이라 명령했습니다. 그러나 이러한 소식을 미리 듣고 수많은 비구들이 기원정사를 위요하여 방위하는데 어떤 사람은 몽둥이를 들고 또 어떤 사람은 칼을 들고 모두 살기에 차 있었습니다. 이튿날 아침 부처님께서 걸식을 나가니 비구들이 말렸습니다.

"부처님, 지금 부처님을 해치려는 데바의 권속들이 몽둥이를 들고 이 곳에 숨어 있습니다."

"비구들아, 걱정말라. 부처님은 결코 누구의 위해도 받지 않는다. 다만 너희들이나 그런 복수심을 버리고 하루의 일과를 다하라."

하고 타일렀습니다. 이러한 광경을 옆에서 지켜보고 있던 데바의 권속들은 데바와는 너무도 대조적인 부처님의 자비하신 모습을 보고 곧 감화가 되어 근 백여 명이 부처님께 참회하고 부처님교단으로 전향했습니다.

■ 사리풋다와 목갈라나의 교화와 데바의 충동

한편 이 때 사리풋다와 목갈라나는 데바의 권속들을 교화시키러 갔습니다. 어리석은 비구들이 먼저는 5백 명의 비구들을 데바에게, 이번에는 또 두 법장을 잃었으니 어떻게 하느냐고 탄식하는 사람들도 있었습니다. 그러나 부처님은 '이제 부처님의 진리가 두 선지자에 의하여 더욱 빛나게 될 것이니 걱정말라'하였습니다.

사리풋다와 목갈라나가 가야산에 이르자 데바는 두 손을 합장하고 맞아 들었습니다.

"참으로 장한 일입니다. 옛날엔 내가 창안한 다섯 개의 계율을 반대

하더니 오늘은 스스로 이 깊은 곳까지 찾아 오시니 참으로 고맙습니
다."

하고 그는 환영법회를 열어 설법을 하다가 "나는 좀 피곤하니 이제
두 법장께서 설법해 주시요." 하고 그는 정사로 들어가 잠을 잤습니
다. 목갈라나와 사리풋다는 여러 가지 신통과 비유법문으로 그들을 교
화하고, "여러분, 들어 보십시요. 저 데바의 코고는 소리를, 진실한
부처님은 원망이 없습니다. 욕심도 없습니다. 데바는 나이 어린 왕자
를 꾀어 죄없는 부왕을 죽이게 하고 또 사해의 법왕이신 부처님까지도
무고히 살해하려 하고 있습니다."하고 그 동안 일어났던 여러 가지 사
건들을 들어 사실대로 알렸습니다. 그리고 '진정한 부처님의 제자라면
곧 우리와 함께 가자'고 하고 일어났습니다. 이 말을 들은 제자들은 모
두 자리에서 일어났습니다. 깊은 잠에 빠졌던 데바는 당황한 나머지
이리 뛰고 저리 뛰며 이리 달래고 저리 달래 보았으나 모두 다 말을
듣지 않고 가버렸습니다. 먼저는 2백 명의 비구를 유혹해 왔으나 오
늘은 8백여 명의 교단을 잃고 보니 데바의 눈은 붉게 충혈됐습니다.

"이 어리석은 고타마놈, 내가 그대로 두지 않을 것이다."
하고 그는 몇 사람의 교도들과 함께 가야산 험한 골짜구니에 올라가
큰 돌을 구해 놓고 부처님께서 그 곳을 지나가시기만을 기다렸습니다.

"이 돌을 굴려 박살을 내고 말자."

그런데 부처님은 그런 줄도 모르고 이튿날 아침 그곳을 향해 탁발하
러 나갔습니다. 부처님께서 그 곳에 이르자 돌은 여지없이 굴렀습니
다. 그러나 다행히도 돌은 부처님의 머리 위를 지나 멀리 굴러가 버리
고 다만 조그마한 파편에 발가락 하나를 다치게 할 뿐이었습니다.

■ 술취한 코끼리를 교화하시다

데바는 이 일도 실패로 돌아가자 다음은 술취한 코끼리로 부처님을 죽일 계획을 하였습니다. 아잣타삿투왕에게 5백 마리의 코끼리를 얻고 그 코끼리에게 술을 먹여 취하게 한 뒤 부처님을 밟아 죽이도록 하였습니다. 부처님은 그 날도 무심으로 그 거리를 나오시다가 갑자기 미친 코끼리들의 습격을 받았습니다. 그러나 부처님은 자비삼매에 들어 조금도 동요하지 않았습니다.

"나라기리야, 너희들은 큰 용을 해치지 말라 큰 용은 이 세상에 나기 참으로 어렵다. 만일 큰 용을 해치면 뒷세상의 인과가 두렵다."

이 말을 들은 코끼리들은 모두 부처님의 발 아래 엎드려 부처님의 발을 코로 불고 일어났습니다. 부처님은 원래부터 코끼리를 잘 부리는 솜씨를 가지고 있었으므로 코끼리의 속을 잘 아는 까닭에 곧 그 위에 올라 앉아 라자그르하로 오시니 데바의 눈은 더욱 붉어지고 이 광경을 본 모든 시민들은 부처님을 더욱 존경하게 되었습니다.

■ 아잣타삿투 태자의 참회

한편 아잣타삿투 태자는 이상하게도 아버지 빔비사라왕이 죽은 그 다음 날부터 잠을 이루지 못하고 무서운 열병에 걸려 온 몸에 부스럼이 났습니다. 유명한 기바 의사가 와서 치료했으나 이것은 몸에서 발작한 병이 아니고 마음속으로부터 일어난 병이라 좀처럼 치료가 되지 않았습니다. 기바는 일찍이 빔비사라왕의 부름을 받고 부처님의 이질병을 치료한 일이 있었으므로 부처님을 잘 알고 있었습니다.

"대왕님, 대왕님의 병은 오직 샤카무니 부처님만이 낫게 할 수 있습니다. 나는 육체의 의왕이나 부처님은 정신의 의왕입니다. 한번 그곳으로 가보시는게 어떻습니까?"

"아버지를 죽인 죄인, 3보를 비방한 죄인이 어디를 간단 말이냐?"

"아닙니다. 부처님은 원수나 친한 이를 가리지 않습니다."

그런데 그 날 밤, 아잣타삿투왕은 비몽사몽간에 돌아가신 아버지를 보고 "아버지, 용서하세요. 아버지, 용서 하세요. 제가 잘못 했습니다." 하고 큰 소리로 외쳤습니다. 아버지는 빙그레 웃으시며 "자업자 득(自業自得)이다. 나는 누구도 원망하지 않는다. 다만 부처님의 위대한 가르침이 나를 극락세계로 인도하여 지금은 아미타불의 접인을 받고 있으니 걱정 말 것이며, 다만 너의 고통을 덜어주기 위하여 왔으니 내 말을 헛되이 듣지 말고 정법의 왕 샤카무니 부처님께 나아가 참회하라. 그리고 좋은 불사를 행하고 어진 정치를 펴라."라고 간곡히 부탁하셨습니다.

아잣타삿투왕은 꿈을 깨고 나서 도통 잠을 이루지 못했는데 기바가 물었습니다.

"대왕님, 대왕님은 어찌하여 깊은 잠을 주무시지 못하십니까?"

"이 3계를 떠나 모든 번뇌와 망상에서 헤어날 수만 있다면 나는 잠을 잘 수 있으리라.

만약에 대열반을 증득하고 바라문의 참된 이치를 잘 알 수만 있다면 나는 잠을 잘 수 있으리라.

몸과 입과 뜻으로 아무런 나쁜 일을 하지 않고 마음속에 평안을 얻을 수 있다면 나는 잠을 잘 잘 수 있다.

여러 가지 생각에 집착함이 없이 증오를 버리고 싸움 없이 화목하며 인과를 믿고 죄의 과보를 두려워 하고 신중히 겸손한 행동을 하였다면 잠을 잘 수 있으리라.

부모에 대한 효성에 가득 차 있고 단 하나의 목숨도 해치지 않고 어느 누구의 재산도 훔치지 않는다면 나는 잘 잘 수 있다.

내 모든 5관을 통제할 수 있고 선지식들과 좋은 관계를 유지하면서 악마의 무리들을 쫓아낼 수 있다면 내가 잘 잘 수 있다.

행과 불행, 고와 낙에 대하여 근심함이 없이 윤회 속에 유전하기를 그친다면 잘 잘 수 있다.

평화롭게 잘 살 수 있는 자, 그들은 부처님과 같이 언제나 공삼매 (空三昧)에 잠겨 확고부동한 평화 속에 생각과 행동을 안주시키기 때문이다. 그들은 자비의 마음으로 가득 차 있는 사람들이다. 그들은 끊임없이 도를 닦으며 모든 중생을 아들같이 생각한다. 오오 어리석음 때문에 안목이 어두워진 사람들 그들은 비애와 번뇌의 원인을 모르며 항상 나쁜 짓을 거듭할 뿐이라 그들은 결코 평화 속에 잠들 수 없다.

나 자신과 또 남들을 향해 나는 열 가지 좋지 않은 행위들을 범하여 왔다. 그러므로 나는 잘 자지 못한다. 내 개인의 유락을 위하여 그릇된 충고를 받아들이고 죄 없는 부왕을 죽였으니 어찌 내가 잠을 잘 잘 수 있겠는가. 짠물을 탐내서 지나치게 마시고 병과 고통을 얻었으니 이것이 내가 잠 못드는 원인일세. 왕이라 자처하고 왕위에 앉았을 때 나 혼인할 여인, 또는 혼인하지 않은 처녀들을 향해 나쁜 생각을 가졌었으니 이것이 잠 못드는 원인이다. 마치 계율을 지키는 자가 아직 과보를 얻지 못하여 초조해 하듯, 왕위를 갈망하는 왕자가 아직 왕위를 얻지 못해 초조하듯, 물건을 훔치기 원하나 아직 뜻을 이루지 못한 자가 정신을 안정하지 못하듯 나의 마음도 그러하여 잠을 잘 자지 못한다.

의사 지시하에 내 입장은 위급하다. 지극히 바르고 지극히 충실한 임금에 대하여 좋지 않은 생각을 가졌으니 말이다. 이런 내 병에 대해 무슨 효력있는 처방이 있으리라 생각하지 않는다. 땅 위에 놓인 물고기가 행복할 수 없듯 갓난 사슴이 어떻게 뛰는 줄을 모르듯, 전쟁에 져서 남의 땅으로 도망쳐온 왕과 같이 내 사정이 이와 같다. 나는 불의를 선언받은 병자이다. 죄과의 고백을 요구당한 파계승과 같다. 어떻게 내가 능히 잠을 잘 수 있겠는가?"

왕은 당시 유명한 철학가, 종교가, 의사는 다 불러 이 불치의 병에 대한 처방을 구했으나 그들은 모두 운명론이 아니면 향락적인 언사로 그의 행위를 당위적인 것으로만 풀이할 뿐 별다른 처방이 없었습니다. 마침내 기바 의사는 그를 부처님의 위대한 신력에 힘 입히는 수밖에 없다고 생각하고 날을 받았습니다. 여러 가지 공구를 준비하고 온갖 맛있는 음식을 장만하고 있을 때 이 이야기를 들은 데바가 왕 앞에 나타났습니다.

"대왕마마, 안녕히 주무셨습니까?"

"오, 데바, 나는 지금 생지옥의 고통을 겪고 있습니다. 나는 아버지를 죽인 죄인입니다. 그래서 나는 이 죄를 사하기 위하여 부처님께 참회하러 갈 작정입니다."

"뭐라구, 그 거짓 고타마에게…그러다가는 이 나라마저도 그 놈에게 빼앗기고 맙니다."

"데바여, 부처님만이 참된 성자입니다. 아버지가 선인을 죽이게 한 것도 사실은 나를 하루빨리 안아 보기 위해서였습니다. 그리고 나를 죽이려 한 것은 오늘과 같은 일이 있을 것을 미리 예측하여 한 것이니 이는 아버지의 잘못이 아니고 결국 나의 잘못입니다. 은혜를 악으로 갚은 나는 죄를 참회하지 않고는 살 수 없습니다."

데바는 화가 났습니다. 이 세상에선 자기보다 높은 사람이 없다고 믿고 있던 아잣타삿투 왕의 입에서 그런 말이 나올 때 그는 견딜 수 없었다. 데바 옆에 모여 서서 그가 물러나기를 간청한 대신을 그 자리에서 찔러 죽이고 비호처럼 달려 죽림정사로 달려 갔습니다.

그 때 부처님은 데바가 칼을 들고 자기를 저격하러 오는 것과 기바의사가 아잣타삿투왕을 모시고 참회하러 오는 것을 미리 아시고 열 명의 제자와 함께 암바나무 앞에 가 앉으셨습니다. 데바는 독칼을 들고 그 옆을 방황하다가 아잣타삿투 왕이 갖은 5백 대의 수레에 각각 금은 보물과 공양물을 가진 기사들을, 태우고 왕이 탄 흰 코끼리 앞에 의사 기바가 오는 것을 보고 칼을 놓고 부처님 앞에 나아가 발 아래 엎드렸습니다. 왕은 부처님을 뵙자 눈물을 흘리며 큰 소리로 울었습니다.

"왕이시여, 눈물을 거두시오. 죄는 구름과 같고 참회는 바람과 같습니다. 참회의 바람으로 죄의 구름을 몰아버리면 맑은 법성이 허공의 태양처럼 빛납니다. 죄는 본래 자성이 없습니다. 죄의 마음이 멸하면 죄와 마음이 함께 다 없어져 진실한 참회가 됩니다. 때묻은 옷을 비누로 씻어 물에 헹구면 깨끗해지듯 자성도 청정해 집니다.

대왕이시여, 나는 옛날 옛적에 저 데바를 적자와 같이 사랑했습니다. 그런데도 저 사람은 끝내 세속적인 명예와 이익을 버리지 못하여 종종 잘못을 저질러 왔습니다."
하고 다음과 같은 이야기를 들려 주었습니다.

"옛날 적정성(寂靜城)에 적정이란 왕이 있어 모든 백성들을 친자식과 같이 살펴왔습니다. 그런데 하루는 다 죽어가는 병든 거지가 찾아와 살려 달라고 애원했습니다. 왕은 여러 전의를 시켜 치료했으나 병은 낫지 않고 점점 더해 갔습니다. 전국에서 유명한 의사들을 불러다가 모두 치료해 보았으나 다 허사가 되고 다만 한 노련한 의사가 '이 세상에서 한 번도 성을 내지 않은 사람의 피가 있다면 살리겠다' 하여 왕은 자신이 한 번도 성낸 일이 없는 것을 여러 증인을 통해 보증하고 '내가 일국의 왕으로서 한 사람의 병자도 구원하지 못한다면 어떻게 세계 인류를 구원할 수 있겠느냐' 하며 곧 피를 빼서 치료하였습니다. 그리고 다 나은 뒤에는 집, 땅까지 마련하여 결혼시켜 새 살림을 시작하게 하였는데 사람이란 참으로 천박한 것이라.

그 거지는 자기가 훌륭한 사람이기 때문에 6개월 동안이나 왕께서 피를 빼서 자기를 살렸다 하고 또 이렇게 살림을 차려 주었다 자랑했습니다. 그러나 그는 누가 보아도 덕이 있는 사람이 아니라 그 사람을 칭찬하기보다는 모두 그 왕만을 칭찬하는지라 화가난 거지는 "그렇지 않다. 그 왕은 원래 나쁜 병이 들어 있었는데 그 피를 다른 사람에게 빼내 주지 않으면 죽게 되므로 나에게 넣어 주었다. 그리고 그 대가로 이 집과 땅 부인을 준 것이다."하고 허위 선전하였습니다. 그러던 어느 날 갑자기 그의 몸에서는 이상한 기운이 감돌더니 하늘에서 벼락이 내려 그 집은 모두 타 버리고 땅은 모두 홍수 재해로 유실되어 다시금 병든 거지가 되고 말았습니다.

대왕이여, 그 때의 왕은 나요, 거지는 저 데바였습니다. 나는 세세생생에 그와 같이 죄를 구원하였지만 저는 그를 끝까지 배반하였으니 그의 마음에 아직 무명이 제거되지 아니한 까닭입니다."

왕과 데바는 이 이야기를 듣고 크게 뉘우치고 다시금 부처님께 귀의하였습니다.

⑤ 파세나디왕의 죽음과 흰 쥐와 검은 쥐의 비유

부처님은 말년에 매우 슬픈 일들이 많이 생겼습니다. 육신을 갖춘 인간으로서의 부처님에게 인간세상의 비애가 피할 수 없는 사실로 나타났다는 것을 우리는 조금도 이상스럽게 생각해서는 안 됩니다.

앞서 제자이면서 형제간의 의리를 가진 데바닷다가 반역을 했고 또 그의 가장 뛰어난 신봉자였던 왕 빔비사라가 아들 아잣타삿투 태자에게 왕위를 찬탈당하고 죽었는데, 이번에는 코살라의 파세나디(波斯匿)왕이 객사하고 또 얼마 안 있다가 친족 샤카족이 비두우다바에게 공략당하여 멸망하게 됩니다. 물론 이 같은 일들은 그의 지혜로써 미리 내

다보고 예측한 일로 업의 자연성을 그대로 나타내 보인 것이지만 세상 인간사로서는 매우 슬픈 일이 아닐 수 없습니다.

처음에 파세나디왕은 부처님의 설법을 듣고 크게 감동하여 부처님의 일족과 혼인 관계를 맺기 원했습니다. 그러나 고향에 있는 샤카족들은 자기들만이 가지는 깨끗한 피를 야만인과 섞을 수 없다 하여 매우 달갑지 않게 생각했습니다. 그러나 워낙 파세나디왕의 세력이 강하므로 이를 반대했다가는 큰일이 나겠으므로 의논한 결과 마하나마(摩訶那摩)가 야만의 여인과 관계하여 낳은 바사바캇타야(禹翅刹利)를 보냄으로써 적당히 처리하기로 했습니다. 그래서 파세나디왕과 그 여인 사이에서 아들 비두우다바(毘瑠璃)를 낳았습니다.

그런데 이 비두우다바가 어머니와 함께 고향 가비라국에 갔다가 여러 샤카족들로부터 야만인의 몸에서 난 자손이라 하여 크게 모욕을 당했습니다. 자리도 땅바닥에 앉히고 음식도 좋지 못한 것을 주었으며 어린애들은 발로 차고 때리고 희롱했고 어른들은 그가 앉았던 자리까지도 물로 씻겨 갖은 창피를 다 당했습니다. 그래서 이 왕자는 집에 돌아와 내가 왕위에 오르기만 하면 '샤카족이란 샤카족은 씨도 남겨놓지 않고 멸족을 시키겠다' 결심을 했습니다.

한편 그의 아버지 파세나디왕은 부하 반둘라(番頭羅) 장군의 세력과 인기가 점점 높아져 감을 두려워 하여 그의 아들들을 중심으로 그의 측근에 있는 사람들을 모조리 잡아 죽였습니다. 그러한 죄악을 범한 뒤로는 양심에 가책을 받아서 파세나디왕은 틈만 있으면 부처님을 찾아가 참회하고 새로운 인간으로 탄생하여 살기를 희망했습니다. 반둘라 장군이 죽은 뒤 반둘라 장군의 조카되는 디가카라야나(提伽迦羅那)가 항상 왕을 모시고 다녔는데 그는 뛰어난 재주꾼이라 '나도 얼마만큼 성장하면 삼촌과 같이 죽고 말겠지. 죽기 전에 삼촌의 원수를 갚고 나도 위험을 피해야지.'하고 늘 생각해 왔습니다. 그런데 하루는 파세나디왕이 부처님을 만나러 가면서 맨발로 임금의 상징인 왕장까지도 떼어 디가카라야나에게 맡기고 갔습니다. 디가카라야나는 '이 때다' 하고 곧 그 왕장을 가지고 사밧티성으로 달려가 그의 아들 비두우다바에게 주고 그를 옹립하여 왕위에 오르게 했습니다. 늙은 파세나디왕은 이것이 인생의 마지막 길이라는 것을 알고 부처님께 나아가 지난날의 모든 잘못을 참회하고 마가다국의 국왕 사위 아잣타삿투왕에게 의지하러 가다가 그의 성문 가까운 곳에서 반둘라 장군의 친족들에게 맞아 죽었습니다. 그 때 부처님은 이 파세나디왕을 위해 다음과 같은 설화를 들려 주었다 합니다.

"옛날 어떤 남자가 무엇인가를 구해 넓은 광야에 나가 혼자 길을 걷고 있다가 갑자기 무섭고 사나운 미친 코끼리를 만났다. 남자는 크게 놀라 어쩔줄을 모르고 뒤도 돌아보지 않고 도망치다가 들 한복판 옛 우물 속에 뻗어 내려간 등나무 뿌리를 잡고 피신하였다. 그런데 중간쯤 내려가다 보니 우물 네 귀퉁이에서는 사나운 독사가 혀를 날름거리고 한 가운데서는 무서운 독룡이 허리를 반쯤 모래사장에 묻힌 채 그가 내려오기만을 기다리고 있었다. 밖으로 나오자니 벌써 코끼리가 눈 앞에서 기다리고 있었으니 오도가도 못한 행인은 그저 때가 오기만을 기다리고 있었다. 마침 그 때 그 등나무 넝쿨에 집을 지으려고 벌들이 왕왕거리고 있어 앉고 날 때마다 몇 방울의 꿀을 떨어뜨려 그것이 혀에 닿으니 참으로 달고 시원했다. 행인은 그 맛에 도취되어 코끼리와 용 뱀의 두려움도 다 잊어버리고 오직 그 꿀이 한 방울이라도 더 떨어져 입에 들어오기만을 기다렸다. 흔들면 쏠 것 같고 그대로 있자니 감질나고 초조하면서도 견디기 어려운 괴로움을 억지로 참으며 기다리고 있었다.

그런데 하루는 우물 위에서 이상한 소리가 났다. 낙타나 말이 지나가는 것과 같은 소리였다. '아마 나를 살리러 온 선지자가 아닐까? 만일 대상들이 지나간다면 코끼리는 그를 쫓아 갈 것이니 나는 살 길이 열리리라.' 이렇게 생각한 행인은 며칠을 두고 기다렸으나 그 소리는 조금도 변동이 없었다. 자세히 알고보니 그것은 대상들이 지나가는 말발굽 소리가 아니라 흰 쥐와 검은 쥐 두 마리가 자기가 잡고 있는 등나무 넝쿨을 번갈아 가며 쏠고 있는 것이었습니다. 겁에 질린 행인은 그만 넋을 잃고 체념한 듯 먼 하늘만 바라보고 있었는데 갑자기 불이 나서 태울 만한 모든 것은 다 태워버렸습니다."

이것은 비유입니다. 넓은 광야는 무명장야(無明長夜)의 멀고 넓은 것에 비유하고 남자는 생존인간, 코끼리는 무상, 옛 우물은 생사, 나무뿌리는 생명, 흰 쥐와 검은 쥐는 밤과 낮, 해와 달, 나무뿌리를 쏠고 있는 것은 염념생멸(念念生滅), 네 구석의 독사는 四대 색신(지, 수, 화, 풍), 꿀은 5욕(식, 색, 재, 수면, 명예), 벌은 삿된 생각, 불은 늙고 병든 것, 독룡은 죽음에 각각 비유된 것입니다.

우리 인생은 끝없는 무명장야의 이 세상에 태어나 무상 신속의 불안에 위협을 당해 가면서 수파추랑(隨波逐浪), 목표 없이 안개 속을 헤매고 있는 여행자와 같습니다. 한번 생사의 암두(岩頭)에 서서 깊이를 알 수 없는 강물을 내려다 보면 무서운 죽음의 그림자가 시시각각으로 다가오는 것을 볼 것입니다. 생명 하나만의 온 몸을 한가닥 끄나풀에 의지하고 모든 고통을 참고 나아가는 모습을 똑똑히 볼 것입니다. 모든 불만과 고뇌는 필경 이 몸이 있기 때문에 일어나는 것이 아닌가 생각할 때 벌써 밤과 낮의 시간은 우리의 명과 맥을 깎으면서 지나갑니다. 참으로 덧없기도 하고 어리석기도 합니다. 그런데도 우리는 5욕에 전도된 쾌락에 묻혀 명예, 재산, 지위, 연애의 단꿈에 도취되고 때로는 몽롱한 수면으로 헛세월을 보냅니다. 생각하면 소름이 끼칠정도로 위험한 운명에 놓여 있습니다. 미명으로부터 미명에, 고뇌로부터 고뇌로 줄달음질치고 있습니다.

파세나디왕은 부처님의 이 같은 교회(教誨)를 듣고 많은 감명을 받아 무상의 공포에 전율하면서 몸을 바꾸어서라도 진리를 구할 것을 맹세했을 것입니다. 진실한 구도는 깊은 인생의 사색에서만 얻어질 수 있습니다. 이런 의미에서 보면 지나친 염세주의적 교회(教誨)가 아니냐 생각할런지 모르지만 부처님은 죽음 일보전에 있는, 이미 성숙한 자기의 업을 받아들이지 아니하면 아니 될 처지에 있는 늙은 왕에게 참된 종교적 관조를 위해 이러한 설화를 들려 주신 것은 진실로 값진 것이 아닌가 생각 됩니다.

어떤 데서는 이 설화를 빔비사라왕께 해준 것이라 하나 하여간 죽음 일보전에 있는 왕들에게 이야기 하여 새로운 구도 정신을 일깨워 줄 보옥 같은 인생 설화입니다.

⑥ 샤카족의 멸망

디가카라야나 대신의 옹립을 받고 새로 왕이 된 비두우다바왕은 왕위에 오르자마자 옛날부터 마음속으로부터 깊이 깊이 구상해 온 샤카족의 살육을 계획했습니다.

그리하여 그는 먼저 제 1진을 카필라성으로 보냈습니다. 부처님은 그 때 미리 이 사실을 알고 마른 나뭇 가지 밑에 홀로 앉아 명상하며 비두우다바왕의 군대를 기다리고 있었습니다. 왕은 길을 가다가 부처님께서 모든 활엽수를 다 제쳐놓고 마른 나뭇가지 아래 앉아 계신 것을 보고 물었습니다.

"어찌하여 죽은 나무 밑에 계십니까?"

"친척의 그늘은 서늘하다."

광폭한 태자(비두우다바왕)는 이 위대한 성인의 힘에 제압되어 별안간 마음이 변하여 돌아갔습니다. 이렇게 해서 세 번은 돌려 보냈으나 네 번째는 어쩔 수 없었습니다. 그 날 따라 세존은 얼굴빛이 변하고 옷색이 검게 탔습니다. 아난다가 물었습니다.

"세존님, 세존님은 언제나 대법왕으로서 설법하실 때는 그 용안이 외외(畏畏)하고 자비광명이 넘쳐 흘렀는데 어찌하여 오늘은 그토록 안색에 빛이 없고 옷빛까지도 새까맣게 변하십니까?"

"아난다야, 나는 지금 수미산을 머리에 이고 있는 것 같다."

참으로 통절한 대답이었습니다. 목갈라나가 옆에서 듣고 있다가 물었습니다.

"신통으로 비두우다바의 군대들을 다른 세계로 팽개치든지 그렇지 않으면 카필라성에 금망(金網)을 치면 어떻겠습니까?"

"목갈라나여, 그대는 숙업을 내던지고 숙업에 금망을 칠 수 있겠는가?"

이미 익은 업은 어찌할 수 없다는 것입니다. 부처님께서도 이 세상에 세 가지 능히 못할 일이 있습니다. 첫째 인연 없는 중생은 건지지 못하고, 둘째 이미 익은 혹업(惑業)은 어찌하지 못하고 셋째는 중생을 다 건질수는 없다는 것입니다. 그러니 지금 카필라국의 샤카족은 이 둘째번의 본능에 걸린 것입니다. 비록 이치상으로는 그러하나 정으로 볼 때는 마치 사랑하는 어머니가 불구덩이에 빠지는 자식들을 구하려 발버둥치듯 메마른 나뭇가지 아래 앉아 동족의 살육을 말리려 하였던 것입니다. 그러나 그것은 큰 강을 한 손으로 막으려 하는 것과 같아 전혀 불가능한 일이었으므로 네 번째는 어쩔 수 없이 그 군대를 통과 시키면서 그 얼굴빛은 변하고 옷빛까지도 새까맣게 타 있었으니 어찌면 이것이 우리 부처님의 위대한 인간성이 아니겠습니까? 참된 성자는 어디까지나 현실을 초월하지 않으면 안 되기 때문입니다. 그래서 사람들은 그러한 경지에 들어 가려고 몹시도 초조한 마음으로 헛된 수고를 거듭합니다.

사람은 개념지(槪念智)를 지양하고 체험지(體驗智)를 체득하여야 합니다. 사람은 누구나 자기 심정의 개척과 조어생(調御生)에서 두 가지 반대되는 큰 길이 놓여있기 때문입니다. 하나는 지혜와 실수(實修)를 가지고 애착을 끊고 나아가는 것이고 다른 하나는 애착의 뿌리를 끊지 않고 그를 소재로 하여 도를 실현해 가는 것입니다. 우리 마음이 도를 향해 나아감에 있어 전자의 형태는 어찌 되었든 누구나 한번쯤 겪어야 하는 일이지만 실재상 성찰하고 체험해 가는 데도 전자의 길을 참으로 실행하는 것은 곧 후자의 길을 실행하는 것임을 알아야 한다. 그러므로 전자의 입장에서 볼 때 중생의 고뇌는 세존의 고뇌가 될 수 없고 중생의 즐거움은 세존의 즐거워 하는 바가 될 수 없으나 큰 업의 화가 불가피하게 일어나 주위를 뒤덮을 때 그 화중에 있는 성자는 곧 인간의 고뇌를 고뇌로 하여 견디고 참지 아니하면 안 되는 것이며, 그 때에 있어서 보편적인 사랑은 곧 구체적 사랑으로 변하는 것이므로 참된 성자는 산중에 초연히 은거하는 것이 아니라 친히 현실의 고통을 참고 견디며 후회 없이 두려움 없이, 제법의 광명과 환희를 그 고뇌의 밑바닥에 투사하여 빛나게 해야 하는 것입니다. 그래서 유마거사는 중생이 병을 앓으므로 자기도 병을 앓고 중생이 즐거워 하므로 즐거워 했으며 보현보살은 열 가지 위대한 행원으로 중생 세계를 끊임없이 유랑하면서 무한한 번뇌 가운데 무한한 성화(聖化)를 베풀어 중생과 국토가 함께 불국정토로 변해지기 원했습니다.

세존의 이 같은 성애(聖愛)에도 불구하고 비두우다바왕은 네번째 군대를 이끌고 나아가 샤카족이란 샤카족은 씨를 남기지 않고 죽이기 시작했습니다. 그 때 어리석음을 저질러 스스로 그의 업을 받고 있던 샤카족의 왕 마하나마는 마지막 한 가지 소원을 들어 달라고 애원했습니다. 그 소원이란 자기가 연못 속에 들어가 자살하는데 자기의 시체가 물위에 떠오를 때까지만 살육을 중지하여 주고 그 동안에 도망친 샤카

족에 대해서만은 죽이지 말아 달라는 부탁이었습니다. 비두우다바왕은
자기 어머니의 아버지이고 외할아버지인 마하나마의 이 간절한 소망마
저 뿌리칠 수 없어서 그렇게 하라 허락했습니다. 그래서 마하나마는
그 많은 관중들이 주시하는 가운데 물속으로 들어 갔습니다. 그런데
물속으로 들어간 지 몇 시간이 되어도 시체가 떠오르지 않았습니다.
이상히 생각하여 군대들을 시켜 시체를 탐색해 본 결과 그의 머리카락
을 나무 뿌리에 묶고 죽어 있었더라는 것입니다.

다행히 그 때 도망친 샤카족 사람들이 갠지스강 남안(南岸)에 이르
러 새 나라를 건설하고 살았다 하는데 그 후 부처님의 유골을 고향 가
까이에 봉안하고 있는 사실로 보면 그 곳으로 일시 피난했다가 다시
고향에 돌아와 산 것으로 보아야 할 것입니다.

또 어떤 불전에는 그 때 샤카족 사람들은 부처님의 자비 정신에 깊
이 물들어 있었으므로 무저항주의를 취하여 그저 죽이는 대로 죽었다
하지만 이것은 전략상 코살라국과 카필라국과는 전혀 대조가 되지 않
으므로 어쩔 수 없는 사실이라고 보아야 할 것입니다. 하여간 '업은 지
은대로 가고 복은 지은 대로 받는다"는 말과 같이 어리석은 업의 세력
은 무서운 것입니다.

⑦ 전쟁과 평화의 조건

전쟁은 비극입니다. 귀한 목숨이 파리 목숨보다 더 천해지고 전쟁으
로 인한 재산의 피해는 말할 것도 없지만 부모 잃은 자식, 자식 잃은
부모들이 슬퍼하는 고통 또한 말로 형언할 수 없기 때문입니다. 그래
서 부처님은 항상 무자비한 약육강식에 앞서 상호부조를 생각하고 투
쟁에 앞서 화합을 생각하라 하였습니다.

부처님께서 사밧디성으로부터 왕사성으로 돌아와서 영축산에 있을

때 아잣타삿투왕은 밧지족의 나라를 정복하기 위하여 앞서부터 부처님의 가르침을 잘 받들고 있는 밧사카라(雨行) 대신을 시켜 그 일의 가부를 물어 오도록 하였습니다.

"부처님, 우리 나라가 군사를 일으켜 밧지국을 쳐들어간다면 승산이 있겠습니까, 없겠습니까?"

부처님은 밧사카라에게 직접 말씀하시지 않고 뒤에서 부채질을 하고 있는 아난다에게 물었습니다.

"아난다야, 밧지 사람들은 자주 회의를 열며 그 회의에는 많은 사람들이 모여 참석하느냐?

밧지 사람들은 위 아래 사람들이 서로 항상 화목하게 같이 나라 일을 돌보고 있느냐?

밧지 사람들은 선인이 정한 것을 깨뜨리지 않고 중시하며 그것을 함부로 고치는 일이 없느냐?

밧지 사람들은 어른과 아이의 차서를 잘 지켜 나이 많은 사람들을 잘 존경하느냐?

밧지 사람들은 남녀의 구별이 있어 부녀자를 폭력으로 끌어내 강탈하는 나쁜 법은 없느냐?

밧지 사람들은 국내외의 종묘를 존숭하고 의전(儀典)을 폐하지 않고 지키고 있느냐?

밧지 사람들은 도를 존중하고 덕을 경애하며 노인들을 후하게 맞아 대접할 줄 아느냐?"

이러한 질문을 받은 아난다가 "그렇게 잘 하고 있습니다."하고 대답하니 부처님은 "이것은 일곱 가지의 망하지 않는 법이다. 이것을 지키고 있는 한 밧지사람들은 결코 쇠약해 지지 않고 누구의 침해도 받아지지 않을 것이다."라고 말하였습니다.

밧사카라 대신은 이 말을 듣고 크게 감명을 받고 돌아가 아잣타삿투 대왕께 이야기하여 전쟁을 일으키지 않았습니다.

밧사카라 대신이 영축산을 떠난 뒤 부처님은 모든 비구들을 모아놓고 다음과 같이 일곱 가지 불퇴법과 여섯 가지 불퇴법을 설하였습니다.

일곱 가지 불퇴법은,

"첫째, 자주 집회를 가지고 정의에 관하여 토의할 것.

둘째, 상카와 화합하여 서로 경애하고 경멸하지 말 것.

셋째, 계율을 엄수하고 법과 제도를 준수할 것.

넷째, 교단 안에 제도의 능력을 갖춘 선지식을 존경할 것.

다섯째, 지조를 굳게 지켜 존중할 것.

여섯째, 열반에 이르는 도를 힘써 닦고 욕정에 떨어지지 말 것.

일곱째, 나보다 남을 높이고 명예를 탐하지 말 것."

그리고

"첫째, 작은 일을 즐거워 하지 말고 많은 일을 자랑하지 말 것.

둘째, 침묵을 지키고 말을 많이 하지 말 것.

셋째, 수면에 빠지지 말고 혼미하지 말 것.

넷째, 당파를 만들지 말 것이며 역모를 꾀하지 말 것.

다섯째, 부덕한 자신을 스스로 높이지 말 것.

여섯째, 악한 벗을 사귀지 말 것.

일곱째, 한적한 산과 숲을 즐기고 홀로 기거할 것"

입니다. 이상 두 개의 일곱 가지 물러나지 않는 법은 남·녀·노·소를 막론하고 서로 화합하게 하여 교단을 굳게 만드는 법이므로 '불퇴법'이라 합니다.

다음 여섯 가지 불퇴법은,

"첫째, 몸은 항상 자비를 행하고 중생을 해치지 말 것.

둘째, 입은 항상 자비롭고 어진 말만 하고 결코 악담을 하지 말 것.

셋째, 뜻은 항상 자비심을 갖고 남을 해칠 생각을 갖지 말 것.

넷째, 정결한 이양(利養)을 얻을 때는 모든 사람들과 같이 나눌 것.

다섯째, 성계(聖戒)를 받들어 지키고 번뇌를 끊으며 때묻지 않고 반드시 성불하기로 한 마음이 흔들리지 않게 할 것.

여섯째, 성현들이 닦는 도법에 따라 해탈할 것."

입니다. 이것은 부처님께서 입멸한 뒤에라도 그것을 의지하여 정법을 닦으므로 바른 법이 물러섬이 없게 되는 까닭에 이것을 여섯 가지 불퇴법이라 한 것입니다.

그 뒤 부처님은 산을 내려와 왕사성을 떠나 암바랏티카(菴婆羅致)촌을 거쳐 앙가국(鴦伽國) 지방을 경유하여 나란타에 이르러 사리풋다를 위해 설법하시고 파탈리(波吒釐)촌에 이르러 이 곳 촌사람들과 우바샤카를 향해 계율을 잘 지키면 다섯 가지 공덕이 있고 계율을 어기면 반대로 다섯 가지 손해가 있다 말했습니다.

첫째 계율을 잘 지키면 다섯 가지 공덕이 있다 한 것은

"① 원하는 법을 성취하고

② 지니고 있는 재물이 날로 늘어나고

③ 가는 곳마다 뭇 사람들의 칭찬을 받고 존경을 받으며

④ 이름이 널리 떨쳐 명예를 얻고

⑤ 죽은 뒤에 천상에 난다"는 것이고,

다음 다섯 가지 손해를 본다 한 것은

"① 재물을 구해도 뜻대로 되지 않고

② 재물을 다소 얻어도 다시 손해를 보며

③ 가는 곳마다 사람들이 존경하지 않고

④ 추한 이름과 악한 소리를 가는 곳마다 퍼뜨리며

⑤ 결국 몸을 망치고 죽어서 지옥에 떨어진다"는 것이다.

이것은 복을 구하고 재앙을 소멸하고저 하는 사람을 위해서 하신 설

법입니다. 부처님께서 무엇 때문에 이 나란타촌을 거쳐 갔는지 그 이유는 적혀 있지 않으나 아마 나란타는 왕사성에서 파탈리촌(華氏城)으로 가는 통로이므로 자연 그 곳을 거친 것으로 이해됩니다. 그러나 그 곳은 후세에 중요한 불교 중심 도시가 되었습니다.

또 파탈리촌도 당시는 갠지스강 하류에 있는 조그마한 항구도시로 별로 보잘것 없는 촌락이었으나 경전에는 그 당시 성중에 마음씨가 착한 많은 현인들이 모여 살고 또 상업이 번창한 상태를 보시고 부처님은 '장차 이 곳은 천하제일의 성시(城市)가 될 것이다. 그러나 불과 물, 매국행위(賣國行爲)가 무섭다.'고 예언하셨다 합니다. 과연 이 곳은 난타 왕조와 마우리야 왕조에 이르러 인도 전체의 수도가 되어 번영을 누렸고 불멸 후 270년경에는 아쇼카왕이 전인도를 통일하고 이 곳을 마가다국의 수도로 정했으며 제3회 불경의 결집을 이 곳에서 행하여 불교와도 인연이 깊은 곳입니다. 현재의 파트나시가 바로 그곳입니다.

---

1) 오정육은 ① 죽는 것을 보지 않고 ② 죽는 것을 듣지 않고 ③ 나를 위해 죽이지 않고 ④ 죽어서 세 손을 거치고 ⑤ 스스로 죽거나 다른 짐승들이 죽여 물고 가다가 놓은 것을 말합니다.

⑩ 부처님의 말년과 입멸(2)

① 노쇠해진 부처님

■ 이별은 생자에게 오는 진리다

남선북마(南船北馬) 좌불난석(坐不煖席)이라는 말이 있듯 부처님의 교화 생활은 동·서·남·북 잠시도 자리가 따뜻해질 날이 없었습니다. 그러던 어느 날 사밧티성 동원녹자모강당(東園鹿子母講堂)에서 저녁 때 선정에서 일어나 목욕하고 잔등을 말리며 앉아 계셨는데 시자 아난다가 와서 부처님의 등을 어루만지며 말했습니다.

"부처님, 옛날에는 살결이 아름답고 빛났는데 이제는 주름이 생기고 몸이 앞으로 많이 구부러졌습니다."

"아난다야, 젊음에는 늙음이 있고 건강에는 병이 있으며 삶에는 죽음이 있다. 부서진 수레는 구르지 못하고 사람이 늙으면 닦기 어렵다."

■ 암바팔리녀의 득도와 네가지 깊은 법

파탈리촌에서 밧사캬라의 공양을 받고 갠지스강을 건너 코티촌(拘利村) 나디카촌(那地迦村)을 지나 베살리(吠舍離)로 들어갔습니다. 나디카촌에서는 이 마을에서 임종한 차루(遮樓)비구와 난다(難陀)비구니, 수자타신녀 수단나 이하 8인의 신사를 합하여 모두 11명의 사후 왕생을 밝히고 함께 슬퍼하셨습니다.

그리고 베살리에 들어가서는 그 곳 조용한 교외 암바팔리(菴婆波利) 부인이 소유한 동산에 머물러 있었습니다. 암바팔리 부인은 원래 유명한 창부였는데 부처님께 귀의하여 비구니가 되었습니다. 암바팔리가 출가한 데는 재미있는 이야기가 있습니다. 부처님께서 그곳 암바팔리 동산에 와 계신단 말을 듣고 천하에 미인 암바팔리는 자기도 한번 만나보고 싶은 충동에서 7보단장으로 만반의 몸치장을 하고 시녀들과 같이 보거(寶車)를 타고 부처님을 찾아 뵈었습니다. 부처님께서는 비구들에게 미리 이 여자들에게 마음을 빼앗기는 일이 없도록 당부하고 그들의 일행이 그의 앞에 이르러 예배하고 한쪽에 앉아 법문을 청하자 다음과 같이 말씀하셨습니다.

"암바팔리여, 너는 마음의 아름다움이 얼굴과 몸 맵시에도 나타나는구나. 젊은 나이에 많은 재물과 부력을 갖추었으며 그 위에 또한 나의 바른 법을 행하려는 뜻은 참으로 갸륵한 일이다. 지혜 있는 남자는 스스로 다스리기가 어렵지 않으나 여자는 의지가 약하고 지혜가 얕은 반면 욕정이 두텁다. 그런데도 모든 것을 두루 갖춘다는 것은 지극히 어려운 일이다. 사람이 세상에 나면 남녀를 막론하고 바른 법을 따르는 것이 가장 성스러운 일이다.

재물과 색은 자주 자주 변하므로 영원히 믿을 만한 보배가 아니다. 젊음은 늙고 늙음은 병들고 늙어 병들면 죽기 마련이다. 그러나 참된 진리를 얻는 자는 불변의 진리를 깨달으므로 이러한 모든 고통으로부터 능히 침략을 막을 수 있다. 그러니 너희들은 여자의 약점을 깨우치고 정진하여 그 누구에게도 기대지 않고 천대받지 말고 스스로 일어날 수 있는 온전한 법을 배우라."

암바팔리는 이 법문을 듣고 곧 발심하여 그가 소유했던 암바팔리 동산을 부처님께 회사하고, 그의 재산을 반분하여 1분은 그의 시녀들에게 나누어 주고 1분은 비구스님들께 공양하고 스스로 출가하여 부처님의 제자가 되었습니다.

부처님은 그 곳에서 여러 비구들에게 네 가지 깊은 법(四深法)을 가르치셨습니다. 네 가지 깊은 법이란 '성스러운 계(聖戒), 성스러운 정(聖定), 성스러운 지혜(聖慧), 성스러운 해탈(聖解脫)'이 그것입니다. 부처님은 이 네 가지 성스러운 진리를 깨닫지 못하면 영원히 3계의 유전을 벗어나기 어렵다 하셨습니다.

■ 마지막 안거

부처님은 암바팔리의 공양을 받으시고 그 뒤 아난과 같이 그곳으로부터 그리 멀지 않은 페루바촌(竹芳村)으로 들어가 마지막 안거를 시작했습니다. 그런데 이 촌락은 퍽 작고 게다가 그 해는 흉년이 들어서 여러 사람이 한 곳에서 안거를 할 수 없었으므로 비구들은 각기 흩어져 인연따라 안거를 하게 되었습니다. 아는 사람과 벗을 따라 각각 흩어지는 비구들에게 부처님께서는 간절히 부탁했습니다.

"비구들아 너 자신들을 잘 이겨야 한다. 좋은 것을 얻어도 좋아하지 않고 나쁜 것을 얻어도 싫어하지 아니 하며 다만 식사는 몸의 건강을 유지하여 도업을 이루기 위한 것으로 알고 탐욕을 가지지 말라. 탐욕은 생사의 원인이다."

그런데 불행히도 부처님은 이 안거중에서 병이 들었습니다. 이것은 노쇠현상의 한 모습이지만 통증이 너무 심하기 때문에 견디기 어려울 정도이었으므로 모든 제자들은 여기서 꼭 부처님께서 돌아가실 줄 알고 간절한 마음으로 애통해 하였습니다. 그러나 부처님은 굳게 정진하여 이 병을 극복하고 아난다의 청에 의해 법문을 했습니다.

"아난다야, 수행스님들이 나에게 무엇을 더 요망(要望)할 것이 있겠느냐. 나는 내외의 구별없이 모조리 설할 만한 모든 것은 다 설했다. 나는 이제 인생의 여로를 다 겪어 나이 80이 되었다. 예컨대 낡은 차가 가죽끈의 덕택으로 간신히 움직이는 것과 같이 내 차도 가죽끈의 덕택으로 간신히 유지되고 있다. 그러나 아난다야, 향상코자 노력하는 사람은 모든 색에 마음을 물듬이 없이 하나하나의 감수작용을 없앰으로써 상(相)이 없는 마음의 통일에 들어가 머무를 때 그의 몸은 건전해 진다. 그러므로 아난다야, 이 세상에서 너 자신을 섬(島)으로 삼고 너 자신을 의지처로 하고 다른 사람을 의지처로 하지 말며, 법을 섬으로 삼고 법을 의지처로 하며 다른 것을 의지처로 하지 말라."

■ 다섯 가지 만나기 어려운 법

그 때 베살리국에 사는 이차족(離車族)들이 떼로 몰려 왔습니다. 전날 그들은 부처님을 뵙기 위해 오다가 암바팔리가 공양을 올린다는 말을 듣고 1만금으로써 그의 초대를 양보하여 주기를 원했으나 그 여인이 듣지 않자 다시 갔다가 오늘 온 것입니다. 부처님은 그들의 공양을 받고 세상에서 얻기 어려운 다섯 가지 보배에 대해서 설법하셨습니다.

"첫째, 여래를 만나는 것과 그의 설법을 듣기가 어렵다.

둘째, 여래의 정법을 듣고 그것을 생각하고 잊지 않기가 어렵고,

셋째, 여래의 설법을 듣고 그것을 생각하고 밝은 지혜를 얻기가 어렵다.

넷째, 여래의 교법을 만나기 어렵고 3악도를 벗어나기 어렵다.

다섯째, 생사의 인연을 알고 정과 욕을 멸하고 열반에 드는 것이 어렵다.

그런데 여러분은 지금 여래를 만나서 법을 들었으니 이제부터는 자신들이 정진하여 안식처를 얻도록 하여라."

5백여 명의 이차족 권속들은 부처님의 이와 같은 설법을 듣고 환희용약, 감탄해 마지 않으며 오랫동안 일어날 줄을 몰랐습니다.

② 사랑하는 제자들과 이별하고 닐바나를 예고하다

■ 사랑하는 제자들과의 이별

부처님을 따라다니는 제자들은 항상 1천 명이 넘었지만 먼저 만났던 제자들은 제각기 교화를 위해 사방으로 흩어지고 새로 들어온 제자들이 많이 따랐습니다. 그 가운데서도 시자 아난다는 부처님의 그림자와 같았고 사라풋다와 목갈라나는 교수사로서 항시 따라다니며 신입불자들을 지도하였습니다.

그런데 부처님께서 페루바촌에 들어가 마지막 안거가 시작된 지 얼마 안 되어 사리풋다는 잠시 고향으로 떠나겠다고 청하였습니다. 부처님의 사기(死期)도 이미 가까워 왔지만 자기의 죽음도 임박해 왔음을 미리 알고 있었기 때문입니다. 사리풋다는 부처님의 허락을 받고 고향으로 돌아가 그 때까지 살아계신 어머니를 위하여 불법의 단맛을 공양하고 단 며칠 안 되는 기간이라도 자식으로서의 도리를 다한 뒤 조용히 닐바나에 들었습니다. 전기에 의하면 그가 어려서 난 방에서 오른손을 방바닥에 짚고 앉은 자세로 죽어 있었다 합니다.

한편 목갈라나도 이와 때를 같이하여 이사기리산(伊私耆梨山)으로 교화하러 나갔다가 평소에 그를 시기해 온 나형(裸形)의 외도[1]와 집장(執杖) 외도에게 순교당했다고 합니다. 이것은 모두 부모님께 불효한 형제들의 과보로 알고 달게 받았습니다.

■ 닐바나를 예고하다

부처님은 페루바촌에서 안거가 끝난뒤 다시 베살리로 가서 챠팔라체티야(遮波羅制底)에 머물렀다. 체티야는 신성한 나무라 번역하기도 하나 흔히 묘(廟), 예당(禮堂)으로 천신(天神)을 모시고 예배하는 성당으로 이해하고 있습니다. 특히 이것은 마우리야 왕조 이후에 만들어진 것으로 돌 또는 벽돌로 된 탑 모양은 훨씬 후대의 것으로 측정됩니다. 부처님 당시에 있었던 체티야는 죽은 사람의 유골 위에 만들어진 토총(土塚)과 같은 것이었는데 인도사람들은 그러한 토총을 만들지 아니하면 그 곳에 나무를 심어 신성스럽게 여겨 왔습니다. 뒤에 이것은 세상을 떠난 성자의 유골이나 유품 위에 커다란 총(塚)을 만들면서 스투파 즉 탑파(塔婆)와 같은 뜻으로 이해되었으니 오늘날 우리가 볼 수 있는 탑들은 모두 이 체티야로부터 발전된 것이라 해도 과언이 아닙니다.

그런데 부처님은 그 체티야 속에 들어가 뜨거운 햇빛을 피하고 앉아 휴식을 취하면서 아난다에게 석달 후에 돌아가실 것을 예언했습니다. 아난다와 비구들은 이 말을 듣고 매우 슬퍼하면서 '왜 그렇게도 부처님의 수명이 짧은가' 탄식했습니다. 그 때 부처님은 좋은 말로 위로했습니다.

"아난다야, 근심하지 말라. 1 겁(劫)을 더 산다 할지라도 서로 만난 사람이 한번은 이별하지 않겠느냐. 이것이 존재하는 모든 것의 양상이다. 설사 내가 죽어 육신이 다한다 하더라도 내가 설한 묘한 진리의 몸만은 언제까지나 멸하지 않는다.

비구들아, 지금까지 내가 너희들에게 말한 모든 가르침을 생각하고 외우고 닦으라. 욕심을 제어하고 자기 자신을 이기고 몸을 바르게 하고 말을 바르게 하고 분노를 버리며 탐욕을 버리고 항상 죽음에 마음을 쓰라. 마음이 사(邪)를 원하더라도 따르면 안 된다. 마음이 욕심을 일으키더라도 그런 마음을 허락해서는 안 된다. 사람이 마음을 따라야 하는 것이지 마음이 사람을 따라가서는 안된다. 이 마음은 신(神)도 되고 사람도 되고 악마도 되고 귀신도 되고 부처님도 될 수 있다. 그러므로 너희들은 마음을 바로하여 도를 행하라. 도를 행하는 자만이 세상에서 안온을 얻는다.

비구들아, 나는 지금 너희들을 위해 이 세상의 종말에 이르기까지 고독(苦毒)의 나무를 변화시켜 감으로써 열매를 맺도록 하려고 원해 왔다. 너희들도 이 법 안에서 서로 화목하고 존경하고 다투지 말라. 물과 우유가 서로 융합하듯 하라. 나는 스스로 이 법을 깨닫고 다른 사람을 위해 설하였다. 이 법은 으레 너희들의 스승이 되어 너희들을 해탈의 경지로 들어가게 할 것이다. 나는 앞으로 3개월이 지나면 닐바나에 들 것이니 부디 잘 알아서 하라."

③ 춘다(純陀)의 마지막 공양

■ 여러 가지 수행법

부처님께서는 열반을 예고하신 지 며칠 있다가 친히 베살리성에 들어가 탁발을 마치고 성을 나오셔서 푸완다촌으로 가시는 도중 타고 가시던 큰 코끼리와 같이 전신을 떨치시고 베살리성을 응시하며 말했습니다.

"아난다야, 여래께서 베살리성을 돌아보는 것도 이것이 마지막이 될 것이다."

비록 여래(如來)·응공(應供)·정변지(正偏智)·명행족(明行足)·선서(善逝)·세간해(世間解)·무상사(無上士)·조어장부(調御丈夫)·천

인사(天人師)·불세존(佛世尊)의 칭호를 받은 3계무비의 대성자였지만 자기와 80평생 아니 수천 수만겁의 인연을 맺어온 이 사바세계를 이별한다고 생각할 때 어찌 쓸쓸한 마음이 들지 않겠는가. 너무나도 평범한 인간, 너무나도 다정한 인간, 그 인간은 인간이기에 인간의 바른 길을 가르친 스승이 될 수 있었던 것입니다.

　푸완다촌을 나온 부처님은 베살리성의 릿차비사람들에게 마지막 작별을 고하고 반다가마(捷茶)촌, 핫티가마(授手)촌, 암바가마(菴婆羅)촌, 잠부가마(潛浮)촌을 지나 보가나가라(負伽) 등에 들어가는 곳마다 어디서나 만나는 행자들에게 진리를 설했습니다.

　"① 이 몸은 깨끗치 못한 것이라 관하고(觀身不淨·身念處)

　② 이 마음으로 받는 것은 모두 괴로움이라 관하고(觀受是苦·受念處)

　③ 우리의 마음은 무상하다 관하고(觀心無常·心念處)

　④ 모든 법은 실체가 없다. 관하라. (觀法無我·法念處)

　〈이상을 사념처(四念處)라 함〉

　⑤ 이미 생긴 악은 끊고

　⑥ 아직 생기지 않은 악은 미리 방지하고

　⑦ 이미 생긴 선은 더욱 자라나게 하고

　⑧ 아직 생기지 않은 선은 생기도록 부지런히 힘쓰라.

　〈이상을 사정근(四精勤)이라 함〉

　⑨ 항상 착하고(常欲善)

　⑩ 항상 법을 생각하고(常念法)

　⑪ 항상 정진하며(常精進)

　⑫ 항상 한 마음으로 사유하라. (常思惟)

　〈이상을 사신족(四神足)이라 함〉

⑬ 뛰어난 삼매의 행을 생각하고(欲如意)

⑭ 뛰어난 삼매를 부지런히 닦을 것을 생각하며(念如意)

⑮ 뛰어난 삼매를 부지런히 닦고(進如意)

⑯ 뛰어난 삼매의 행을 사유하라. (慧如意)

〈이것을 사여의족(四如意足)이라 함〉

⑰ 부처님의 교법을 믿고 사교(邪敎)와 사신(邪信)에 들지않고(信根)

⑱ 악행을 끊고 선행을 힘써 닦으며(進根)

⑲ 바른 생각을 가지고 살고(念根)

⑳ 선정을 성실히 닦고 마음에 산란을 제거하며(定根)

㉑ 지혜를 닦아 4 제의 진리를 깨달아라. (慧根)

〈이상을 오근(五根)이라 함〉

㉒ 불법을 착실하게 믿고 사교를 믿지 말고(信力)

㉓ 선을 닦고 악을 없애기 위하여 부지런히 힘써 닦으며(進力)

㉔ 사상을 바르게 가지고 삿된 생각을 버리고(念力)

㉕ 선정을 닦아 어지럽고 산란한 생각을 없게 하여(定力)

㉖ 지혜를 닦아 불교를 깨달아라. (慧力)

〈이것을 오력(五力)이라 함〉

㉗ 지혜로써 모든 것을 가려 선한 것은 골라 내고 악한 것은 버리라 (擇法覺支)

㉘ 여러 가지 수행에 방황하지 말고 오직 바른 도를 향해 한 길로 나아가라 (精進覺支)

㉙ 참된 법을 얻어 기뻐하고(喜覺支)

㉚ 그릇된 견해나 번뇌를 끊을 때 능히 참되고 거짓됨을 알아서 올바른 선근을 기르라. (除覺支)

㉛ 바깥경계에 집착하던 마음을 떠날 때 거짓된 것은 추억하지 말라. (捨覺支)

㉜ 선정에 안주하여 번뇌망상을 일으키지 말라. (定覺支)

㉝ 선정과 지혜를 고르게 하라. (念覺支)

〈이상을 **칠각지**(七覺支)라 함〉

㉞ 유무의 편견을 버리고 중도의 불법을 바로 인식하라. (正見)

㉟ 몸과 입과 뜻에서 탐진치 3독을 버리고 4제를 생각하라. (正思惟)

㊱ 입으로 삿된 말(거짓, 이간, 악한, 욕설)을 하지 말고 바른 말을 하라. (正語)

㊲ 몸으로 살생, 도둑질, 간음하지 말고 지조를 바르게 하여 품위있는 생활을 하라. (正業)

㊳ 정법을 바탕으로 하여 올바른 생활을 하라. (正命)

㊴ 열반의 정도를 위하여 일심으로 힘써 나아가라. (正精進)

㊵ 바른 도만 생각하고 삿된 생각을 버리라. (正念)

㊶ 선정을 바로 하여 산란이 없게 하라. (正定)"

〈이상을 **팔정도**(八正道)라 함〉

이상 4념처, 4정근, 4신족, 4여의족, 5근, 5력, 7각지, 8정도를 합하면 총 41 도행이 되는데 이 가운데 4신족과 4여의족은 그 내용이 같은 것이므로 37 도행이라 합니다. 이것은 모두 보리(菩提)를 돕고 성도를 증득해 가는 길이므로 37 조도품(助道品), 혹은 37 보리분(菩提分) 37 성도분(聖道分)이라 합니다.

또 부처님은 8 정도 가운데 여덟번째 정정(正定) 즉 선정(禪定)을 올바로 닦게 하기 위하여 백골관(白骨觀), 부정관(不淨觀), 촉루관(觸髏觀), 수식관(數息觀), 인연관(因緣觀), 무상관(無常觀), 무아관(無我觀), 고관(苦觀), 공관(空觀) 등을 닦도록 방편을 제시하기도 하였습니다.

첫째, 백골관은 사람이 죽은 다음 육신은 피부와 근육이 다 없어지고 흰 뼈만 앙상히 남는 것을 관하게 한 것인데 이것은 4대화합의 이 몸을 진짜 자기라고 오인하고 있는 사람들에게 가르친 것입니다.

둘째, 부정관은 사람은 누구나 아홉 구멍(두 귀, 두 코, 두 눈, 입, 항문, 성기)에서 항상 궂은 물이 흐르고 안과 밖 중간의 간, 쓸개, 위, 장, 폐, 신장, 손톱, 발톱, 이빨, 가죽, 뼈, 피둥 온갖 부정물을 가지고 있는 것을 관하고 또 이 몸이 썩을 때 온 몸이 불어터져 온갖 벌레가 생기는 것을 관하는 것이니 이것은 자신에 대한 탐욕이 많은 사람들에게 가르친 수선법(修禪法)입니다.

셋째, 촉루관은 백골관과 거의 같은 것으로 인연에 의하여 만들어진 이 몸은 결국 앙상한 뼈로 돌아가는 것을 가르친 것이니 이 또한 이 육신에 대한 탐욕이 많은 사람을 위하여 설하신 것입니다.

넷째, 수식관은 들이쉬고 내쉬는 호흡을 세어 천만 가지 사량을 제어하는 것이니 이는 소란이 많은 중생을 다스리는 관법입니다.

다섯째, 인연관은 성제 가운데 집제 즉 12인연을 역순으로 관하여 무생을 없게 한 것이니 이는 어리석은 중생을 다스리기 위하여 베푼 선정입니다.

여섯째, 무상관은 불설의 모든 현상이 잠깐도 쉬지 않고 찰나찰나에 멸해 가는 것을 관한 것이니 이는 상단(常斷)에 떨어져 있는 중생을 교화하기 위해 설하신 것입니다.

일곱째, 무아관은 이 몸은 지·수·화·풍의 4대 소집이고 이 마음도 수·상·행·식의 집적에서 일어나는 것이니 나라는 것은 쓸데가 없다고 관하는 것이니 아집에 집착된 중생을 다스리기 위해 설한 것입니다.

여덟째, 고관은 4제중 고제를 관하는 것으로 일체 우리가 받는 모든 현상을 엄밀히 따지고 보면 고(苦) 아닌 것이 없다고 관하는 것이니 이는 지나치게 현실을 낙관만 하는 어리석은 중생을 위해 베푼 것입니다.

아홉째, 공관은 삼라만상은 모두 인연 화합에 의하여 생긴 것이니 그 밑바탕을 들여다 보면 모두 텅텅 비어 있다고 관하는 것이니 이 또한 법집중생(法執衆生)을 위해 설한 것입니다.

이렇게 부처님은 비구들을 볼 때마다 각기 그들의 근기와 수준에 맞추어 알맞은 법문을 하시어 헛 세월을 보내지 않고 바른 생각을 이룰 수 있도록 가르쳐 주셨습니다. 그리고 보가나가라에서 설법하고는 다음에 파바(波婆)로 나아가 그 교외에서 살고 있는 대장장이 춘다(Cunda · 純陀)가 소유하고 있는 숲으로 들어가 네 가지 잡론(雜論)을 파하는 법을 가르치셨습니다.

"① 만약 비구가 어떤 법을 주장할 때 반드시 경 · 율을 기준하여 그것의 허와 실을 가려 거짓말이면 그것을 버리고 진실한 것이면 그것을 받아들이라.

② 만약 비구가 어느 곳에서 어떤 장로에게 이 일을 친히 들었다 주장하면 그 역시 경 · 율로써 허실을 가려 취택하라.

③ 만약 비구가 어느 곳에서 어떤 장로에게 이 일을 친히 들었다 주장하면 그 역시 경 · 율로써 허실을 가려 행하라.

④ 만약 비구가 어떤 곳에서 경 · 율을 잘 배우고 조행을 잘 지키고 있는 박학의 한 장로로부터 이 일을 들었다고 주장하면 그 역시 경 · 율로써 허실을 분별하라."

■ 춘다의 마지막 공양

춘다는 부처님께서 자기의 원림(園林)에 들어가 계신다는 말을 듣고 '세상에 부처님께서 나의 원림에 들어 오시는 영광을 얻다니 ······' 하고 환희한 마음으로 공양거리를 장만해 가지고 부처님을 찾아 갔습니다.

그런데 그가 마련해 온 음식 가운데는 수카라 마쓰도 바라라 하는 전단나무 버섯이 들어 있었습니다. 이것은 상당히 독이 있는 음식이지만 맛으로는 이 세상 어느 무엇보다 훌륭한 것이었습니다. 부처님께서는 이것을 보고 '이것은 독이 있는 음식이니 다른 비구들은 먹지 말라'라고 이르고 오직 그의 성의를 저버릴 수 없어 홀로 잡수셨습니다. 그런데 부처님께서는 그 음식을 잡수시고 곧 극심한 복통을 일으켜 이질을 앓았습니다.

어떤 사람들은 부처님을 싫어한 외도들이 춘다를 매수하여 그런 음식을 만들어 바친 것으로 이해하고 있습니다만 부처님에 대한 춘다의 지극한 신심과 춘다에 대한 부처님의 이해로 보아서 도저히 그렇게는 할 수 없었습니다. 또 원래 버섯은 거의 다 독이 많은 음식물이나 맛과 영양으로 보아서는 상당히 고급 음식에 속하므로 아마 그 지방에서는 귀객을 대접하는 귀물로 여기고 있었는지도 모릅니다. 하여간 부처님은 그것을 잡수시고 극심한 복통을 일으켰습니다. 너무도 통증이 심하여 견디기 어려우므로 부처님께서는 아난다에게 쿠시나라(拘尸那羅) 성으로 가자고 하셨습니다.

그래서 불편한 몸을 이끌고 가시다가 너무도 견딜 수 없어 아난다에게 옷을 벗어 깔게 하고 쉬면서 찬물을 구했습니다. 그러나 그 때 마침 5백 대의 수레가 지나가 물이 흐렸습니다. 아난다가 다른 곳으로 물을 구하려 가려 하자 다시 그 곳으로 가보라 하여 가보니 금새 물이 맑아져 잡수실 수 있었습니다.

그 때 마침 말라족의 툿쿠사(富貴)라는 사람이 지나가다가 부처님을 뵙고 순 황금색 옷 두 벌을 보시하여 한 벌은 아난다에게 주고 한 벌은 부처님께서 직접 받아 입으셨습니다. 이것이 옷 공양으로서는 마지막 보시입니다.

부처님은 다시 더 나아가 카쿳타(拘孫) 강에서 몸을 깨끗이 씻었습니다. 그 때 자기가 바친 음식 때문에 부처님께서 병들게 된 것을 슬퍼하여 따라온 춘다에게 말하였습니다.

"춘다야, 걱정하지 말라. 여래께서 네가 올린 음식을 먹고 병이 나 열반에 들게 되었다고 생각하지 말라. 춘다가 여래께 최후의 공양을 올렸기 때문에 여래가 성도할 때 공양을 올린 자와 같이 큰 공덕과 과보를 얻을 것이다."

그리고 부처님은 몇 번씩이나 쉬면서 히란야 비티이(熙連) 강을 건너 쿠시나가라의 우파밧타바(和跋單)란 이름의 사라나무 숲으로 들어갔습니다. 아난다가 두 개의 사라나무가 나란히 서 있는 사이에 자리를 만들고 그 위에 부처님을 모시니 이것이 부처님의 마지막 잠자리였습니다.

④ 수발타라를 제도하고 사라나무 사이에서 조용히 닐바나에 들다

■ 학림(鶴林)의 성광(聖光)

머리를 북쪽으로 하고 서쪽을 향하여 바른쪽 옆구리를 밑으로 깔고 두 발을 포개고 누우셨을 때 이상하게도 사라숲에 때 아닌 꽃이 피고 하늘에서는 향기 그윽한 꽃들이 뿌려져 온 산이 흰 학처럼 되었습니다.

그러나 부처님은 '이것은 진짜 부처님을 공양하는 것이 아니다. 참된 공양은 정법을 닦는 것이다.' 하시고 옆에서 부채질을 하고 있던 우파마나야를 '저 쪽으로 가라' 물리쳤습니다. 그것은 그가 미워서가 아니라 시방세계로부터 부처님의 마지막 광경을 친견코자 몰려오는 모든 천인(天人)들의 안목을 막고 있었기 때문입니다.

그런데 부처님은 그 날따라 유독 신색이 밝고 광채가 났습니다. 아난다는 이상히 여겨 물었습니다.

"세존님, 제가 여래를 25년 동안이나 모셔 왔지만 오늘처럼 성안(聖眼)에 광채가 찬란히 빛난 일이 일찍이 없었사온데 무슨 상서라도 있습니까?"

"오, 아난다야, 여래의 얼굴에 비친 빛은 두 가지 까닭이 있다. 첫번째는 위 없는 정각을 증득했을 때이고 두번째는 성명(性命)을 여의고 닐바나에 들 때다. 그 동안 아난다는 여래의 시봉에 수고가 많았다. 너는 변치 않는 무한의 자애와 친절한 몸과 입과 뜻으로 여래를 잘 섬겨온 지 오래이므로 너는 복덕을 많이 쌓았으니 게을리 하지 말고 열심히 공부하라. 그리하면 머지않아 출리를 얻을 것이다."
그리고 말하였습니다.

"내가 입멸한 뒤에 나의 탄생지와 성도지, 초전법륜지, 열반지 이네 곳은 장차 신앙을 가진 사람들의 예배처가 될 것이니 소홀히 하지 말라."

과연 그 곳은 부처님의 유언과 같이 탄생지인 카필라국의 룸비니공원과 성도지인 마가다국의 붓다가야 보리수 및 초전법륜지인 바라나의 베나레스, 마지막 입멸지인 쿠시나가라의 사라쌍수는 불적의 4대성지로 세계 모든 신앙인의 순례지가 되었습니다.

■ 아난다의 의심

아난다는 그 때 몇 가지 의심이 생겼습니다.

"부처님, 비구는 여자를 피할 때 어떻게 해야 합니까?"

"도대체 비구는 여자를 만나지 않고 보지않는 것이 좋다. 만일 보더라도 서로 이야기하지 않고 부득이 이야기하게 될 때는 자기보다 나이가 많은 사람은 누이로 대하고 손아래 되는 사람은 동생처럼 대하고 아주 어린 사람은 딸, 아주 많은 사람은 어머니와 같이 대하라. 왜냐하면 여자는 정으로써 통하면 계를 망치고 몸을 망치는 까닭이다."

"부처님께서 닐바나에 드시면 어떻게 장례를 치러야 합니까?"

"여래와 벽지불, 기타 불제자는 전륜성왕의 장례의식과 같이 해야 한다. 먼저 향물로 온 몸을 씻은 다음 깨끗한 솜으로 몸을 싸고 그 위에 모단(毛緞)을 둔 뒤 영구는 금관에 넣고 피마자 기름을 뿌린 다음 그 금관을 철곽에 담고 철곽을 마지막 전단향곽에 넣어라. 그리고 화단(火壇)은 여러 가지 이름의 향나무로 쌓고 그 위에 관을 놓아 다비(茶毘=화장)하여 장례를 모신다. 다 탄 다음에는 사리(舍利=유골)를 거두어 10 자 길목에 4 등분하여 탑묘를 세운다. 후세에 사람들이 지나가다가 그것을 보면 저절로 착한 마음을 내기 때문이다."

부처님께서 이와같이 소극적인 여성관이나 형식적 장례 의식을 이야기하신 것은 자기 자신이나 전륜성왕 혹은 벽지불, 불제자들을 위해서가 아니라 오직 말세 중생들을 위한 한 방편에 불과했습니다. 그러나 아난다는 이 말을 듣고 슬픔에 복받쳐 세존의 침상을 등지고 흐느껴 울었습니다. 부처님은 아난을 부르고 타이르듯 말씀했습니다.

"아난다야, 슬퍼하지 말라. 모이는 자는 반드시 이별이 있다. 늘 말하지 않았느냐? 나는 오늘밤 최후의 대열반에 들 것이니 나가서 말하라. 사람들에게 마지막 친견코자 하는 자가 있으면 와서 친견하라고."

아난다는 억지로 울음을 그치고 공회당으로 나와 이 소식을 전했습니다. 사람들은 모두 놀라며 너도나도 머리를 헤치고 울며 부처님의 발 밑에 절했습니다. 그러나 한 사람씩 절을 하다가는 날이 새어도 끝이 나지 않겠기 때문에 가족 단위로 절을 하여 그 날 밤 제 1 각에야 겨우 끝났습니다.

■ 수발타라의 제도

그 때 헐레벌떡 군중 속을 헤치며 뛰어오는 한 백발 노인이 있었습니다. 아난다는 부처님께서 너무 괴로워 하실까 염려하여 그를 들여보내지 않자 "백세나 되는 늙은 이가 불원천리하고 세존을 뵈로 왔는데 안 된단 말이 웬 말이냐?" 하고 한참 시비가 일었습니다. 그 때 세존이 그 소란한 소리를 듣고 "무엇 때문인가?" 물었다. 사실대로 여쭈니 "곧 그를 들여 보내라." 하여 수발타라는 기뻐 어찌할 바를 모르고 부처님의 발에 절하고 우러러 보았습니다.

"세존님, 저는 세존님과 논쟁하려고 온 것이 아니고 의심이 있어 물으러 왔습니다. 이 세상에 모든 사문과 바라문과 그 밖의 외도 6사들은 모두 제각기 자기만이 일체의 지혜를 가졌고 자기 이외의 모든 종파는 다 사교라 합니다. 그러니 어떤 것을 진짜 사문이라 하고 어떤 것을 진짜 해탈이라 합니까?"

세존은 퍽 기뻐하셨습니다. 이것은 45년 설법의 맨 마지막 종합적인 물음이고 모든 사람들이 다 같이 의심하고 있는 문제이기 때문입니다.

"오, 수발타라여, 잘 물었습니다. 어떠한 법이라도 그 법 가운데 여덟 가지 바른 길(八正道)이 없으면 그것은 올바른 사문, 올바른 법이라 할 수 없습니다. 하물며 거기 일체지(一切智)가 있고 해탈지(解脫

智)가 있겠습니까?"

하고 8성도를 낱낱이 설명하여 주셨습니다. 수발타라는 밝고 명랑한 얼굴로 부처님을 바라보며 다시 한 가지 청을 더 하였습니다.

"세존님, 제가 비록 늙었으나 부처님의 법을 다 얻고자 하오니 허락하여 주옵소서."

부처님은 쾌히 승낙하고 그의 청을 따라 3귀의 5계를 주었습니다. 그리고 아난다에게 말했습니다.

"아난다야, 내가 수발타라에게 즉석에서 출가를 허락하는 것은 그의 근기가 성숙하여 능히 불도를 감당할 만하기 때문이다. 그러나 앞으로 외도로서 불도에 귀의하고자 하는 자가 있으면 적어도 4개월간 경전과 승가의 범절을 익힌 뒤에 그의 진실됨이 발견되면 계를 주어 입교토록하라. 나의 법이 오래가면 갈수록 외도가 나의 옷을 입고 나의 법을 어지럽게 할 것이다. 너희들의 지혜로써는 아직 어리석은 중생들의 몸과 마음을 한번에 보아 알기 어렵기 때문이다."

수발타라는 부처님의 자비 교화를 받고 백세 늙은 몸으로 불제자가 되었으나 차마 부처님의 열반하시는 모습을 자기 눈으로는 볼 수가 없다 하여 부처님께 허락을 얻은 뒤 단정히 앉아 닐바나에 들었습니다. 참으로 보기드문 일입니다. 옛 말에 '아침에 도를 듣고 저녁에 죽어도 좋다.' 하였는데 곧 수발타라를 두고 한 말이 아닌가 생각됩니다.

■ 부처님의 열반

부처님은 마지막으로 물을 만한 모든 것을 빠짐없이 물어 뒤에 후한이 없게 하라 하였습니다.

"비구들아, 만약 마음에 무슨 의심이 있으면 물어라. 뒤에 내가 없을때 들었더라면 좋았을 것을 하고 후회하는 일이 있으면 안 된다."

아난다가 물었습니다.

"세존님, 세존님께서 생존하실 때는 세존을 스승으로 삼아 왔으나 닐바나에 드신 뒤에는 누구로서 스승을 삼으리까? 또 수행의 근본은 무엇으로 삼고, 6군(群) 비구²)는, 무엇으로서 다스리며, 경전은 어떻게 결집하면 좋겠습니까?"

"너희들은 내가 죽은 뒤 스승이 없어졌다고 생각해서는 안 된다. 내가 말한 법과 율이 너희들의 스승이다. 이 법에는 스스로를 이롭게 하고 남을 이롭게 하는 법이 모두 갖추어져 있다. 나는 인간과 천상에 있어 이미 제도할 만한 모든 것을 모두 제도했고 아직 구제되지 않은 자도 구제받을 수 있는 인연을 맺어 놓았다. 이제부터 너희들은 스승과 제자가 서로 아끼며 이 법을 전해가면 여래의 법신(法身)이 항상 존재하여 멸망하지 아니할 것이다.

또 수행에 있어서는 4넘처로써 근본을 삼고 6군비구는 좋은 말로 일러 듣지 아니하면 경고하고 경고해도 듣지 아니하면 묵언(默言)으로서 대하라.

경전의 결집은 반드시 그 경전 머리에 '이렇게 내가 들었다. 어느 때 부처님께서 어느 곳에서 누구누구와 함께 누구누구를 위해서 설했다.' 라고 쓰고 맨끝에는 '모든 대중이 즐거운 마음으로 듣고 믿고 받아 받들어 행했다.'라고 쓰라."

말을 끝낸 부처님은 고요히 소리없는 숲속에서 대열반에 들었습니다. 때는 서력 기원전 486년 2월 15일 만월일(滿月日) 이었습니다.

중국과 우리 나라에서는 이렇게 해서 열반하신 부처님의 일생을 다음과 같이 모두 8상(相)으로 나누어 설명하고 있습니다.

① 도솔내의상(兜率來儀相)~도솔천으로부터 강생, 어머니의 태에 드신 것.

② 비람강생상(毘藍降生相)~어머니의 태로부터 룸비니 공원에서 탄

생하신 것.

③ 사문유관상(四門遊觀相)~궁중의 4문을 구경하고 생노병사를 통감하신 것.

④ 유성출가상(踰城出家相)~궁중의 성을 넘어 설산으로 출가하신 것.

⑤ 설산수도상(雪山修道相)~29세에 출가하여 6년 동안 수도하신 것.

⑥ 수하항마상(樹下降魔相)~보리수 밑에서 온갖 번뇌를 항복받고 위 없는 정각을 이루신 것.

⑦ 녹원전법상(鹿園傳法相)~베나레스에서 5비구를 제도하고 세계 인류를 위해 일생 동안 진리를 전한 것.

⑧ 쌍림열반상(雙林涅槃相)~사라나무 사이에서 구원법신(久遠法身)의 진리에 안주(安住)하신 것.

⑤ 삼처전심(三處傳心)과 분신사리(分身舍利)

■ 삼처전심에 관한 설화

부처님의 시신(尸身)은 법식대로 잘 모셔 천관사(天冠寺) 화장터로 옮겨졌습니다. 그런데 그 때 대카샤파 존자가 바파성으로부터 쿠시나가라성으로 가는 도중 5백 제자와 함께 한 숲속에서 쉬고 있었는데 나행자(裸行者) 한 사람이 한 손에 만다라(曼陀羅) 꽃을 들고 쿠시나가라성 쪽에서 걸어왔습니다.

"어디에서 오십니까?"

"쿠시나가라성에서 옵니다."

"그럼 우리 부처님의 소식을 들으셨습니까?"

"그는 벌써 닐바나에 드신 지 7일이 되었습니다. 나도 거기서 이 꽃을 얻었습니다."

이 말을 들은 대카샤파 존자는 크게 놀라며 비구들을 데리고 급히 천관사로 갔습니다.

다비일(茶毘日)이 되어 천관사에서는 말라나국의 족장 4사람을 시켜 불을 붙였으나 전혀 타지 않으므로 우팔리가 보고 "이는 분명 대카사파존자가 오시지 않은 까닭이니 기다려 보자."하고 있을 때 곧 카샤파존자가 당도하였습니다. 카사파는 그의 제자들과 함께 오른쪽으로 세 번 돌고 붓다의 발에 절한 다음 비통한 소리로 "세존이시여, 어찌 이렇게 빨리 대열반에 드셨나이까? 세존의 열반이 너무도 빠르지 않습니까?"하니 부처님은 그의 두 발을 관 밖으로 쑥 뻗어 내 놓으셨습니다. 왜 그랬을까요? 이것은 여러분이 각자 투득(透得)하여야 할 관문(關門)의 하나입니다. 만일 이 한 도리를 투득한다면 8만 4천 법문이 시루위의 떡이요 소반위의 밥입니다. 선가(禪家)에서는 이것을 곽시쌍부(廓示雙趺)라 하여 다자탑 앞에서 자리를 나누어 앉으신 일과 영축산에서 금비라 꽃을 들어 보이신 일과 함께 세 곳에서 마음을 전한 표식으로 이해하고 있습니다.

다자탑 앞에서 자리를 나누어 앉으신 일은 부처님께서 왕사성 죽림정사 근처 다자탑 앞에서 설법을 하고 계실 때 봉두난발로 찾아온 생전 처음 보는 대카샤파를 보시고 '잘 왔다' 칭찬하시고 그가 준 옷을 깔고 앉고 또 자신의 옷을 주어 깔고 앉게 하신 다음 "부처님의 정법안장(正法眼藏) 열반묘심(涅槃妙心)을 너에게 부촉한다."하신 것이고, 영축산에서 금비라 꽃을 들어 보이신 것은 부처님께 영축산에서 법화경 설법을 하고 계실 때 범천왕이 금비라 꽃 한 송이를 바치자 부처님께서는 그것을 높이 들어 보이셨습니다. 그러나 다른 사람들은 모두 그것이 무엇을 의미하는지 알지 못하였으나 오직 카샤파 존자만이 그 뜻을 알고 빙그레 웃으셨습니다. 그래서 꽃을 들어 보이자 미소를 지었다 하여 염화미소(拈花微笑)라 하고 앞서 것을 다자탑전반분자(多子塔前半分座)라 합니다. 선가에서는 교는 부처님의 말이고 선은 부처님의 마음이니, 곧 이 대카샤파는 부처님의 마음을 마음으로써 이어받은 이심전심(以心傳心)의 전수자로 인식합니다. 그러나 불전상 확실한 근거가 없으므로 이것은 후세 선인(禪人)들이 지어낸 설화에 지나지 않는다고 하지만 너무나도 유명한 설화이므로 여기 간단히 소개한 것입니다.

■ 분신사리(分身舍利)

대카샤파의 예배가 끝나자 부처님의 시신은 곧 점화되었습니다. 관곽은 순식간에 깨끗이 타 숯덩이 하나도 남지 않았습니다. 그런데 그 속에서 이상한 광명이 쏟아져 나왔습니다. 그것은 부처님의 유해가 낱낱이 정골사리(精骨舍利)로 변해 있었기 때문입니다.

'사리(Sarira · 舍利)'란 신골(身骨), 유신(遺身), 영골(靈骨)이라 번역하니 타고 남은 뼈라고 하여야 옳은 말입니다. 그러나 오늘 날 우리가 이해하고 있는 사리는 작은 구슬 모양으로 된 정골사리입니다. 대개 이러한 사리는 6 바라밀(보시, 지계, 인욕, 선정, 지혜)의 공덕으로 생기며 계 · 정 · 혜(戒定慧)로 훈수(熏修)하여 생긴다 하였는데 불전에서는 전신(全身)사리, 쇄신(碎身)사리, 생신(生身)사리, 법신(法身)사리, 4 가지로 구분하여 설명하고 있습니다. '전신사리'는 다보부처님(多寶佛)과 같이 온 몸이 그대로 사리인 것이고 쇄신사리는 샤카무니부처님의 사리와 같이 몸에서 나온 낱알의 사리를 말하며 생신사리는 여래가 멸도한 다음 전신 혹은 쇄신사리를 남겨 인(人) · 천(天)이 공양케 한 것이고 법신사리는 8 만 법장과 대승경전을 곧 사리로 간주하는 것입니다.

그런데 부처님께서는 쇄신사리가 수없이 쏟아져 나와 부처님의 상례에 참석했던 여러 나라의 대신들은 이것을 보고 각기 자기들의 인연을 내세워 가지고 가려고 주장했습니다. 마가다국 아사세왕과, 베사리성의 이차족, 라마가국(羅摩伽國)의 사람들은 '부처님도 우리와 같은 찰제리족이므로 우리가 모셔야 한다.'하고 카필라국의 샤카족은 '부처님은 우리 나라 출신이니 우리가 모셔야 한다.'하고 또 쿠시나가라국의 말라족은 '부처님은 우리와 인연이 깊어 우리 땅에서 돌아가셨으니 우리가 모셔야 한다'고 제각기 주장했습니다.

이 때 향성(香姓) 바라문의 성연(性烟) 바라문, 돌로나(突路拏) 바라문들이 이 광경을 보고 큰 소리로 외쳤습니다.

"여러분, 우리 부처님은 오직 자비와 평등, 인욕으로서 일체衆生을 제도하셨습니다. 그런데 이 평화의 성자 앞에 그의 사리를 놓고 4성을 논하고 연고를 따져 서로 시비를 논한다면 결국 부처님의 명예를 더럽히는 일밖에 안 됩니다. 그러니 부처님의 사리를 똑같이 분배하여 나누어 봉안하도록 합시다."

이 말에 모든 군신들이 모두 동의하여 부처님의 사리를 마가다국의 아사세왕과 베살리성의 이차족, 암마라할파국의 발이족(跋離族), 카필라국의 샤카족, 라마가국의 식이족, 페슬노의 바라문족, 바파성의 말라족, 쿠시나가라국의 말라족이 똑같이 여덟 등분하여 나누고 향성 바라문은 사리를 담았던 항아리를 가져 갔는데 필발라국의 모리야족이 너무 늦게 와서 화장터에 흩어진 재를 모아 가니 전인도에 부처님의 사리탑은 8개, 병탑 1개, 재탑 1개 하여 모두 열 개의 탑이 생기게 되었습니다.

■ 불상의 유래

일설에 의하면 부처님을 모형화한 불상은 부처님 생존에 우전국왕 (于闐國王)과 파세나디왕이 부처님을 사모하여 만들었다 합니다. 그러나 이에 대한 역사적 근거는 매우 희박하며 최초의 예배 대상은 불상이 아니라 탑이었다고 하는 것이 정설입니다. 부처님을 붓이나 흙, 나무, 돌로 만드는 것은 부처님에 대한 신성을 모독하는 일이고, 또 그와 같이 그림이나 조각으로 부처님을 조명한다 해도 살아계실 때 32상 80종호를 갖춘 완전한 부처님을 나타낼 수 없기 때문에 금지하였다고 합니다. 그래서 부처님의 유해를 모신 사리탑이나 병탑, 재탑을 예배대상으로 하고 그가 공부하던 장소, 설법하던 장소를 찾아 다니며 예배했다고 합니다. 지금 우리가 볼 수 있는 불상은 적어도 5백 년이상 무불상(無佛像) 시대를 지나 그리스 사람들의 영향을 받은 간다라 사람들이 처음 창조했을 것으로 생각됩니다. 그러니 지금 생각하면 불교는 부처님의 상을 조성하는 시대를 기준하여 곧바로 법만을 신앙하고 닦고 행하던 시대는 이미 지나고 외상에 팔린 상법(像法)시대로 변해 지금은 거의 우상숭배와 같은 신앙을 하고 있으니 불교가 새롭게 이해되려면 원시정법의 불교로 되돌아가 부처님의 근본 사상을 똑바로 이해할 필요가 있다고 생각됩니다.

그러나 어떻든 이렇게 해서 우리 부처님의 탑은 조성되었고 그것은 오랫동안 불제자의 예배 대상으로 신성시되어 오다가 약 5·6백 년 뒤에 지금과 같은 불상과 대치되었던 것입니다.

⑥ 경(經)과 율(律)의 결집

■ 3장의 결집

부처님의 입멸 소식이 전해지자 사방에서 모여든 수천만 비구들은 모두 비탄에 빠져 슬퍼하고 있는데 그 가운데서 오직 선현(善現)이라는 비구가 홀로 태연하게 말했습니다.

"여러분, 여러분은 무엇을 그렇게 걱정하는가? 부처님께서 계실 때는 이것은 해야 된다, 이것은 해서는 안 된다 하고 번거로운 제재를 받았다. 그러나 부처님께서 돌아가셨으니 하고싶은 것은 하고, 하고싶지 않는 것은 아니하면 되지 않겠는가. 오직 이것은 각자에게 있으니 걱정하지 말라."

이 말을 들은 대카샤파와 아니룻다는 크게 놀라 기강을 바로 잡아 교단을 유지하는 데는 비법 비율의 세력을 얻기 전에 법률을 결정하지 아니하면 안 된다. 생각하고 곧 아사세왕의 후원을 얻어 5백 나한의 대표자들을 죽림정사 서남쪽 7엽굴 석실에 모으고 토론하여 경률을 결집하였습니다.

제 1상좌에는 카샤파 존자가 좌정하고 그 옆에는 계율을 가장 잘 지킨 우팔리 존자가 율의 송출자가 되고 가장 불법을 많이 들은 아난다 존자가 경의 송출자가 되어 들은 대로 때와, 장소, 들은 사람들과 들은 법문을 낱낱이 들은 대로 외우면 나머지 장로들이 그것을 인증하여 차례로 결집하였습니다.

그러나 이렇게 결집된 경률은 문자의 기록이 아니고 오직 입과 입을 통해서 구구전전(口口傳傳)해 졌으므로 때로는 문장에 착오가 생기고 때로는 그의 해석을 달리하는 사람들이 생기게 되어 불멸후 1백 년경부터 7백 년 사이에는 제 2·3·4 결집을 하게 되었고 그 외에도 많은 논저(論著)가 나와서 경과 율을 해석하게 되었으니 이것이 3장(三藏 : 經·律·論)이 나오게 된 동기입니다. 그러므로 3장 중 경과 율은 부처님의 말씀이고 그것을 해석한 논은 후세 불자들의 논리입니다.

■ 천태(天台)대사의 교상판석

중국 천태(天台)대사의 교상판석(敎相判釋)[3]에 의하면, 부처님께서 처음 성도후 3·7(21)일 동안에 《화엄경》(華嚴經)[4]을 설하고 깨달은 진리를 있는 그대로 모두 말해 마쳤으나 사람들이 그것을 알아듣지 못했으므로 다시 퇴보하여 《아함경》(阿含經)[5]을 12년 동안 설하고 《방등경》(方等經)[6]을 8년 동안, 《반야경》(般若經)[7]을 21년 동안, 《법화경》(法華經)[8]을 8년 동안, 그리고 《열반경》(涅槃經)[9]을 하룻날 하룻밤 사이에 설하여 49년간 8만 4천 법문을 하셨다 하여

"아함십이방등팔(阿含十二方等八)
이십일재담반야(二十一載談般若)
종담법화우팔년(終談法華又八年)
시칙명위일대교(是則名爲一代敎)"

라 하고 《화엄경》 설할 때는 성문들이 모두 놀라 달아난 때며, 《아함경》 설할 때는 달아났던 아이(성문)가 와서 뜰을 쓸고 마당을 치우며 품삯을 받을 때며, 반야경을 설할 때는 집안에 있는 보물을 낱낱이 알게 되고, 《법화경》을 설할 때는 아버지로부터 재산을 물려받을 때라 하여

"궁자경악화엄시(窮子驚愕華嚴時)

제분축상녹원시(除糞逐償鹿苑時)
영지보물반야시(令知寶物般若時)
전부가업법화시(傳付家業法華時)"

라고 하였습니다. 실제 부처님께서 법을 설한 시기는 45년이 되는데 여기서는 49년으로 되어 재고해 보아야 할 일이지만 그러나 많은 사람들이 이것을 근거하여 불경을 해석하고 있으므로 잠깐 여기에서 소개한 것입니다.

⑦ 제일가는 제자들

부처님께서 45년간 제도하신 불교신도는 수백만에 달합니다. 그러나 그 가운데서도 가장 대표할 만한 열 사람을 뽑아 10대 제자라 합니다.

① 두타제일 마하카샤파 존자(頭陀第一 大迦葉尊者)
② 다문제일 아난 존자(多聞第一 阿難尊者)
③ 지혜제일 사리풋다 존자(智慧第一 舍利弗尊者)
④ 해공제일 수보리존자(解空第一 須菩提尊者)
⑤ 설법제일 푸루나 존자(說法第一 富樓那尊者)
⑥ 신통제일 목갈라나 존자(神通第一 目犍連尊者)
⑦ 논의제일 가전연 존자(論議第一 迦旃延尊者)
⑧ 천안제일 아나율 존자(天眼第一 阿那律尊者)
⑨ 지계제일 우팔리 존자(持戒第一 優婆離尊者)
⑩ 밀행제일 라훌라 존자(密行第一 羅睺羅尊者)
그런데 여기에 마하구치라(摩訶拘稀羅)와 마하겁빈라(摩訶劫賓那)를

더하여 12 대 제자라 이르기도 합니다. 10 대제자 가운데 아난다와 아나율은 찰데리 출신이고, 수보리는 바이샤 출신이며, 우팔리는 수드라, 사리풋다와 목갈라나, 마하카샤파는 바라문 출신입니다.

또 《아미타경》에 나오는 16 나한은 ① 사리풋다 ② 목갈라나 ③ 마하카샤파 ④ 마하가전연 ⑤ 마하구치라 ⑥ 리바다(離婆多) ⑦ 주리반특가(周梨槃特迦) ⑧ 난타(難陀) ⑨ 아난다 ⑩ 라홀라 ⑪ 교범바제 ⑫ 빈두로 ⑬ 바라타(頗羅陀) ⑭ 가류타이(迦留陀夷) ⑮ 마하겁빈라(摩訶劫賓羅) ⑯ 박쿠라(薄拘羅) 존자이다.

《법주기(法註記)》에 기록된 16 나한은 ① 빈도라말타사(賓度羅跋陀闍) ② 가낙카벌차(迦諾迦伐蹉) ③ 가락카발리타사(迦落迦跋釐陀奢) ④ 소빈타(蘇賓陀) ⑤ 낙거라(諾距羅) ⑥ 발타라(跋陀羅) ⑦ 가리카(迦理迦) ⑧ 벌사라불다라(伐奢羅弗多羅) ⑨ 술박가(戌博迦＝耆婆) ⑩ 반탁가(半託迦) ⑪ 라홀라(羅睺羅) ⑫ 나가누타(那迦樓陀＝龍軍) ⑬ 인갈타(因揭陀) ⑭ 벌나바사(伐那婆斯) ⑮ 아씨다(阿氏多) ⑯ 주다반탁가(周多半託迦＝周梨槃特迦)입니다.

그러나 전자는 주로 인도에서 신행되었고 우리 나라와 중국에서는 후자를 많이 신행해 왔습니다.

또 비구니 제자들도 무시할 수 없는 활약으로 비구교단을 애호하였으나 지나치게 비구의 통제를 받아 겉으로 나타난 것이 없습니다. 그러나 기원정사 동북의 원원정사란 대도량이 있어 근 천여 명의 비구니가 항시 수행하고 있었습니다. 그 가운데 마하파사마제 비구니가 최장으로 그들을 거느리셨는데 신통제일 연화색비구니, 선정제일 교담비구니, 송경제일 법흥비구니, 숙명제일 묘현비구니가 이름이 높았고 부처님의 재세시 부인으로 계시던 야소다라와 아난다를 사모하다 출가한 마둥가도 다음 세상엔 모두 불과를 이루어 널리 중생을 제도할 것이라 하여 인기를 끌었습니다.

1) 나형(裸形) 외도는 온 몸에 실오라기 하나 걸치지 않고 다니며 고행하는 종교인이고 집장(執杖) 외도는 장대를 들고 장대에 의지하여 고행수도하는 외도.

2) 부처님 재세시 때를 지어 나쁜 일을 많이 하던 6명 악비구, 발란타, 난타, 가류타이, 천노, 마사, 불나발.

3) 부처님 일대 설법을 시기의 차례와 의리의 깊고 얕음을 따라 분류 판별한 것. 대개 1종 1파를 세울 때는 반드시 먼저 이 교상을 판별하여 한 종파의 위치를 정합니다.

4) 40권(당, 반야역), 60권(전, 불타발타라역), 80권(당, 실차난타역) 3부가 있으며 불교연기사상의 극치를 설한 경전.

5) 남북전 소승경전을 총칭한 것. 장아함, 중아함 등 4아함이 있다.

6) 유마경, 금광명경, 승만경 등 대승경전의 총칭.

7) 무아 공사상을 천명한 대품, 소품 등 일체의 반야경 8부가 있다.

8) 제법실상의 도리를 밝힌 경. 총 7권으로 되어 있다.

9) 모든 중생이 성불할 수 있다 설한 경.

■ 참고 문헌

"부처님의 생애와 교훈"을 연구하는 데 필요한 자료는 범어·파리어 원천을 중심으로 서장대장경, 고려대장경, 일본신수대장경 등 수천 부 수만 권의 책이 모두 그의 자료 아님이 없다. 그러나 여기 뜻이 있는 이를 위하여 필자가 그 동안 참고하여 썼던 몇 가지 경론을 소개해 둔다. 필요한 분은 참고하시기 바란다.

《經律》(괄호 안의 숫자는 대정신수대장경 순위임)

① 阿含部: 七佛經(1), 帝釋所問經(15), 信佛功德經(18), 佛般泥洹經(5), 梵網六十二見經(21), 四諦經(32), 轉法輪經(109), 八正道經(112), 長阿含經(1), 中阿含經(26), 雜阿含經(99), 增一阿含經(125) 등 26경.

② 本綠部: 六度集經(152), 長壽王經(158), 普曜經(186), 佛本行經(193), 佛本行集經(190), 佛所行讚(192), 法句經등 18경.

③ 法華部: 妙法蓮華經(262).

④ 華嚴部: 八十, 六十, 四十 三部華嚴經(278, 279, 293).

⑤ 律 部: 五部律(1421), 摩訶僧祇律(1425), 四分律(1428), 十誦律(1435), 解脫戒經(1460), 善見律毘婆沙(1462), 梵網經 등 十經

其他論著

① 日 本: 佛敎聖典(東京帝大刊), 釋迦傳(岡敎邃著), 釋尊의 生涯及敎理(赤沼智美譯述).

② 外 國: 佛敎의 眞理(E. A. Burtt).

③ 國 內: 佛敎大典(한용운), 신편불교성전(김동화), 불교성전(불교성전간행위원회), 八相錄(안진호), 석가여래일대기(김대은), 석가(이기영) 등 多數

❖ 主要著書 및 譯書 ❖

· 初發心自警譜義
· 緇門警訓
· 四集譯解
· 維摩經譯註
· 法華三部經譯解
· 金剛經五家解
· 生의 實現
· 釋門儀範註解
· 佛教靈驗說話
· 佛教說話文學研究

· 어린이 佛教聖典
· 佛教信仰의 本質
· 佛教布教의 方法과 實際
· 부처님의 生涯와 敎訓
· 불자일용 법요집
· 佛教의 眞理
· 高僧法語
· 禪의 聖書
· 俱舍論 · 唯識論譯註
· 三論 · 起信論

· 韓國符籍信仰研究
· 佛教土着信仰研究
· 佛教教權分諍史
· 佛教戒律解說
· 불교기초교리문답
· 불교중등교리문답
· 佛教葬禮儀式
· 韓國佛教大辭源
· 축역한국대장경 12부
· 염송이야기 상 · 하

❖ 著者略歷 ❖

· 東大佛教大學 卒
· 大韓佛教曹溪宗全信會常任法師
· 韓國佛教太古宗布教副院長
· 常樂鄕修道院院長
· 佛教通信敎育院代表
· 佛教思想研究會理事

· 佛教精神文化院院長
· 佛教通信大學長
· 사단법인한국불교금강선원이사장
· 季刊誌 세계불교 발행인
· 나란다 삼장불학원 원장

부처님의 생애와 교훈

2021년 9월 10일 인쇄
2021년 9월 15일 발행

발행인 / 상 락 향 수 도 원
발행처 / 불 교 통 신 교 육 원
편 저 / 한 정 섭
인 쇄 / 이화문화출판사

발행처 / 12457 경기도 가평군 청평면 남이터길65
상락향수도원
전화 : (031)584-0657

총판 / 02488 서울시 동대문구 왕산로 43가길 6
한국불교금강선원
전화 : (02)969-2410

값 15,000원